혁신교육 미래를

**현장 교사 출신 전문가들이
말하는 우리 교육**

말한다

현장 교사 출신 전문가들이 말하는 우리 교육

혁신교육 미래를 말한다

발행일 2013년 5월 1일 초판 1쇄 발행
         2017년 5월 25일 초판 3쇄 발행
지은이 서용선, 김성천, 김혁동, 송승훈, 오재길, 홍섭근
발행인 방득일
발행처 맘에드림

주 소 서울시 도봉구 노해로 379 대성빌딩 902호
전 화 02-2269-0425
팩 스 02-2269-0426
e-mail nurio1@naver.com

ISBN 978-89-97206-11-7 03370

혁신교육 미래를

현장 교사 출신 전문가들이
말하는 우리 교육

말한다

서용선 · 김성천 · 김혁동
송승훈 · 오재길 · 홍섭근 지음

맘에드림

'학교란 무엇인가'를
다시 함께 고민합니다

정책은 어렵다. 교육정책은 더 어렵다. 그동안 많은 교육정책들이 우리 곁에 있었지만 "이거야!" 하고 박수치고 감탄할 만한 것들이 눈에 잘 띄지 않는다. 눈에 띄지 않으니 학교 현장은 정책에 무관심해진다. 무관심 때문에 교육정책은 학교와 점점 더 멀게 느껴진다.

현실 교육정책에는 많은 사람들과 여러 변수들이 겹쳐 있다. 겹쳐 있어서 쉽게 풀기가 어렵다. 교육은 사람을 다루는 일이라 교육정책 역시 사람을 빼 놓고선 생각할 수 없다. 그런데 그 사람들의 생각과 실천이 너무 다양하다. 다양함 때문에 정책이 잘 풀리지 않는다. 제대로 된 교육정책을 만들려면 강약, 시기, 속도, 선택, 연계 등 고려할 것이 너무 많다.

사람들은 새롭고 좋은 교육정책을 원한다. 더운 날 시원한 빗줄기처럼 말이다. 기존의 정책을 덜어내거나 새로운 변화를 촉진시키는 정책이 현장에 다가와 주기를 기대한다.

여기에 작은 변화가 시작되었다. 교육정책이 아래로부터 이루어지고 있다. '혁신교육'이라는 이름으로 추진된 정책들이 학교 현장에서 작으나마 박수를 받고 있다. 교원 행정 업무 경감, 배움 중심 수업, 교사 연수년과 연구년, 학교 자체평가, 혁신학교와 혁신교육지구 등이 현장에서 올라온 정책이다. 물론 문제도 있고, 견해를 달리하는 사람도 있다. 중요한 점은 현장에서 도출되어 선생님들이 호응하면 교육정책이 건강해진다는 사실이다.

위와 아래가 잘 만나면 교육정책은 좋아진다. 교육청과 학교가, 교장과 교사가, 교사와 학생이, 학부모와 지역사회까지 소통되면 교육정책은 빛이 난다. 위에서 펼친 교육정책에 대해 아래에서 박수치고, 아래에서 낸 목소리가 위까지 들리면 힘이 난다. 아래와 위가 편하고 힘 있게 여러 차례 소통하면 계속성과 역동성이 정책의 저변에 깔리게 된다.

이 책에 실린 글들은 위와 아래 사이의 경계선에 서 있는 사람들이 썼다. '현장 교사 출신 전문가'라는 말은 거창하다. '학교와 교육청 경계에 선 교사들'이라고 해야 정확하다. 경기도교육연구원 정책개발팀으로 모인 6명의 교사들은 학교와 교육청을 연결하는 작업을 3년째 지속하고 있다. 학교 현장의 불만, 의견, 제안을 교육청에 전해주고, 교육청의 진정성 담긴 철학과 정책을 현장에 알려왔다.

이 책에 실린 글들 중에서 12편은 그 사이에서 이루어진 정책 고민을 담고 있다. 한 달에 한두 번씩 경기도교육청과 직속기관, 그리고 지역교육청에 보낸 '이슈 리포트'에 실렸던 글들을 다시 정리한 것이다. 듀이 교육철학, 복잡성 교육철학, 핵심역량 교육과정, 교육과정 재구성, 교직 몰입, 변혁적 리더십, 학교 거버넌스, 고교 평준화, 독서교육, 평화교육, 다문화교육, 스마트 교육에 대해 다루었다. 앞으로도 위와 아래 사이에 서 있는 많은 사람들이 혁신교육의 미래를 말해야 한다. 우리들도 이 일이 계속 이어지도록 노력할 것이다.

지면을 빌어 팀 운영에 아낌없이 지원해주신 경기도교육연구원 최웅재 원장님과 윤일경 부장님, 경기도교육청 이중현 장학관

님, 이성, 안순억 장학사님, 이우학교 이수광 교장선생님께 감사의 마음을 전한다. 글을 읽기 편하게 해준 맘에드림 편집부에도 감사드린다.

2013년 5월 1일 저자들을 대표하여

서용선

배율이 잘 맞는
망원경과 현미경을 만나다!

교육은 본질적으로 '불완전태'다. 논리적 상상의 세계에 있는 '이상 교육'은 늘 현재성과 일정한 거리를 두고 있는 탓이다. 그런데, 역설적이게도 이 일정한 간극이 바로 교육희망의 출발선이다. 지금껏 이어져 온 교육 혁신의 다양한 시도들은 바로 '이상 교육'과 '현실 교육'의 간극을 좁히려는 실천적 시도였다는 점에서 그렇다. 이런 맥락에서 본다면, 교육 혁신의 동력은 바로 '이상 교육을 꿈꾸는 당찬 무모함'이 아닐까 싶다.

여섯 분의 교사 출신 전문가가 공들여 지은 『혁신교육 미래를 말한다』를 만났다. 반갑고 기쁘다. 간혹 전문가라고 하는 사람들의 주장 중에는 그 내용이 볼록하거나 오목한 렌즈 같아서 초점거리가 흐려지는 경우가 있지만, 이 책에 실린 내용들은 적실성(的實性)을 담고 있다. 비유컨대, 배율이 잘 맞는 망원경과 현미경을 동시에 얻은 기분이다. 내 눈에 띄는 또 다른 장점은 세상에 넘쳐 나는 교설(教說), 나를 주눅 들게 만드는 장광설(長廣舌)이 아니어서 좋다.

물론 이 책의 진면목은 교육 혁신 정책의 지향점을 선명하게 그려주고, 교육정책과 학교운영에 대한 '메타적 상상력'을 자극한다는 데 있다. 예컨대, 저자들은 교육 혁신 정책을 단기적인 정책적 처방이 아니라 교육철학(프레임)의 전환과 이를 통한 구성원의 교육적 삶의 재구성 차원으로 논의를 확장한다. 그리고 학교구성원이 공동 주인의 지위를 확보하고 이를 통해 학교가 자치 공동체로 진화하는 길도 안내한다. 그뿐 아니라 '격'과 '깊이'를 담보하는 배움이 어떻게 실현 가능한지에 대해서도(교육과정 영역) 깊이 있는 통찰을 보여준다. 이와 같은 분석과 주장의 심층에는 여전히 식지 않은 열정이 읽힌다. 이상 교육을 현실화하겠다는 '당찬 무모함'과 '실천적 결기'가 오롯이 느껴지기 때문이다. 내가 저자들에게 큰 박수를 치는 이유다.

정책이란 여러 개의 실오라기를 잘 조직해서 멋진 천을 만드는 일과 같다. 따라서 혁신교육이란 멋진 천을 제대로 짜기 위해서는 다양한 하위 정책들이 정교한 연쇄망을 구성하는 것이 필요하다. 혁신교육의 토대와 조건을 갖추기 위한 정책과 목표에 도달하기 위해서 한시적으로 추진하는 매개 정책이 잘 조직화되어야 학교 현장의 실질적인 변화가 실감되기 때문이다. 저자 분들이 이 책을 바탕으로 이런 그림을 더 선명하게 그려주길 기대한다.

이 책에 많은 이의 손때가 묻으면 좋겠다. 저자들의 분석과 주장을 통해 학생들에게는 '존엄하게 살아갈 자유(Freedom with Honor)'가 보장되고, 교사들에게는 '직업적 존엄'이 실현되는 학교를 상상하면 좋겠다. 그리고 이런 학교가 가능하기 위해서는 전향적인 정책 인프라가 필요함도 함께 인식하면 더욱 좋겠다.

여섯 분의 저자, 이분들은 경기교육에서 강한 존재감으로 관객의 시선을 사로잡는 신스틸러(Scenestealer)와 같은 존재다. 앞으로 더 큰 성취를 기대하며 응원한다.

이우중고등학교 교장

이 수 광

차 례

저자 서문
추천사

복잡성 철학으로
교육을 새로 보다

혁신교육의 흐름과 복잡성과의 결합

혁신학교가 전국적으로 확대되어가고, 혁신교육의 흐름이 역동적으로 나타나고 있다. 학교 조직과 문화, 수업과 교육과정, 업무 경감과 소통 체계 마련 등 여러 방면에서 새로운 모습이 등장하고 있다. 이 과정에서 교사, 학생, 학부모, 지역사회까지도 인식과 행동을 바꾸고 있다.

이러한 과정을 설명하는 방법으로 가장 눈여겨 볼 철학이 바로 '복잡성 교육(complexity education)'이다. 복잡성 교육은 학습이 도약할 수 있는 새로운 학습 체계를 강조한다. 이것은 현재 우리나라의 혁신교육을 깊이 이해하는 수단을 제공한다.

복잡성 철학의 출발

복잡성 교육은 복잡성 철학에서 출발한 것이다. 복잡성 철학은 30년 전부터 자연과학은 물론 사회과학에서도 큰 호응을 받아왔다. 소위 '융합형 철학'으로 역사 속에서 여러 영역의 연구들이 합류하면서 등장하였다. 사이버 공학, 체계이론, 인공지능, 카오스 이론, 프랙탈 기하학, 비선형 동역학 등이 여기에 해당된다. 이러한 이론들은 기존에 물리학, 생물학, 수학의 탐구 영역들을 융합하여 연구 대상으로 삼는다. 최근에는 사회학, 인류학 같은 사회과학 분야에서도 복잡성이라는 주제 아래 여러 연구들이 진행되고 있다. 학문적인 영향에 따른 범위를 감안한다면, 복잡성 철학을 어떤 특정 분야로 한정하는 것은 사실상 불가능하다.

'복잡성'이라는 말이 사용된 시점은 20세기 중반까지 거슬러 올라간다. 물리학자이자 정보과학자인 위버(Warren Weaver)는 1948년 작성한 한 논문에서 복잡성과 비복잡성을 구분할 수 있도록 준거를 제공했다. 그러면서 근대과학이 관심을 두는 여러 현상의 범주를 '단순(simple)', '복합(complicated)', '복잡(complex)' 세 가지로 나누었다.

리차드슨(Kurt Richardson)과 실리어스(Paul Cilliers)는 최근까지 이루어진 복잡성 연구와 관련된 세 학파의 입장을 정리하여 복잡성 철학 안에 존재하는 다양성을 '경직된 복잡성 과학', '유연한 복잡성 과학', '복잡성 철학'으로 설명했다(Davis & Sumara, 현인철 · 서용선 역, 2011, pp. 48-49).

첫째, '경직된 복잡성 과학'은 물리학자들이 주로 사용했던 접근 방식이다. 이것은 결과로서 현실의 본질을 들추어내는 분석과학과 흡사하다. 현실은 결정되어 있고 동시에 결정할 수 있다는 가정 하에 안내된다. 수업 상황을 고정된 채로 분석하고 이를 향상시키기 위해 수업채점표로 점수를 매겨 등급을 나누었던 과거의 경험이 여기에 해당한다.

둘째, '유연한 복잡성 과학'은 생명체와 사회 체계를 설명하는 데 있어 은유와 원리에 의존하는, 생물학과 사회과학 안에서 공통적으로 세계를 바라보려는 방식이자 해석 체계이다. 여기서 복잡성은 현실을 향한 경로나 재현이라기보다 세계를 바라보는 방식이자 체계가 된다. 이러한 원리에 따르면, 학생과 교사를 생명체 혹은 사회구성원으로 인식하고 교실이라는 공간을 우주의 공간 혹은 사회적 공간으로 상정한다.

셋째, '복잡성 철학'은 앞서 말한 양자 사이 중간 어딘가에 놓여 있으면서 복잡한 우주를 가정하면서도 철학적이고 실용적인 의미에 관심을 둔다. 하나의 사고 방식이면서 동시에 실천의 한 방식으로 설명되는 것이다. 학교와 교실, 교사와 학생 모두 변화의 주체이자 네트워크에 의해 만들어지는 요소가 된다.

융합으로서 복잡성 철학

학문의 경계를 가로 지르면서 형성된 복잡성 철학은 다양한 영역에 기원을 두고 있다. 오히려 별개의 수많은 학문 영역으로부터 축적된 지혜가 융합되어 있다. 자연과학, 철학, 수학, 심리학 분야에서 이를 알아보자.

먼저 자연과학 분야를 살펴보면, 19세기와 20세기에 생명과학과 물리학에서 혁명적인 변화가 나타났다. "물리학을 뒤흔든 30년"(Giberson, 1989)이라는, 20세기 초반 비선형의 세계관이 물리학을 지배하게 되었다. 과학자들은 원자의 내부를 들여다보면서, 전자가 입자와 파동이라는 속성이 동시에 발생하면서 움직인다는 사실을 발견했다. 이어서 등장한 환경 과학은 생태의 다양성과 복잡성이 갖는 힘에 대해 풍부한 설명을 제공했다. 또한 체계 이론을 수용하면서 복잡성의 피드백 고리와 자기창조의 개념도 연결되었다. 생물학에서는 다윈의 영향력이 지대했다. 진화론에서 결정론을 제거하면서 비선형적인 과정이 도입되었고, 일정한 경계가 있는 무작위적인 현상을 설명하는 데 큰 영향을 미쳤다. 새로운 종을 창조하는 '이상한 끌개'가 작동되었다.

철학을 보자. 1900년대 초 듀이는 철학이 당대 과학에 토대를 두어야 한다고 주장했다. 그가 완성한 프래그머티즘에서는 진리, 세계, 실존이 일종의 집단적인 환상으로 이해되었다. 이 환상들은 바로 우리 모두가 참여하고 동시에 기여하고 있는 장치들로 이야기되었다. 그러면서 다윈의 진화론이 일정한 철학적인 의미를 갖게 되었다. 교육과정 분야에서 복잡성 철학을 처음으로 도입한 돌박사(William Doll, Jr)는 "복잡성 철학은 생물학과 혼돈 이론에서 말하는 적정 수준의 미결정성, 변종, 혼돈, 불균형, 발산, 체험 등이 필요하다."고 말하였다. 이러한 철학적 흐름은 이후 탈근대 담론과 많은 것을 공유하였다. 포스트모더니즘, 후기구조주의, 후기식민주의, 후기실증주의, 후기형식주의, 후기인식론과도 밀접하게 맞닿았다.

수학 분야에서는 『자연에서의 프랙탈 기하학』의 저자인 멘델브롯(Benoit Mandelbrot)이 '프랙탈'을 대중적으로 확산시켰다. 수학의 원리는 복잡성 적응 체계의 중층적인 틀을 형성하는 데 활용되었다. 실제 프랙탈은 수학의 '혼돈 이론'에 적용되었고, 나비효과를 설명하는 '이상한 끌개' 개념에도 기여하였다.

심리학 분야에서는 학습이론과 맞물려 새로운 변화가 나타났다. 플라톤에서 데카르트까지, 그리고 20세기를 거치면서, 심리학에서는 인식의 주체와 인식될 수 있는 대상 사이에 엄격한 간격이 존재했다. 하지만 프로이트(Sigmund Freud)와 훗설(Edmund Husserl)에 이르러 심리학의 대전환이 모색되었다. 프로이트는 정신분석을 통해 '개인의 세계 구성'과 '세계의 개인 구성'은 분리할 수 없다고 말했다. 훗설의 현상학 이론 또한 이러한 관점을 부각시켰으며, 개념과 지각 대상이 복잡하게 서로 얽혀 있음을 설명했다. 이러한 관점들이 모여 구성주의 교육 이론의 철학적인 토대가 되었다. 구소련의 심리학자인 비고츠키(Lev Vygotsky)와 동료들은 학습이 개별적인 구성의 문제일 뿐만 아니라 사회적인 행위라고 확신하기에 이르렀다. 이는 복잡성 이론이 부각시키고 있는 일종의 네트워킹 방식과도 양립 가능하다.

복잡성 철학이 제시하는 원리들

우주라는 관점에서 보면, 복잡성 철학은 고정되어 있는 우주와 완벽하게 역동하는 우주 사이에 존재한다. 고정되어 있는 우주는 고정되어 있기에 완전한 파악이 가능하지만, 지나치게 역동적인 우주는 어떤 설명도 불가능하다. '교육은 이것이다.'라는 관점이 있을 수 있고, 이와는 반대로 '모든 게 교육이다.'라고 어떤 설명도 불가능해져버리는 관점도 있을 수 있다. 사실 복잡성 철학은 이렇게 양 극단에 치우치지 않고 양쪽 입장 모두를 경청하면서 의미 있게 진화해가는 속도를 강조한다. 그런 차원에서 제시된 복잡성 철학의 원리를 보면 다음과 같다.

- **자기 조직화** : 자율적인 구성 인자들의 행위가 서로 연결되어 있고 의존할 때, 복잡성 체계는 자발적으로 발생한다.
- **상향식 창발** : 복잡성 통일체의 전체 역량은 개별 구성 인자들의 속성과 능력의 단순 총합을 능가한다. 이러한 초월적 특성과

역량은 중앙 조직자나 지배적 통치구조에 얽매이지 않는다.

- **근거리 관계** : 복잡성 체계 내부의 많은 정보는 가까이 인접한 구성 인자들 사이에서 교환된다. 체계가 정합성을 이룰 수 있는 이유는 중앙 집중식 혹은 하향식 통제가 아니라 대체로 구성 인자들의 즉각적인 상호의존에 좌우되기 때문이다.

- **포개진 구조 혹은 척도로부터 자유로운 네트워크** : 복잡성 통일체는 복잡하다고 확인된 여러 통일체를 구성하거나 포함시킨다. 이러한 상황이 바로 새로운 유형의 행위와 규칙을 세우는 행동의 근원이 된다.

- **모호한 경계** : 복잡성의 모습은 물질과 에너지를 주변 환경과 지속적으로 교환하기 때문에 개방적이다. 경계의 가장자리를 보면, 자의적인 부과는 물론 필연적인 무지 모두를 요구한다.

- **조직적인 닫힘** : 복잡성의 모습은 역동적인 맥락과 에너지, 물질을 교환한다. 그럼에도 불구하고 본래적인 안정 상태를 유지하고 있다. 행동 유형이나 내적 조직이 지속성을 유지한다는 차원에서 닫혀있다. 그래서 경계의 가장자리를 보면, 지각이 가능하고 안정적인 일관성을 유지하면서 토대를 이루고 있다.

- **체화된 구조** : 복잡성 통일체는 역동적인 맥락에서 자신의 생존 능력을 유지하기 위해 적응하려고 한다. 그러는 가운데 자신의 구조를 변화시켜 나간다. 달리 말하면, 복잡성 체계는 자신의 역사를 체화하면서 학습한다. 이는 뉴턴 역학보다는 다윈 진화론의 관점으로 설명된다.

- 항상적 불균형 : 복잡성 체계는 균형 상태에서 작동하지 않는다. 실제로 안정 상태에서 이루어진 균형은 복잡성 체계에서 죽음을 의미한다.

(Davis & Sumara, 현인철·서용선 역, 2011, 26-27)

복잡성 교육철학의 흐름

이러한 원리들은 교육철학의 관점으로 전환될 수 있다. 전환을 보여주기 위해 교사를 중심에 두고 학교와 교실을 연계해 말해보자.

첫째, '자기 조직화' 원리를 보면, 자율적인 교사들의 행위가 상호 연결되고 의존할 때, 학교와 교실이라는 복잡성 체계가 자발적으로 발생한다. 핵심적인 말은 '자율', '상호 연결', '상호의존', '자발'이다. 이러한 말이 실천되면 학교와 교실은 복잡성 체계가 되어간다. 교실과 같은 수업 환경에서 교사와 학생들의 '경험과 의견의 다양성'은 실제 활력 넘치는 복잡성 적응 체계를 창출하고 유지하는 데 강력한 추진력이 된다. 복잡성으로 구축된 학교와 교실에서는 교사들이 독자적으로 움직이면서도 이들 사이의 차이가 교류되면서 '자기 조직화(self-organization)'가 이루어지게 된다.

둘째, '상향식 창발' 원리는 "브라질에서 나비 한 마리의 날개

짓이 텍사스에 토네이도를 몰고 올 수 있는가?"처럼, 학교에서 개별 교사들이 힘을 모으면 개별적으로 가지고 있는 속성과 능력의 단순 총합을 능가해 나간다는 것을 말해준다. 아주 작은 하나의 행동이 피드백 고리 안으로 진입하고, 이것이 결국 큰 바람을 일으키도록 함께 참여하게 되고 일정 시간이 지나면 효과가 증폭되어 나비효과가 발생하게 되는 것이다. 더욱 중요한 점은 교사들의 초월적인 특성과 역량은 중앙 조직자나 지배적 통치구조, 다시 말해 교육청이나 학교 관리자들에 얽매이지 않는다는 점이다.

셋째, '근거리 관계' 원리는 학교와 교실의 변화를 위한 대부분의 내부 정보가 가까이 이웃한 교사들 사이에서 교환된다는 점을 말해준다. 전체 교사 회의나 잦은 공식 회의가 아니라 비공식적이면서 친밀감이 높은 소그룹 내 상호작용이 중요하다. 혁신학교를 만들어가는 교사들의 움직임을 보면 이를 잘 알 수 있다. 이 때의 학교나 교실의 모습은 중앙 집중식이나 하향식 통제가 아니다. 오히려 교사들 사이의 즉각적인 상호의존에 좌우된다. 아래 그림은 이를 잘 대비해서 보여준다.

[그림 1] 네트워크 구조의 유형

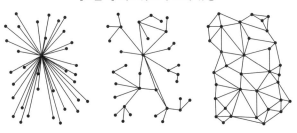

넷째, '포개진 구조 혹은 척도로부터 자유로운 네트워크' 원리는 학교나 교실의 구조, 혹은 교사군의 모습은 복잡하게 이루어진 서로 다른 통일체를 구성하거나 포함되어 있음을 말해준다. 교사군을 예로 들면, 남-녀, 50·60대-30·40대-20대, 관리자-부장-담임-비담임, 전교조-교총, 근거리-원거리 지역 등이 있을 수 있다. 이들은 다양한 통일체를 가지고 있으면서 새로운 유형의 행위와 규칙을 세워나간다. 아래 그림은 포개진 학교의 모습을 상징적으로 보여준다.

[그림 2] 복잡성 통일체의 포개진 구조에 대한 상징 표상

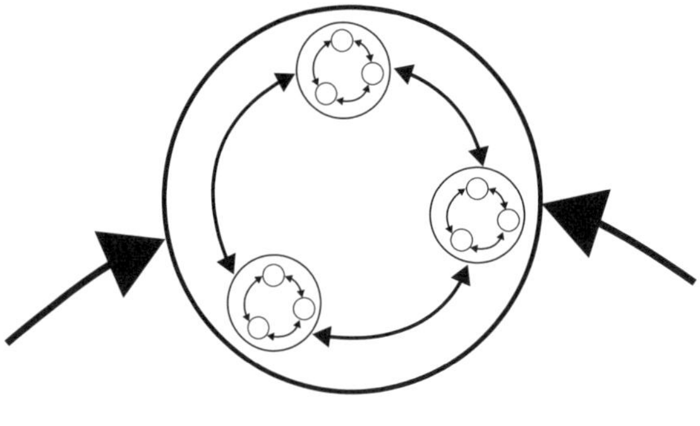

이는 프랙탈에서 말하는 '자기 유사성(self-similarity)'과 관계가 깊다. 쉽게 말해 교사와 학생들이 다른 것 같지만 비슷하고, 학교가 다른 것 같지만 유사한 것들이 많다. 프랙탈은 자기 유사성을 띠는 형태로 구성된다. 아래 코흐 눈송이처럼 점점 유사하게 확대되어 나가면서 학교의 변화를 이루어가게 된다.

[그림 3] 코흐 눈송이

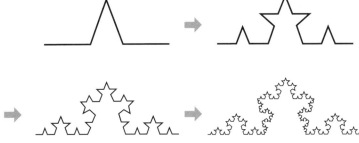

다섯째, '모호한 경계' 원리는 교사와 교사, 교실과 교실, 교실과 학교, 학교와 교육청 사이의 세포막과 같은 경계 사이에서 물질과 에너지가 지속적으로 교환된다는 의미이다. 서로 더 좋은 생존과 성장 조건을 위해 자연스럽게 개방한다. 물론 경계의 가장자리에서 자의적인 의무나 필연적인 무지가 등장했을 때에는 그 세포막이 닫힌다. 쉽게 말해, 교육청과 관리자의 정당한 요구는 교사에게 개방되어 경계 선상에서 많은 대화와 실천이 이루어지게 된다. 그 반대 상황도 마찬가지이다.

여섯째, '조직적인 닫힘' 원리는 학교가 역동적인 맥락과 에너지, 물질을 교환한다 할지라도, 본래적인 학교의 안정 상태를 유지하기 위해 닫힌다는 것이다. 학교 내부에서 이루어지는 행위나 조직을 존속시키기 위해 닫히는 것이다. 불안정한 상황이 일어나면, 학교는 이를 지각하면서 일관된 안정성을 유지하도록 노력한다. 학교를 지키는 것은 결국 학교 스스로의 일이다.

일곱째, '체화된 구조' 원리는 교사들이 학교 내외의 역동적인 맥락에서 자신의 생존 능력을 유지하고 적응하기 위해 자신은 물론 학교 구조를 스스로 변화시켜 나간다는 말이다. 이러한 흐름은 교사 자신의 역사이자 학교 스스로의 역사로 체화된다. 혁신학교마다 양상, 방식, 태도가 서로 다른 이유도 역사적으로 서로 다른 시공간 속에서 체화되었기 때문이다.

여덟째, '항상적 불균형' 원리는 학교가 지나치게 균형 상태에 있으면 안 된다는 말이다. 학교 안에 깊은 고민과 갈등이 묵혀 있어도 안 되지만, 모든 것이 해결된 것처럼 심리적·사회적 관계를 균형 상태로 가지고 있으면 학교는 제대로 작동하지 않는다. "우리 학교는 너무 잘돼요."라는 말이 진짜이고 그 상황이 오래 지속된다면 그 학교는 이미 죽어 있다는 것을 말한다. 생명체와 같은 복잡성 적응 체계는 멈춰 있지도 무질서하지도 않다. '불균형 상태(far from equilibrium)'나 '혼돈의 가장자리(at the edge of chaos)'에 존재하고 있어야 생명력이 넘친다.

복잡성 교육철학에서 바라 본 학습

위에서 살펴본 복잡성 교육 철학의 원리는 일상 속에서 마주하는 현상을 일종의 학습 체계로 받아들인다. 복잡성 교육철학은 뇌, 사회집단, 지식 체계 등에서 다양한 가능성을 발휘하면서 보다 폭 넓은 의미를 만들어 간다. 교육 현상 속에 나타나는 수많은 하위 요소나 구성 인자의 상호작용을 중시하면서 교육 행위에 담긴 역동적인 맥락의 가능성과 제약성을 동시에 파악하려고 한다.

기존에는 교육을 다음 그림처럼 간주했다. 교사나 학교가 일방적인 방식으로 객관적인 지식을 학생들에게 쏟아 부었다. 객관적인 지식과 개별적인 인식 행위는 별개이고 중복 불가능한 것으로 간주한 것이다. 흔히 하는 말로 "머리 속에 지식 집어넣기", "지식 흡수하기", "지식 주입하기" 등이 대표적이다.

[그림 4] 지식과 인식 행위에 대한 대중적인 은유

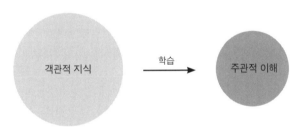

하지만 새로운 생각이 등장했다. 다음 그림처럼 주관적인 이해가 객관적인 지식 안에 중층적으로 포개어져 있다고 본 것이다. 양자가 상호관계 속에 존재하면서 서로를 이해하는 모습이다. 그렇게 되면 양자가 비록 상이한 시간 속에 작동하더라도, 양쪽 모두 역동적이면서 적응 가능하게 된다.

[그림 5] 지식과 인식 행위에 대한 새로운 은유

이 그림에서 학습은 개인적인 인식 행위와 집단적인 지식 사이에서 지각되고, 그 경계에 서서 재협상을 해가는 관점으로 이해된다. 서로에게 주름 접혀지고 동시에 주름을 펼쳐야 제대로 된 학습이 진행된다. 교사와 학생, 학생과 학생 사이에서 이루어지는 대화 속에서 서로 밀고 당기면서 창조적인 집단 지성이 등장한다. 그렇게 되면 학습은 정보나 지식의 일방적인 흐름이 아니라 서로 함축된 응집력을 유지하면서 적응하거나 대응하는 현상으로 이해된다.

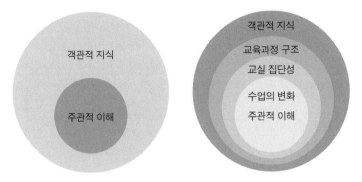

[그림6] 교육 영역의 복잡성에서 볼 수 있는 중간 수준들

객관적 지식

주관적 이해

객관적 지식

교육과정 구조

교실 집단성

수업의 변화

주관적 이해

위 그림은 주관적 이해와 객관적 지식 사이에 나타난 중간 수준들로 수업의 변화, 교실 집단성, 교육과정 구조의 위상을 보여준다. 학교와 교실이 변하려면, 객관적 지식과 주관적 이해 사이의 동역학과 적응에 필요한 응집력이 무엇인지 알아야 한다. 그리고 이것들이 상이한 수준으로 어떻게 존재해야 하는지 이해해야 한다. 복잡성 교육철학에서 말하는 집단적인 지식은 중층적으로 포개져 있기에 개별적인 이해만으로는 부족하다. 다음 그림은 복잡성 안에서 이루어지는 공동 행위에 대한 서로 다른 수준을 보여준다.

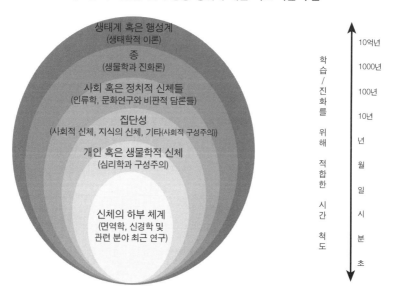

[그림 7] 복잡성 안의 공동 행위에 대한 서로 다른 수준

생태계 혹은 행성계
(생태학적 이론)
종
(생물학과 진화론)
사회 혹은 정치적 신체들
(인류학, 문화연구와 비판적 담론들)
집단성
(사회적 신체, 지식의 신체, 기타(사회적 구성주의))
개인 혹은 생물학적 신체
(심리학과 구성주의)
신체의 하부 체계
(면역학, 신경학 및
관련 분야 최근 연구)

학습 / 진화를 위해 적합한 시간 척도

10억년
1000년
100년
10년
년
월
일
시
분
초

　　교육에서 등장하는 학습에 대한 주요 이론은 두 가지이다. 생명력을 유지하기 위해 개인의 노력에 초점을 맞추는 '주체 중심의 구성주의'가 있다. 그리고 집단적인 지식 체계에 의한 형성과 위치에 관심을 두는 '사회적 구성주의'가 있다. 복잡성 교육철학은 미시와 거시 양 방향 모두에 관심을 가지면서 앞서 살펴본 대로 중층적인 이미지를 정교하게 다듬어 간다. 교육은 역동적이면서 중층적으로 포개진 수많은 수준에서 동시 발생적으로 일어난다. 이러한 면을 고려하지 않으면 교육을 제대로 이해할 수가 없다.

복잡성 교육철학의 공헌

복잡성 교육철학은 학교나 교실에서 '동반 상승 작용'을 만들어 낼 수 있다. 교육을 사회적인 행위로 보면서 새로운 지식을 획득하거나 새로운 수준의 발달을 위한 교육 전망이 제시되고 있다. 그런데 이런 흐름과는 대조적으로, 복잡성 교육철학은 하나의 학교 혹은 하나의 교실에서 새로운 지식을 어떻게 창조할 수 있는지 그런 가능성은 어디에서 나오는지 밝히고 있다.

비고츠키와 같은 경우, 학생이 학습하고 있는 사회 체계가 바로 학습에 기여한다고 본다. '사회적 학습 이론'으로 불리는 이러한 주장은 복잡성 교육철학과도 맞닿아 있다. 공통적인 점은 학교라는 사회가 학생에 의해 공동 창조된다는 점이다. 비고츠키가 교육의 핵심으로 말한 "근접발달영역(zone of proximal development)"도 학생이 학습을 통해 주위 사람들이 가진 지성적인 삶 속에서 성장해가는 과정을 그리고 있다. 복잡성 교육철학도 학습을 정적인 것으로 간주하기보다 집단을 이루는 실제적인 기관으로 간주한다.

복잡성 교육철학에서 말하는 학습은, 일정한 조건 하에서 사람들이 새로운 지식의 원천을 찾고, 그 과정에서 가능성을 갖는 것이다. '개인과 집단의 지속적인 공동 창조의 과정'이 학습이고, 그 속에서 지식이 살아나게 된다. 학생은 자신과 집단의 상호작용 속에서 변화하고, 집단은 개별적인 학생들의 움직임에 의해 다양한 변화를 겪게 된다. 복잡성 교육철학은 '공동 창조'라는 지속적인 반복으로 학습을 만들어간다. 학생은 단순한 견습생이 되기보다 오히려 새로운 지식을 창조할 수 있는 특별한 가능성을 보유하고 있다는 것을 인정한다.

복잡성 교육철학으로 혁신교육 바라보기

현재 복잡성 교육철학이 중요하게 부각되는 이유는 우리나라에서 진행 중인 혁신교육 때문이다. 혁신교육은 학생을 주체로 삼아 이루어지는 교육활동, 교사의 변화를 통한 학생의 변화, 지식과 학습에 대한 새로운 관점, 민주적인 행정을 통한 교육의 변화를 만들어내고 있다. 이것은 새로운 교육철학의 시선을 요구한다. 이런 상황은 학습을 '창조적 집단 지성의 속성'으로 바라보게한다. 학습을 비선형적이고 일정한 경계를 갖춘 적절한 네트워크 현상으로 보는 것이다.

복잡성 교육철학은 교육 현상과 행위를 통해 어느 누구나 "수준 도약(level-jump)"을 가능케 한다. 복잡성 교육철학은 수준 도약에서 발생하게 되는 교육의 일관성과 구체적인 행동 규칙을 검토한다. 한국 교육이 가지고 있는 지체와 정체를 해소할 수 있는 철학적 관점이 복잡성 교육철학에 들어있다. 이젠 교사와 학생이라는 구성 인자와 교실과 학교라는 주어진 환경 사이에 협력이 중요

하다. 협력적인 행위로부터 집단이 가진 창발성의 조건에 관심을
둔다면, 점점 기존의 교육을 극복해나갈 수 있다.

존 듀이가
말하는 혁신교육

다양한 혁신교육 철학과 존 듀이

현재 전국에서 혁신교육의 일환으로 '혁신학교', '배움 중심 수업', '창의지성 교육과정' 등이 추진되고 있다. 그러면서 이와 관련된 다양한 교육철학이 제시되고 있다. 이를 뒷받침하는 사상가로서 비고츠키, 프레네, 발도르프, 마나부, 이오덕 등 실천적 이론가들은 물론 북유럽의 핀란드 교육, 덴마크 자유 교육 등이 사상적으로 새롭게 조명받고 있다.

존 듀이(John Dewey) 또한 이 연장선상에서 '드넓은 바다(vast sea)'와 같은 실천적인 교육 철학자로서 거론된다. 듀이는 공교육의 변화를 추구하기 위해 진보주의 교육 운동을 펼쳤는데, 그 가운데 '실험학교'는 혁신학교와 흡사한 정책과 실천 궤도에 있다. 사고와 협력과 활동 중심의 '문제 해결과 프로젝트 수업(problem solving & project method)'은 배움 중심 수업의 방향을 함께 공유한다. 학생의 현재적 삶을 기반으로 하는 '교육과정의 재창조'는 창의지성 교육과정과 깊게 연관된다. 그의 저서 『민주주의와 교육』(1916)은 플라톤의 『국가론』 이후 최고의 교육 명저로 꼽히면서, 현재 혁신학교 운동 차원에서 필독서로 제안되고 있는 상황이다.

교육의 본질: 시민성 교육

혁신교육에 가장 앞서고 있다는 경기도교육청의 경기교육 시책을 보자. 가장 중요한 지표로 "더불어 살아가는 창의적인 민주시민"을 제시하고, 6대 시책 가운데 하나로 "세계인과 더불어 살아가는 민주시민 육성"을 표방하고 있다. 듀이가 교육에서 강조했던 바도 바로 이 시민성 교육이다.

듀이는 교육을 그 어떤 외부적이고 인위적인 목적도 부과할 수 없는 '성장 그 자체'로 보면서 지속적으로 '재구성'해나가야 한다고 본다. 학교를 사회와는 동떨어진 별개의 속성과 내용을 가진 조직된 체계로 보는 것이 아니라, 하나의 작은 사회(micro society)로서 가장 인간적이면서 민주적인 운영이 교육적으로 이루어지는 조직체로 간주한다.

학교라는 사회에서 아동·청소년의 삶이 학습, 교과, 교육과정을 통해 '지역사회 학교' 혹은 '민주주의 학교'가 되어야 한다고 주장한다. 그러면서 교육의 목적을 '시민성 교육'으로 지칭한다. 이는 아동·청소년을 학생이기 이전에 '학교라는 사회'를 살아가는 '시민 그 자체'로 보는 관점이다. 이는 교실, 수업, 교육과정, 학교에 관한 민주적인 소통이 이루어지는 공동체로서 학교가 필요하다는, 공교육 정신을 잘 보여준다. 이를 보여주는 대표적인 말을 살펴보면 다음과 같다.

> '공동(common)', '공동체(community)', '의사소통(communication)' 등과 같은 단어들은 순전히 문자 유사성 그 이상의 연관성을 갖고 있다. 사람들이 '공동체'에서 살아가는 것은 그들이 무엇인가를 '공동'으로 갖고 있기 때문이며, '의사소통'은 그 '공동'의 것을 가지게 되는 과정이다. 사람들이 사회를 이룩하기 위하여 공동으로 가지고 있어야 하는 것은 목적, 신념, 포부, 지식, 공동의 이해, 또는 사회학자들이 말하는 공동의 마음가짐(like-mindedness)이라고 하는 것이다. 의사소통, 그리고 그것으로 인한 공동의 이해에의 참여, 이것이야말로 사람들로 하여금 유사한 정서적, 지적 성향을 갖게 해주며, 기대와 요구조건에 대하여 유사한 방식으로 반응할 수 있도록 해준다. (Dewey, 1916)

듀이는 시민성 교육을 공교육의 지향점으로 바라보고, 기존의 '자연적 발달'과 '교양'과는 구별해야 한다고 주장한다. 즉, 루소

(Jean-Jacques Rousseau)가 제시한 자발적이고 생득적인 성장을 추구하는 '자연적 발달'은 사회와는 대립되는 교육 목적이라고 보았다. 또한 '교양'은 자연적인 발달과는 정반대로 개인의 인격과 개성 속에서 학문과 예술 등의 고귀하고 세련된 태도에만 초점을 둔다고 간주하였다. 시민성 교육을 중심으로 하되, 자연적 발달로부터 생득적인 활동 에너지를 얻고, 교양으로부터 공동 활동에 사용되는 자유롭고 충만한 능력을 활용하여 유기적으로 연계해야 한다고 주장한 것이다. 시민성 교육은 양자 사이에서 자연이 보장할 수 없는 것을 제공하고, 공동생활의 활동과 사회적으로 의미 있는 일을 추구하는 공교육의 목적이 되어야 한다고 본 것이다.

듀이는 누구인가?

듀이의 생애는 1859년부터 1952년까지 전환기 미국에서 거의 한 세기에 이른다. 그는 자유와 활력이 넘치고 청교도적인 가치가 묻어나는 북부 버몬트 주 벌링턴의 중산층 가정에서 태어났다. 어린 시절에는 소심한 성격에 책을 좋아하고 생각이 많은 아이였고, 16세에 존스 홉킨스 대학에 들어가 93세 사망할 때까지 평생 연구와 실천에 몸을 바쳤다. 그래서 그를 하이데거와 비트겐슈타인과 더불어 20세기 최고의 철학자 가운데 한 명으로 일컫기도 한다. 그의 사상이 녹아 있는 저작은 전기·중기·후기를 모은 전집 37권, 저서 40여 권, 논문 700여 편으로 출간되어 있다. 그가 출판한 저작물의 목록만 150쪽이 넘는다.

듀이는 학문 활동과 더불어 적극적이고 왕성한 사회 활동으로도 잘 알려져 있다. 펜실베이니아 오일시티 고등학교와 사르로레 초등학교에서 교사로 근무하였고, 실험학교를 오랫동안 운영하였다. 사회 연구를 위한 뉴스쿨, 미국대학교수협회, 진보주의교육협회, 전국교육협의회(NEA), 미국교사연맹(AFT) 등을 창설하고 주도하였다. 더불어 제3의 급진 정당, '시민참여연대', '독립정치참여연대', '스탈린에 의한 트로츠키 고발에 대한 조사 위원회' 의장, '자유당' 명예 부총재도 맡았다. '노동과 복지' 운동으로 당대 가장 유명한 애덤스와 함께 헐 하우스 운동에도 적극 참여하였다.

듀이가 살았던 시대 상황은 '정체성과 혼돈의 시대'였다. 19세기에서 20세기로 넘어가면서, 본격적인 산업화로 자본주의가 만개하였고, '2차 이민자들'의 유입과 파업으로 미국 사회에 큰 변화가 있었다. 이 와중에 1차·2차 세계대전이 발발하면서, 미국과 세계의 관계가 재정립되는 시기였다.

듀이의 사상: 프래그머티즘

그의 사상은 이런 시대 상황과 맞물려 새로운 실천적인 사상 정립에 초점이 맞추어져 있다. 이것이 바로 프래그머티즘 (pragmatism)이다. 프래그머티즘은 헤겔과 마르크스 중심의 유럽 철학과는 달리 이론과 실천을 경험 속에서 구성해나가는 방식을 강구한 철학이다. 여기서 강조하는 개념은 '비판 공동체', '우연성과 불확실성', '직접적 경험', '사실-가치의 관계', '상호작용과 교호작용' 등을 들 수 있다.

프래그머티즘 초기에는 진화론적 생물학과 기능주의 심리학을 기반으로 하여 헤겔의 실험주의적 관념론에 기초를 두었다. 이후 후기에는 헤겔의 논리학을 재구성하고, 퍼스, 제임스, 미드의 사상을 받아들이면서 프래그머티즘을 완성해 나갔다. 퍼스로부터는 '탐구의 과정'을, 제임스로부터는 '다양한 경험과 의식의 흐름'을, 미드로부터는 민주주의와 연관된 '사회적 자아' 개념을 받아들였다. 이러한 흐름을 통해 시카고학파의 탄생에 크게 기여하였고, 당대 사상가로부터 극찬을 받게 되었다.

이후 수많은 사상에 영향을 미치게 되었다. 대표적으로 분석철학 대가였다가 듀이 사상으로 전환한 로티의 '네오 프래그머티즘 (neo-pragmatism)'과 의사소통을 강조한 하버마스의 사상과 결합된 '비판적 프래그머티즘(critical-pragmatism)'이다. 이러한 흐름으로 인해 현재 그는 포스트모더니즘의 아버지라고도 불리고, 복잡성 교육철학(complexity thinking of education)과도 긴밀하게 연결된다.

그가 설립한 실험학교의 철학과 실천에도 이러한 사상은 그대로 녹아들어 있다. 프래그머티즘은 교육학, 심리학, 논리학, 정치학, 미학 등에 걸쳐 유기적으로 연결된다. 교육에 대해서는 지속적인 성장과 통합의 관점에서 변증법적인 실험과 탐구를 통해 나아가는 것으로 바라본다. 이렇게 듀이는 실험학교를 통해 사상가로서 실천가로서 교육 이론의 갈증을 해소하고 실질적인 교육 문제를 해결하려고 끊임없이 노력하였다.

실험학교: 혁신학교의 모태

실험학교(laboratory school)에서 듀이는 교사, 학교 경영자, 교육 정책가, 교육 운동가, 교육 사상가로서 다양한 활동을 했다. 교육 사상을 심리학, 논리학, 정치학, 미학 등의 다양한 학문적 관점과 융합하였고, 민주주의를 공교육의 방향으로 잡아 이를 실천적으로 보여주었다.

듀이의 실험학교는 당대 최고 학파였던 시카고학파가 형성된 시카고대학교에서 1894년부터 1904년까지 운영되었다. 1894년에 시카고대학교 초대 총장인 하퍼가 철학과 심리학이 함께 있는 교육학과의 학과장으로 듀이를 초빙하면서 실험학교가 시작되었다.

1896년 개교 당시 6세에서 9세까지 16명의 학생과 2명의 교사가 함께 시작한 실험학교는, 이후 세 차례 학교를 옮기면서 더욱 확장되어 1903년에는 교사가 16명, 학생은 100명으로 늘어났다.

7년에 걸친 학교 운영을 통해 듀이는 철학과 심리학에 기반해서 다양한 교육 문제를 다룰 수 있었다. 이후 실험학교는 고등학교까지 건립되었고 초창기 실험학교의 영향을 지대하게 받으면서 함께 커나갔다. 이때 등장한 것이 '문제 해결(problem solving)' 학습, 킬 패트릭(William H. Kilpatrick)과 함께 만든 '프로젝트법(project method)'이다.

창조적인 기대가 넘친 시카고의 분위기에 부응하기 위해 만들어진 '실험학교'는 새로운 교육과 새로운 학교의 탄생을 세상에 알려줬다. 교육학을 철학, 심리학과 연결하여 교육의 이상을 추구하려했던 듀이는 이와 같은 분위기의 시카고대학을 최적지로 받아들였다. 반성적 사고와 문제 해결을 위한 민주적인 학습 공동체를 추구하는 '실험실 정신'이 실험학교에 사상적으로 실천적으로 녹아들어 있다.

이는 가장 혈기왕성한 37세에 쓴 "나의 교육 신조"(1896)로부터 『학교와 사회』(1899), 『아동과 교육과정』(1902)이라는 글에 잘 드러나 있다. 이러한 노력은 『사고하는 방법』(1910)과 『민주주의와 교육』(1916)에서 교육철학의 절정을 맞게 된다. 70세가 훌쩍 넘은 후기에 이르러서는 이러한 흐름을 발전시켜 『교육과 사회변화』(1937)와 『경험과 교육』(1938)을 출판하였다.

실험학교는 현재 혁신학교를 통해 새로운 교육 변화를 주도하는 경기도의 혁신교육 정책과 매우 흡사한 모습을 가졌다. 당시 교육개혁은 경기도처럼 시카고 지역의 핵심 주제였고, 듀이의 실험학교는 이론과 실천 모두에서 새로운 학교를 만들어가는 선구자 역할을 하였다. 당대 교육 개혁을 상징하는 파커의 진보주의 교육 운동과 교육 문제에 대해 논쟁적인 분위기를 주도해 나간 애덤스의 '헐 하우스'는 실험학교 운동을 사회적으로 확산시키는 데 크게 이바지하였다. 그렇게 보면, 실험학교는 당시 시대 상황과 사회사상 및 사회과학의 발달을 토대로 새로운 교육을 위한 진원지의 역할을 담당하였다고 해도 손색이 없다. 재정적인 이유와 합병 과정에서 발생한 문제로 인해 듀이가 사임하면서 실험학교의 실험도 끝났지만, 지금도 그 속에 담긴 교육적인 가치와 정신은 공교육이 나가야할 지향점이 되고 있다.

『민주주의와 교육』 다시 읽기

성장과 재구성으로서의 교육을 통해 시민성 교육을 달성하고자 하는 교육의 면모를 가장 잘 보여주는 저서가 그 유명한 『민주주의와 교육』이다. 시민성 교육의 관점에서 유사 내용을 묶어 『민주주의와 교육』에 대한 구조화를 해 보면 〈표1〉과 같이 정리해볼 수 있다.

<표 1> 『민주주의와 교육』의 구조화

장	구 분	내 용		
1~4	교육의 개념적 특징	삶의 필연성으로서의 교육 지도로서의 교육	사회적 기능으로서의 교육 성장으로서의 교육	
5~7	교육의 비판적 재구성	준비설, 발현설, 형식도야설 ⇔ 성장으로서의 교육 형성·반복설, 과거지향 교육 ⇔ 재구성으로서의 교육 플라톤 교육 18세기 개인주의 교육 ⇔ 민주주의로서의 교육 19세기 독일교육		
8~9	교육의 목적	자연적 발달	사회적 효율성 (시민성)	교양
10~13	교육의 방법	흥미와 도야 교육에서의 사고	경험과 사고 방법의 성격	
14~18	교과와 교육과정	교과의 성격 지리와 역사의 의의 교육적 가치	교육과정에서의 일과 놀이 교과로서의 과학	
19~23	교육 현실의 문제	노동과 여가 자연과와 사회과 : 자연주의와 인문주의	이론적 교과와 실제적 교과 개인과 세계 교육의 직업적 측면	
24~26	결론	교육철학 도덕의 이론	지식의 이론	

여기에서 듀이는 교육에 대한 기존의 주장이었던 '준비설, 발현설, 형식도야설'을 비판하면서 "교육적인 과정의 결과는 그 이상 더 교육을 받을 능력을 가지게 되는 데 있다."는 '성장으로서의 교육'을 피력한다. '형성·반복설, 과거 지향의 교육'도 경험의 계속적인 '재구성으로서의 교육'에 비춰 비판한다. 전통적으로 강조되어온 교육의 관점을 넘어 새로운 사회집단의 차원에서 민주주의 교육을 제시한 것이다.

존 듀이가 말하는 혁신교육

생활양식으로서의 민주주의

듀이가 주장한 민주주의는 바로 '생활양식으로서의 민주주의(democracy as a way of life)'이다. 이를 두고 듀이는 "단순한 정부 형태가 아닌 보다 근본적으로 공동생활(associated living)의 양식이고, 경험을 전달하고 공유하는 방식(conjoint communicated experience)"이라고 말한다. 흔히 알고 있는 선거를 통한 정부 구성이나 법을 제정하고 정부가 행정을 집행하는 것이 아닌 민주주의 개념이 훨씬 광범위하고 심오함을 말해주고 있다.

듀이는 '생활양식'을 말하면서 '공동생활'이나 '경험의 전달과 공유'라는 말을 함께 사용한다. 상식적인 수준에서 인간의 삶이란 공동체 속에서 함께하는 삶이고, 그 속에서 수많은 개인들의 다양한 경험은 상호작용하기 마련이다. 그는 '공동생활'에 대해 "이것은 대체할 수 있는 하나의 대안이 아니라 더불어 함께하는 '사회생활 그 자체'에 대한 관념"이라고 말한다. '경험에 대한 전달과 공유'는 그의 『경험과 교육』을 통해 제시된 계속성과 상호작용의 원리[1]와 연관된 의미를 부여하고 있다. 생활양식에 다른 대체물이 있는 것이 아니라 생활과 경험을 본위에 두고 있음을 강조한다.

----

1. 계속성의 원리와 상호작용의 원리는 『경험과 교육』에서 등장한다. 이는 경험의 가치를 판단하고 경험을 설명하는 원리로서 어떤 경험이 교육적인 가치가 있는지를 평가하는 척도가 된다. 계속성의 원리는 경험의 종적인 측면을, 상호작용의 원리는 횡적인 측면을 담당한다.

두 가지 핵심 개념인 '관심(interest)'과 '상호작용(interaction)'
은 생활양식과 민주주의의 방향을 말해준다. 관심은 '공동의 관심
사'여야 하고, '양과 질'이 담보되어야 하며, '사회통제의 방식'으로
더 많이 의존해야 민주적이다. 상호작용은 '집단 간에 자유'로우
면서 '상호 변화'를 가져와야 민주적이라고 본다.

　"생활양식으로서의 민주주의"라는 논문을 쓴 오코너(1999)는
듀이의 민주주의에는 세 가지 원칙이 있다고 말한다. 첫째, 민주
주의에는 '인간 본성에 대한 신념'이 들어있다. 전체주의만이 민
주주의의 위협이 되는 것이 아니라 대중사회가 되면서 우리 안의
개인주의적 태도나 외적으로 부가된 제도나 권위에 의해서도 언
제든지 민주주의는 위협을 받을 수 있다고 듀이는 말한다. 그래
서 개별적인 일상 제도로서 민주주의가 아닌 신념으로서의 민주
주의에 대한 희망을 찾아야 한다고 주장한다.

　둘째, 민주주의에는 '개인이 누릴 자유의 가치'가 들어있다. 물
론 자유의 이념은 자유주의 전통에 있다. 하지만 듀이는 원리가
아닌 신념을, 소극적인 자유에서 벗어난 적극적인 자유를 강조한
다. 지속적으로 변화하는 세계에서 진정한 자유란 인간의 잠재력
을 실현하는 것이다. 이를 가능케 하기 위해서는 생활양식으로서
의 민주주의가 요구된다.

　셋째, 민주주의에는 '자치(self-rule)에 대한 인식'이 들어있다.
일상생활을 살아가는 한 사람 한 사람이 경험을 통해 스스로 통치
에 참여하는 자치에 대한 인식을 갖는 것은 민주주의에서 가장 중

요한 일이다. 민주주의란 어떤 철학적인 정당화로 지지되는 것이 아니고 설령 그렇게 된다하더라도 파시즘이나 전체주의를 극복할 수 없다.

창조적 민주주의 교육으로 가는 길

듀이는 1940년에 발표한 "창조적 민주주의: 우리 앞에 놓여진 과제(Creative Democracy: The Task Before Us)"를 통해 생활양식으로서 민주주의가 창조적 민주주의로 나아가기를 바랐다. 민주주의 교육의 모습도 바로 창조적 민주주의 교육으로 가는 길이다. 전 생애에 걸쳐 이루어진 사상을 종합해보면, 경험-탐구-민주주의의 연속선으로 맞물려 있다.

듀이는 먼저 경험 이론에서 일상생활 가운데 행하면서 겪는 다양한 경험의 의미에 대해 말한다. 교육활동이 이루어지는 아동·청소년의 삶은 다양한 경험이 이루어지는 통합적이고 전체적인 삶이다. 이를 밝히는 저서가 바로 『경험과 자연』(1925a), 『경험으로서의 예술』(1934), 『경험과 교육』(1938b)이다. 그는 '일상적 삶이 곧 경험'이라는 관점에서 출발하면서, 생활 속에서 생물적인 면과 사회적인 면을 가진 유기체가 환경과의 상호 교섭을 통해 보여주는 동적이고 성장하는 경험을 상정한다. 경험을 어떤 것의 일부가 아닌 전체적(holistic)인 것으로 보면서 경험의 재구성을 강조하는데 그 내용을 다음과 같이 정리해볼 수 있다.

- 경험을 '지식의 문제로서 경험'으로 다루는 것이 아니라 '경험과 환경과의 교섭'으로 간주한다.
- '경험의 주관성'만을 강조하는 것이 아니라 '경험의 객관성'도 강조한다.
- '과거와 범주 안에 머무르는 경험'과는 달리 '실험과 변화로 미래를 지향하는 경험'을 강조한다.
- '개별주의와 일원론적인 경험'이 아니라 '질적이면서 역동적인 연관성과 연속성을 갖는 경험'을 강조한다.
- '경험과 사고의 대립'이 아닌 '사고와 반성이 충만'한 경험을 강조한다.

반성적 탐구 혹은 문제 해결로 잘 알려진 탐구 이론은 듀이가 경험 이론의 한 축으로 오랫동안 연구해 온 분야이다. 일상생활 속에서 경험에 담겨있는 문세를 확인하고, 이를 반성적으로 되돌아보면서 탐구하고 문제를 해결해 나가고자 한다. 이는 교육적으로 성장하고 재구성하는 중요한 과정이다. 초기에 그는 인식론적인 접근이나 심리학 연구를 진행하였고, 이후 『실험 논리학 논총』(1916b), 『경험과 자연』(1925a), 『논리학: 탐구 이론』(1938a)으로 이어갔다. 이러한 연구는 『사고하는 방법』(1910, 1933a), 『인간성과 행위』(1922), 『확실성의 탐구』(1929)에서도 계속 연결되었다. 그가 말하는 탐구의 주요 지점은 다음과 같다.

1. **불확정적 상황** : 탐구의 전제 조건은 의문을 갖게 하는 불확정적 상황, 곧 문제 상황에서 출발한다.
2. **문제 설정** : 확정적 상황으로 가기 위해서는 문제를 명확하게 설정할 필요가 있다.
3. **문제해결을 위한 자료 확정** : 설정된 문제를 해결하기 위해 원인과 구성요소를 관찰하면서 여러 지각적·개념적 자료를 얻게 된다.
4. **추론** : 수집된 제 개념의 의미와 관계를 다루면서 추리 작용을 통한 논리적 귀결을 얻는다.
5. **사실과 의미의 검토** : 사실과 의미의 일치 여부를 검토하는 단계로서 이를 검증하고 증명해 나간다.
6. **상식과 과학적인 탐구** : 탐구 과정을 통해 상식과 과학적인 탐구의 차이를 인식하면서 탐구를 마치게 된다.

마지막으로 듀이는 경험과 탐구를 거쳐 민주주의로 가는 교육적인 길을 제시한다. 아동·청소년이 교육적으로 성장하고 재구성하면서 민주주의를 생활 속에서 체득하고 실천하는 시민임을 분명히 한다. 그러면서 그 길이 어떤 길인지 말한다. 듀이가 주장한 민주주의는 앞서 살펴본 대로 '생활양식으로서의 민주주의'이다. 이는 이전 1890년대 '윤리적 이상으로의 민주주의'를 거쳐

1930년대 후반에 이르러 '창조적 민주주의'라는 표현으로 재등장한다. 창조적 민주주의는 윤리학과 철학, 새로운 개인주의[2]와 민주적 사회주의[3]라는 흐름을 수렴하고 있다.

창조적 민주주의를 위해서는 창조적 모티브가 있어야 하는데, 그것은 첫째, '자아실현'이다. 자아실현은 민주주의가 아니면 할 수 없는 인격과 개성을 통한 사회변혁이라는 취지를 담고 있다. 자아실현이 제대로 발휘될 때, 시민성도 '개인의 더 나은 행복을 위해 특수한 개인의 능력과 특수한 환경 사이의 적극적인 관계'를 상정하게 된다. 서로 의견을 주고받으면서 관계를 맺고, 이때 인격과 개성을 통해 사회변화를 기대하면서, 민주주의를 향한 창조성을 이루어간다.

둘째, '적극적 자유'이다. 이는 기능적이면서 사회적인 측면을 통해 사회변혁을 이끄는 힘이다. 정치적 창조성을 가진 시민은 민주주의라는 틀 안에서 더욱 더 적극적이고 자유롭다고 할 수 있다. 자유는 시민을 최선의 상태로 만들어 가는 기회를 부여한다.

경험-탐구-민주주의의 연속성을 통해 성장하는 학생은 그림과 같이 시민으로서 일상생활을 창조해나가는 뿌리 깊은 생명체가 된다. 시민성 개념의 토대가 되는 경험을 바탕으로 반성적 사고와 문제해결의 탐구가 심화되고 민주주의를 심화 · 확대해 간다. 교

---

2. '새로운 개인주의(New Individualism)'는 개인에 대해 외부의 압력이나 통제를 가하지 않고, 개인들이 자발적으로 결합하도록 하는 것이다. 이를 통해 듀이는 자유주의의 핵심 가치를 급진적으로 재구성하면서도 민주주의에 새로운 활력을 불어넣고자 한다.

3. '민주적 사회주의(Democratic Socialism)'는 고도로 자본주의화 된 사회가 초래할 비참한 결과를 막기 위해 민주주의와 공동체를 회복하고 참여와 의사결정의 자발성을 토대로 인간의 창조적 가치를 추구한다.

육활동 속에서 거칠고 소박한 학생들의 경험이 교육의 제재가 되고 재구성되면서 점점 발달하고 성장한다. 창조적 민주주의 교육을 통해 나와 너, 그리고 우리와 사회가 함께 변화하는 모습을 만들어간다.

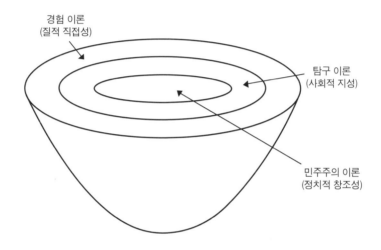

경험 이론
(질적 직접성)

탐구 이론
(사회적 지성)

민주주의 이론
(정치적 창조성)

혁신교육 토대 만들기

듀이의 교육철학은 혁신교육에 모종의 참조 틀 혹은 응용 틀을 제시하고 있다. 실제 이를 접한 혁신 그룹들은 정책의 사상적 깊이와 확대를 위해 듀이에 대한 면밀한 검토가 필요하다고 말한다. 〈경기교육시책〉처럼 "더불어 살아가는 창의적인 민주시민"에 걸맞게 제반 정책과 사업 방향이 조율될 필요가 있다. 경기교육에서 말하고 있는 배움 중심 수업이나 창의지성 교육과정 등이 창조적 민주주의 교육을 지향하는 방향으로 진행될 필요가 있다. 이를 위해 경험-탐구-민주주의의 이론과 철학을 정책적으로 풀어 보려는 작업이 선행되어야 한다. 수업-교육과정-평가-행정의 유기적인 연계와 변화에 교육 역량을 집중적으로 쏟아 부어야 한다. 선언적이고 분산되어 있으며 단선적인 정책과 사업들을 재조정해야 한다.

배움 중심 수업은 아동·청소년의 삶의 문제로부터 출발하도록 방향을 맞춰야 한다. '미래'나 '창의'라는 말보다 현재의 삶의 문제로부터 심화·확장되어갈 수 있도록 하는 배움 중심 수업이 지원되어야 한다. 또한 배움 중심 수업이 가능해지기 위해서 학생 관찰과 교사 연구회 중심의 수업 공개의 풍토를 갖추어나가는 것이 필요하다. 교사의 입장에서는 본인이 속한 학교의 학생들의 심리적인 흐름과 수업 상황을 동료 교사와 함께 면밀하게 볼 수 있는 역량을 지속적으로 키워나가고, 이를 기반으로 교과 재구성과 교과 간 통합을 이루이 바람직한 시민 육성에 초점을 맞춰 나가야 한다.

창의지성 교육과정은 단위학교에서 교육 주체들이 교육과정을 만들어갈 수 있도록 지원해주고, 아동·청소년의 삶을 중심으로 '우리 학교'의 학생들이 어떤 학생들이고, 어떤 교육적인 접근이 필요한지 논의의 장을 마련해가야 한다. 이를 위해서는 지역과 학교의 교육과정을 학생들의 삶에 기반한 교육과정으로 재구성하고, 학교 현장에서 체감할 수 있게 하는 실질적인 방안이 추진되어야 한다.

듀이가 말하는 민주주의 학교는 민주적인 행정을 기반으로 하고 있다. 학생과 교사들의 일상적인 삶의 과정과 무관하게 이루어지는 단위학교와 교육청의 관료 체제와 과정을 시급하게 극복해야 한다. 현재 이루어지고 있는 교원 행정 업무 경감이나 소통 체계가 교육의 과정이 이루어지는 학교에서 구축되고 확립되도록 정책을 심화시키는 데 심혈을 기울여야 한다. 도교육청과 지역교육청의 혁신과 민주화가 선도적으로 이루어져야 단위학교의 변화를 지속적으로 이끌어낼 수 있다. 또한 혁신학교 정책에 대한 치밀하고도 면밀한 검토와 더불어 혁신학교의 벨트화나 클러스터 작업을 현장과 함께 이끌어가야 한다.

마지막으로 듀이 사상을 핵심으로 하여 현대 과학과 철학과 역사를 가로지르며 제시된 복잡성 교육철학에 대한 적극적인 관심과 연구가 이어져야 한다. 복잡성 교육철학은 선진국에서 교육현실을 가장 잘 이해하고 변화시킬 수 있는 교육적인 접근으로 알려지고 있다. 복잡성 교육철학의 관점에서 배움 중심의 수업 혁신을 이루고 역동적으로 교육과정을 구성해야 한다.

역량 중심
교육으로 펼치다

역량 중심 교육은 어떻게 도입되었는가?

역량 중심 교육은 본래 공교육보다는 대학과 기업에서 논의된 개념이다. 기존의 이론과 내용을 단순 전달하는 대학 교육에 대한 반성에서 역량 중심 교육의 필요성이 논의되었다. 그러나 최근 들어 역량 중심 교육은 대학 교육뿐만 아니라 초·중등 교육에도 서서히 영향을 미치고 있다. 경기도에서는 서정초등학교, 이우학교 등이 역량 기반 교육을 시도하고 있으며, 적지 않은 학교의 교육과정 운영 계획서에 역량 개념이 나타나고 있다.

박민정(2008)은 역량 중심 교육과정이 최근 주목을 받기 시작한 이유를 다음과 같이 정리하였다.

- 기존의 학문 중심 교육과정이 이론과 실제, 명제적 지식과 방법적 지식을 분리하여 가르침으로서 학문을 통해 계발된 능력들이 실제 생활에서 제대로 발휘되지 못했기 때문임
- 대학 졸업장을 가졌다는 것이 노동시장의 유능함을 보장하지 못하는 경우가 많았기 때문임

박민정(2008)은 역량 중심 교육과정 등장 배경을 ① 지식기반 사회의 도래 ② 신자유주의 물결과 인적 자원 개발 ③ 평생학습사회 ④ 대학교육의 책무성 강화로 제시했다.

지식의 성격이 바뀌면서 실용성이 강조되고 경쟁력과 효율성을 강화하려는 시대의 흐름에서 기업이 받는 압박은 인적 자원에 대한 강조로 이어지게 되었다. 역량은 지식의 효용성을 극대화하려는 기업의 요구가 반영된 측면이 있다. 그러한 기업의 압박은 취업률 지표로부터 자유롭지 않은 대학으로 하여금 교육 내용과 방법, 목표에 대한 성격 규정을 다시 하게 만들었다.

역량 중심 교육은 많은 교육을 받은 학습자가 노동시장에서 요구하는 능력을 과연 어느 정도까지 길러주고 있는가에 대한 의문에서 비롯되었다. 이를 구현하는 방안으로 학습 결과물을 명확히 정의하고 이를 달성하기 위해 활용할 수 있는 다양한 학습 내용과 전달 루트를 개방하되 학습의 산출물을 엄격히 측정하려는 시도가 나타났다(오현석, 2007).

역량이란?

그렇다면 역량은 무엇을 의미하는가? 화이트(White)는 역량을 환경과 효과적으로 상호작용하는 능력으로 정의했다. 맥클랜드(McClelland)는 지능검사와 같은 인위적인 검사 상황에서 드러나는 능력보다는 구체적인 삶의 상황과 맥락에서 구현되는 인간의 능력을 역량이라고 했다. 이는 역량이 선천적 성격을 지니고 있기보다는 후천적 성격을 지니고 있음을 알려준다(윤정일 외, 2007, 재인용).

소경희(2009)는 역량이란 직업 교육이나 훈련 분야에서 논의되었고, 숙달하고자 하는 직무나 업무를 성공적으로 수행해내는 것과 관련한 개념으로서 기업 교육이나 직업 교육의 맥락에서 사용되고 있다고 보았다. 예를 들어 흔히 쓰이는 기업 역량, 마케팅 역량, 간호 역량, 교수 역량 등은 구체적인 직업 영역에서 요구하는 개인의 구체적 능력을 의미한다.

그러니 최근들어 역량의 개념을 직업 영역에서 요구하는 능력으로 협소하게 이해하지 않고 더 적극적으로 해석하고 적용하려는 시도가 나타났다. 즉, 역량을 모든 사람들에게 필요한 생애 능력으로 바라보거나 현대 사회의 복잡한 삶의 요구에 대처하기 위한 필수 능력으로 확장 해석하는 경향이 있다(Bolton&Hyland, 2003).

밸어(Barrie, 2004)는 역량 개념을 다음 네 가지 특성에 비추어 설명한 바 있다.

- 특정 지식이나 전공과 관계없이 모든 사람이 갖추어야 할 기본 능력
- 학습을 통해 습득하는 능력
- 명시적 지식과 암묵적 지식, 기술과 기능, 동기, 태도, 판단, 의지 등을 포함한 복합적, 종합적 능력
- 실제 수행 과정에서 가동되는 능력으로 수행 맥락에 맞게 자신의 특성, 자질, 자원 등을 조화롭게 구사할 수 있는 능력

윤정일 외(2007)의 연구에서는 선행연구를 토대로 다음과 같이 역량의 특성을 정리했다.

총체성	— 지식과 기술과 같은 표층적 역량과 개인의 동기나 특질, 자아 개념과 같은 심층적 역량으로 구성되어 있음 — 역량은 단순히 무엇을 할 수 있다는 개념을 뛰어넘으며 기술과 지식을 넘어 태도, 감정, 가치, 동기 등을 포함한 복잡한 개념임 — 한 요소는 또 다른 요소에 영향을 미칠 수 있다는 점에서 역량을 특정 요소로만 환원하려는 시도를 거부함
수행성 /가동성	— 실제 수행 상황에서 가동되어 과제나 요구에 반응하는 능력의 측면을 강조함 — 자신이 가진 지식, 기술, 전략 등을 새로운 상황에 맞게 적용함
맥락성	— 모든 상황에 인간의 내적 반응은 동일하지 않으며 맥락에 따라 달라짐 — 구체적인 상황에서 역량을 발휘한다는 것은 타인과의 관계를 통해 이루어지며, 그 과정에는 해당 세계의 질서를 파악하는 과정이 포함됨
학습 가능성	— 유전적으로 결정된 인간의 특성이 아닌 환경과 상호작용하면서 습득되거나 타인을 통한 학습의 과정을 통해 생성됨

이러한 연구 결과를 종합해보면 역량은 협소한 능력이 아닌 포괄적 능력이며, 선천적 능력이 아닌 길러지는 능력임을 알 수 있다.

최미리(2010)는 역량 중심 교육의 구체성에 주목했다. 그는 교육 목표의 구체화를 통해 목표와 교육과정의 연계성 강화는 물론 피드백을 통해서 학습자에게 부족한 점을 채울 수 있도록 도와줄 수 있다고 보았다. 이런 의미에서 보면 역량에 대한 명확한 규정, 수준별 구체화, 역량 성취 수준에 대한 평가 체제가 필요하다. 그러나 역량 중심 교육에 관한 논의가 생각처럼 단순하지 않다. 필요한 역량에 대해서 구체적으로 정의를 내려야 하고, 급별·연령별·교과별 차원에서 구현해야 할 역량의 수준을 세밀하게 설정해야 한다. 동시에 역량을 측정할 수 있는 도구가 필요하다. 이러한 점은 역량 중심 교육이 담론에 비해 실제로 구현된 사례를 적게 만드는 요인이 된다.

소경희(2009)는 역량 중심 교육이 과학적 분석을 통한 직무 분석을 중시한다는 면에서 테일러(Taylor), 교육과정이 성인의 삶을 준비하는데 필요한 내용으로 구성되어야 한다는 점에서 보비트. 사회의 실제와 연결된 교육과정을 지향한다는 점에서 듀이, 교과를 통한 능력 개발에 초점을 두고 있다는 점에서 자유교육과 맥을 같이 한다고 보았다. 역량 중심 교육에 관한 전통과 논의가 단순하지 않음을 알 수 있다.

역량 중심 교육의 주요 내용

최미리의 연구에서는 미국의 튜닉스(Tunxis) 커뮤니티 칼리지(community college), 알버노(Alverno) 대학의 사례를 제시했다(2010). 튜닉스 대학은 10개의 역량을 28개로 구체화시키고, 각 역량을 2단계 혹은 3단계로 심화시켜 총 83개의 역량별 수준을 제시했다. 알버노 대학은 8개의 역량들을 각각 6개의 기능적 수준으로 세분하여 총 48개의 역량별 수준을 제시했다. 튜닉스 대학은 학점을 부여하는 전통적인 평가와 역량별 수준의 평가를 동시에 수행한다. 알버노 대학은 학점에 의한 평가는 없으며 성적표에는 과목명과 함께 학생이 성공적으로 달성했음을 나타내 온 역량들의 목록을 제시했다. 졸업 시점의 성적표는 학업의 질적 수준과 관련된 교수의 판단을 서술한 평가 보고서를 포함한다. 최미리는 두 대학의 역량에 관한 제시 방식이 블룸(Bloom)의 목표분류체계(인지, 정의, 심리)나 카롤(Carroll)의 완전학습 이론과 일맥상통한다고 주장했다.

〈두 대학 간 교양교육의 역량 비교〉

Tunxis	Alverno
① 의사소통	① 의사소통
② 비판적 사고	② 분석 ③ 문제해결
③ 정보 이해력	
④ 기술적 이해	

⑤ 세계 문화 이해와 전망	④ 세계적 시각
⑥ 미적인 추구와 창조적 표현	⑤ 심미적 참여
⑦ 양적인 추론	
⑧ 가치관, 윤리, 시민정신	⑥ 가치판단 ⑦ 효과적인 시민
⑨ 상호관계의 기술	⑧ 사회적 상호작용
⑩ 과학적 방법의 활용	

OECD DeSeCo 프로젝트에서 제시한 핵심 역량은 가장 많이 알려져있다. 구체적인 내용은 다음과 같다.

역량범주	핵심역량
상호작용적으로 도구사용하기	- 언어,상징,텍스트를 상호작용적으로 활용하는 능력 - 지식과 정보를 상호작용적으로 활용하는 능력 - 기술을 상호작용적으로 활용하는 능력
이질적인 집단에서 상호작용하기	- 다른 사람과 관계를 잘 맺는 능력 - 팀으로 일하고 협동하는 능력 - 갈등을 관리하고 해결하는 능력
자율적으로 행동하기	- 넓은 시각에서 행동하는 능력 - 인생 계획과 개인적 과제를 설정하고 실행하는 능력 - 권리, 관심, 한계와 요구를 옹호하고 주장하는 능력

한국교육과정평가원(2008:115-116)에서는 문헌 분석, 전문가 협의회, 설문조사에 기초하여 초·중등학교에서 강조해야 할 핵심 역량을 다음과 같이 제시했다.

핵심역량	요소(내용)
창의력	· 사고 기능 : 유창성, 융통성, 독창성, 정교성, 유추성 · 사고 성향 : 민감성, 개방성, 독립성, 과제집착력, 자발성
문제해결능력	· 문제의 발견 · 문제의 명료화 · 해결 대안의 탐색 · 대안의 실행과 효과 검증
의사소통능력	· 경청(듣기) 및 공감 · 이해 및 반응 · 다양한 상호작용 기술
정보처리능력	· 정보 수집, 분석, 평가 · 정보 전달 및 공유 · 정보 활용 · 정보 윤리
대인관계능력	· 인내력(타인 이해 및 존중 태도) · 정서적 표현 능력 · 타인과의 협동 및 정적 관계 유지 · 갈등 조정 및 해결
자기관리능력	· 자아정체성 · 긍정적 사고(태도) · 실행력 · 기본생활태도 · 자기주도적 학습능력 · 여가 선용 · 건강 관리
기초학습능력	· 읽기 · 쓰기 · 셈하기
시민의식	· 공동체 의식 · 신뢰감 및 책무성 · 민주적 생활방식 · 준법정신 · 환경의식
국제감각	· 자문화 계승 발전 · 다문화 이해 · 외국어 소양 · 문화 감수성
진로개발능력	· 진로 인식 · 진로 탐색 · 진로 개척

경기도 서정초등학교는 교육과정평가원의 연구를 바탕으로 하여 핵심 역량 교육과정을 구성·운영하고 있다. 서정초등학교는 생태감수성 및 문화예술감수성 등을 추가했다는 점에 주목할 필요가 있다. 이처럼 기존 연구에서 제시된 영역 외에 더욱 발굴하고 살펴봐야 할 역량이 적지 않아 보인다. 서정초등학교가 역량 중심 교육과정을 제시한 부분은 교육과정 재구성에 대한 활발한 시도를 하는데 도움이 될 것이다.

6학년 1학기 교육과정 편성 시수표

2011학년   서정초등학교

지도기간 (일)	주제통합 / 일반수업	핵심 역량	국어	도 덕	사 회	수 학	과 학	실 과	체 육	음 악	미 술	외 국 어	재 량	특 활	계	관련체험학습
3월2일 ~ 4월2일	나 너 그리고 우리	자기관리능력 시민의식 의사소통능력	28	3	16	0	10	0	8	0	10	0	10	11	96	- 역사 박물관 탐사 - 무용이나 극 꾸미기 - 다모임에서 발표하기 (협동심) - 마을에서 캠페인 활동(연설하기, 건강한 서정어린이)
						18		8		7		11			44	
4월4일 ~ 4월30일	소중한 분들	문화예술감수성 범지구적소양 생태감수성	15	4	9	0	8	0	14	0	6	0	4	9	69	- 화전 만들기 - 가족과 함께 운동하기 - 학년 저녁 노을과 연관
						18		8		8		12			46	
5월2일 ~ 6월4일	지혜로운 우리민족	정보처리능력 자기주도학습력 문화예술감수성	27	3	17	0	11	0	16	0	6	0	8	5	93	- 절기별 행사 체험하기 - 궁궐탐사 - 학년 체육행사 - 과거보러 한양가기 (장애물 관련 운동) - 습지 탐사 - 전통공연 감상
						16		10		8		13			47	
6월6일 ~ 7월2일	생명과 생태	생태감수성 문화예술감수성 자기관리능력 창의력	20	4	0	0	14	0	9	0	6	0	10	10	73	- 빈그릇운동 캠페인 실시 - 급식실 - 하천탐사및생태지도 그리기 - 한강에서 학교까지 걷기 체험 - 학교에서의 하룻밤 - 야영
						17		5		8		12			42	
7월4일 ~ 7월19일	진실과 거짓	문제해결능력 정보처리능력 의사소통능력	12	2	13	0	8	0	5	0	6	0	4	1	51	- 뉴스 제작 - 수영장 체험 - 마을 간판 조사 발표
						0		2		3		4			9	
1학기 계			102	16	55	69	51	33	52	34	34	52	36	36	570	
2학기 예정 시수			92	16	48	63	47	31	47	32	32	50	32	32	522	
총 수업 시수			194	32	103	132	98	64	99	66	66	102	68	68	1092	
연간 기준 시수			204	34	102	136	102	68	102	68	68	102	68	68	1122	

역량 중심 교육의 쟁점

역량 중심 교육과정을 현실적으로 적용할 때 핵심 역량을 무엇

으로 보고, 어떻게 합의할 것이며, 어떻게 수업을 하고, 평가를 어떻게 진행할 것인가는 계속 풀어가야 할 과제이다. 역량 중심 교육과정은 자칫 형식적으로는 역량을 설정하지만 외형상으로는 주제 중심 교육과정으로 흐를 가능성이 있다. 생각해보면 기존의 교육과정에서도 문제해결력, 협동능력, 창의력 등의 역량을 제시하긴 했다. 그러나 실제 수업은 지식 전달 수업에 그친 사례가 적지 않다. 이런 점에서 장식용 역량 교육과정에 그치지 않기 위한 많은 고민이 필요하다.

역량을 기른다고 할 때 그 대상을 개인과 집단 중 어디에 맞출 것인가의 문제가 제기될 수 있다. OECD는 개인의 역량 개발에 초점을 맞추고 있다. 그러나 직업 영역에서는 집단에서 구현되는 역량에 초점을 맞추고 있다. 이런 점에서 개인 차원의 역량과 집단 차원에서 요구되는 역량에 관한 세밀한 검토가 필요하다.

역량은 일반적 역량과 구체적 역량으로 나누어진다. 예컨대, 교사들이 갖추어야 할 보편적 역량이 있지만 전공별로, 급별로 요구되는 특수한 역량이 존재한다. 그런 점에서 특정 분야에서 요구하는 일반적 역량과 구체적 역량을 구체화할 필요가 있다. 역량의 수준을 어디에 맞출 것인가도 논란이 될 수 있다. 탁월한 직무 수행자에 맞출 것인지 아니면 최소한의 통과 기준을 제시할 것인가도 쟁점이 될 수 있다. 역량을 도출할 때 특정 직무를 우수하게 수행하는 사람에게 맞출 것인지 아니면 조직에 요구되는 직무 또는 과제에 맞추느냐에 따라 역량의 수준과 성격은 달라질 수 있기 때문이다(윤정일 외, 2007).

역량 모형에 관한 논의는 미국과 영국에서 차이가 있다. 미국이 우수 수행자의 특성 규명에 있다면 영국은 직무 기능에 필요한 최소 성취 표준을 제시한다. 오현석(2007)은 선행연구를 토대로 미국과 영국의 역량 모형의 차이점을 다음과 같이 비교했다.

비교기준	행동역량모형(미국)	직무성과모형(영국)
목적	성과향상을 위한 역량개발 우수수행자의 규명	종업원의 능력 진단 및 자격화 최소 수행 수준 규명
대상	관리자	관리자뿐 아니라 모든 대상
초점	직무 및 개인의 특성 (직무의 특성에서 출발)	개인의 행동 및 특성 (사람의 특성에서 출발)
개발절차	개인(우수수행자)의 행동 및 특성	직무기능에 필요한 성취 표준 (과업/결과물)
조직의 영향	조직 맥락보다는 직무기능 중심	조직에서 요구하는 행동 및 특성
방법론	다차원적 방법론	합리주의 및 실증주의
용어 사용	Competency	Competence

이처럼 역량 개념의 모호성에 관한 문제 제기가 계속 되고 있다. 연구자에 따라 행동 특성으로 정의하기도 하고, 내적 특성으로 정의하기도 하고, 성과와 동일화 되기도 한다. 역량의 개념과 범위가 지나치게 광범위하다 보니 역량이 무엇을 의미하는지 여전히 모호한 상태이다(오현석, 2007). 개념이 모호하기 때문에 결국 역량의 기준 설정과 측정의 문제가 반복된다.

표출된 능력으로 볼 때 측정 가능한 형태의 교육을 선호하게 된다. 이런 접근은 행동주의 심리학에 기초한다. 하지만 인간의 복잡 다단한 모습에 대해서 행동주의 접근이 얼마나 타당한가에 대해서는 문제제기가 가능하다(오현석, 2007). 물론 역량의 총체성의 관점에서 볼 때 '역량'='행동'으로 제한하여 보면 곤란하다. 그러나 역량은 기본적으로 행위의 가시성을 강조하고 있고, 분명한 성과를 요구하고 있다는 점에서 행동주의의 영향으로부터 자유롭지 못한다. 이러한 비판을 의식하여 역량 중심 교육도 가치와 동기 등 내적 요인을 강조하기 시작했다.

역량 중심 교육에 대해서는 환원주의의 오류라는 비판이 제기되기도 한다(오현석, 2007). 역량을 분절해서 정리를 한다고 해도 현실에서는 그것으로 충분히 설명되지 않는 그 무엇인가가 있다. 역량에 대한 위계적 구조를 도형으로 설명한다고 해도 현실에서는 종합적으로 구현될 수밖에 없다. 또한, 단일 역량이 독립적으로 존재하기보다는 다른 영역과 함께 결합된 복합적 성격을 지닐 수밖에 없다. 결국, 역량을 구현한 수업과 교육과정, 프로그램은 이론과 달리 막상 실천되는 과정에서는 분절적이기보다 통합적인 방식으로 구현된다. 그렇게 되면 역량 중심 교육이 실제로 나타나는 모습은 기존의 교육 모습과 크게 차별화되기 어렵다는 비판이 가능하다. 즉, 역량에 관한 이론적인 분절과 실천 과정의 통합에 관한 긴장이 현실적으로 발생할 수밖에 없다.

역량의 표준화에 대해서 우려하는 시각도 존재한다. 어느 집단이든지 다양한 능력과 특성을 가진 이들이 함께 어우러지면서 상승 효과를 내는 경향이 많다. 그런데, 역량을 표준화된 방식으로 제시하고, 이에 대한 교육과 훈련이 지속적으로 이루어졌을 때 그 것이 오히려 개인과 조직의 발전에 도움이 되지 않을 것이라고 보는 시각도 존재한다(오헌석, 2007).

역량 중심 교육이 가장 많은 비판을 받고 있는 부분은 자본이 요구하는 역량이라는 점이다. 실제 역량에 관한 논의가 기존 교육을 비판하는 기업의 요구로부터 시작되었음을 감안한다면 교육 논리가 아닌 기업 논리가 교육과정의 방법과 내용을 결정하는 상황에 이를 수 있다. 예컨대, 비판적 사고력이라든지 불의한 상황에 대한 대처와 실천 등에 관한 역량을 기업들은 별로 선호하지 않을 가능성이 있다. 실제 역량에 관한 연구들을 보면 기업들이 부담스러워하는 부분은 제외되어 있다. 이러한 모습이 나타난 이유는 역량을 설정하는 이들이 기본적으로 학자라든지 기업 관계자 등 특정 군에 국한되어 있고, 그 과정에서 역량에 관한 중심 가치의 편향성이 나타나기 때문이다.

역량의 본질이 결국 '사회적 성공' 내지는 기업이 필요로 하는 '인재'라는 비판을 받고 있다. 자본 내지는 기업의 이해관계에 의해 교육 내용과 방법이 결정되기 때문에 교육의 시장 예속화 현상이 발생할 것이라고 우려하는 이들이 적지 않다.

시사점

역량 중심 교육은 유행이 아니라, 피부에 와 닿는 실질적인 필요성에 의해 구안되어야 한다. 그렇지 않으면 어설픈 흉내내기에 그칠 가능성이 크다.

역량 중심 교육과정은 기존 교육과정에 대한 반성의 계기를 만들고, 나아가 교육과정 재구성에 관한 이론적·실천적 토대를 잘 제공해준다. 역량 중심 교육은 그동안 교육 내용을 주입식으로 전달하던 방식에서 탈피할 수 있게 만든다. 영어를 배워도 외국인과 기본적인 소통을 못하고, 음악을 배워도 다룰 수 있는 악기 하나 없는 우리 교육 현실을 반성하고 대안을 찾는 데 좋은 이론적 토대를 제시하고 있다. 하지만 역량 중심 교육에 관한 우려의 시각도 적지 않다. 따라서, 역량 중심 교육에 관한 철학과 안목을 갖지 않으면 교사 스스로 흔들릴 가능성이 있다. 특히, 역량 중심 교육에 관한 비판이 존재하는 만큼 내부 구성원들의 충분한 논의가 이루어져야 한다. 그렇지 않으면 역량 중심 교육과정 편성에 많은 에너지를 쏟지만 그 성과는 미미하여 회의감을 갖게 만들 수 있다.

역량은 단순히 지식과 기술의 습득만을 의미하지 않는다. 태도와 동기, 가치 등을 포괄하는 개념이다. 그런 점에서 행동주의에 입각하고 있다는 비판은 타당하지 않다. 역량의 핵심에는 반성적 사고력이 자리 잡아야 한다. 이러한 질적인 과정이 역량의 개념에 포함되어 있기 때문에 역량을 실천적인 행태로만 국한해서는 안 된다. 따라서 역량의 총체적 과정 내지는 질적인 성격에 주목할 필요가 있다. 이는 역량이 요소로 환원되지 않는, 그 무엇인가를 가지고 있음을 의미한다.

역량 중심 교육은 교육과정 재구성의 관점에서 유용하다. 단위학교를 졸업한 학생이 갖추어야 할 핵심 역량을 설정하고, 그 역량을 기를 수 있는 읽기, 체험, 실천, 문예 등의 활동을 유기적으로 연계할 수 있다. 하지만 국가 수준의 교육과정과 교과서를 재구성할 수 있는 교사의 능력과 전문성이 전제되지 않으면 역량 중심 교육을 구현하기 어렵다. 최근 역량 중심 교육을 강조하는 흐름을 감안할 때 추후 국가 수준의 교육과정에서 핵심 역량을 강조할 가능성이 매우 높아 보인다. 이에 대한 교사들의 대비가 필요한 시점이다.

역량 중심 교육이 제대로 구현되기 위해서는 주제 통합 학습, 프로젝트 학습, 교과 통합 학습 등이 필요하다. 개별 교과 내지는 개별 교사의 노력으로는 역량 중심 교육을 제대로 구현하기 어렵다. 교육과정에 대한 교사들의 유기적이고 긴밀한 협조 체제가 필수적이다. 역량 중심 교육이 성공하기 위해서는 교사 학습 공동체 활성화가 반드시 필요하다. 핵심 역량을 설정하고, 이를 교육과정과 수업에서 구현할 수 있는 사전 기획과 논의는 교사 개인이 아닌 교사 공동체를 통해서 이루어져야 하기 때문이다.

우리나라 교육과정은 단위학교별 시수라든지 교원 수급 등으로 인해 현실적으로 경직되어 있다. 아울러, 입시 위주의 교육을 중시하는 사회적 분위기 등으로 인해 주지 교과 중심으로 교육과정을 구성하는 경향이 있다.

역량 중심 교육은 학생들이 갖추어야 할 핵심 역량을 중시하기 때문에 교육과정을 유연하게 적용할 수 있으며, 입시 위주의 교육과정으로부터 탈피할 수 있는 가능성을 보여주고 있다. 이를 위해서는 학부모와 교사, 학생들이 역량 중심 교육과정에 대한 충분한 이해를 필요로 한다.

역량 중심 교육은 평가의 변화를 필요로 한다. 기존의 교과 지식을 단순히 확인하는 수준으로는 역량 중심 교육이 성공하기 어렵기 때문이다. 역량을 기르기 위한 체험활동 중심 수업이 진행되었을 때, 실제 학생들의 핵심 역량을 길렀느냐의 문제제기가 반드시 따라오게 된다. 이를 위해서는 정교한 평가 설계라든지 체계적인 연구가 필요하다. 최소한 사전-사후 검사를 통해 전반적인 학생들의 특정 분야 역량이 어떻게 변화했는가를 확인하려는 학교 차원의 연구가 필요하다. 과정 평가라든지 정의적 영역 평가 등이 동시에 결합되어야 한다. 즉 단위학교 역량 추출 방법, 목표한 역량에 도달하는 교육 방법 및 내용, 역량 중심 교육에 걸맞는 평가 구안이 유기적으로 연계되어야 한다.

역량 기반 교사 연수 프로그램을 개발하고 정책연구학교 내지는 실험학교, 혁신학교 등에 역량 중심 교육과정을 도입하여 그 실제 과정을 심층 연구할 필요가 있다. 역량 중심 교육에 관한 연구가 체계적으로 이뤄져야 한다. 외국(캐나다, 호주, 뉴질랜드 등)에서 역량 중심 교육과정은 이미 오랜 노하우와 문화로 정착되어 있다. 우리의 경우 교과 분절적인 수업에 익숙해져 있고, 그에 맞춰 모든 시스템이 맞춰져 있는 상황이다. 따라서 한국형 역량 중심 교육과정 개발하고 적용하는 데 전문적인 연구 또는 협력적인 연구는 매우 중요하다.

교직에 필요한 교사 역량을 제시하고 교육대, 사범대에서 그에 기반한 역량 중심 교육과정을 공동 개발해야 해야 한다. 교원 연수 역시 생애주기에 맞는 핵심 역량을 추출하고 그것을 기르기 위한 연수 프로그램의 특성에 따라 구성할 필요가 있다.

역량 중심 교육의 관건은 그 질적 우수성과 내실 있는 교육과정 조직의 문제로 귀결된다. 역량 중심으로 교육과정을 재편하는 것에 의의를 두기보다는 공동체를 통해 교육과정을 구성하는 과정과 실행을 통해 나타난 효과성과 실효성에 의미를 두어야 한다.

최근 대기업 채용에서 학벌보다는 지원자의 역량을 확인하는 이른바 역량 면접을 강화하는 흐름이 나타나고 있다. 즉, 창의력, 문제해결력, 토론능력, 발표능력, 협동능력 등을 살피고 있다. 이처럼 역량을 중시하는 흐름이 강화될 때 학벌 및 학력주의는 완화될 가능성도 존재한다. 이러한 모습은 결국 우리나라 대학 체제가 지나치게 연구 중심 대학을 표방했다는 반성으로 이어지고, 졸업생의 역량을 제고하기 위한 직업 중심 대학 내지는 교육 중심 대학이 부상할 가능성을 높인다. 이러한 흐름은 입시 위주 교육 때문에 혁신교육이 어렵다는 비판을 잠재울 수 있다. 먼저 교사들이 변화하는 시대의 흐름을 파악하여 학부모를 설득하고, 역량 중심 교육을 통한 내실 있는 교육이 오히려 학생의 경쟁력을 높일 수 있다는 확신을 교육 주체들이 가져야 한다.

교육과정
재구성으로
학교를 바꾸다

수업, 교육과정, 평가는 하나다

수업과 교육과정, 평가는 하나이다. 수업을 시작하면 동시에 평가가 이루어지고, 그 바탕에 교육과정이 있다. 이러한 동시발생성은 교사와 학생의 상호작용과 성장을 기반으로 교육이 실행되어야 한다는 전제를 가지고 있다. 이것이 가능해지려면 수업이 배움을 중심으로 진행되어야 하고 성장을 위해 피드백해주는 수행평가 중심의 축적형 · 가치형(assessment · evaluation) 평가가 진행되어야 한다. 또한 학교 학생들이 어떤 성향과 기질을 가지고 있으며, 이들의 성장을 어떻게 도울 것인지 염두에 두고 교사들이 '만들어가는 교육과정'이 구성되어야 한다.

배움과 성장이 이루어지는 창조적인 수업을 하려면, 평가를 먼저 바꿔야 하고, 그에 따라 교과, 학년, 나아가 학교의 교육과정도 바꿔가면서 이를 뒷받침해주어야 한다.

가장 먼저 고려해야 할 것은 "현재 우리 학교에 있는 학생들 그 자체"이다. 우리 학교 학생들이 어떤 상태이고, 어떤 장단점을 가지고 있으며, 어떤 지역 환경 속에서 자라왔는지 여러 각도로 파악한 후 수업과 평가, 그리고 교육과정의 구성이 이루어져야 한다. 교육과정은 학생들이 생활 속에서 갖게 된 경험으로부터 탐구하면서 창조적 민주주의를 지향해야 한다. 이를 위해서는 교사들의 '뒷담화' 에너지를 '앞 담화' 에너지로 바꾸어 목표를 공유하고 수업, 교육과정, 평가와 연결하는 것이 필요하다. 이것은 배움을 중심으로 한 교육이 제대로 일어나게 하는 가장 중요한 동력이다.

교육과정 만들기를 위한 새로운 시선

단위학교에서 교육과정을 만들기 위해서는 새로운 시선이 필요하다. 현재 단위학교에서 교육과정을 바라보는 그 동안의 시선은 직선 위를 달리는 기관차와 같았다. 학교는 3월에 시행하여 다음해 2월까지 정해진 바대로 쉼 없이 진행되는 것으로 교육과정을 이해한다. 연구부나 교무부에서 교과부장과 행정부장들의 계획을 받아 특색 사업 등을 첨부하여 학교계획서를 만든다. 이에 맞게 교사들은 시수, 시간표, 연간수업계획서를 작성하는 것으로 교육과정을 받아들인다. 이렇게 받아들여진 교육과정에 따라 교사들은 교과서 진도에 맞춰 수업하고 평가한다.

이러한 시선을 목표 지향적인 '합리적 모형'이라고 부른다. 근대 교육과정의 아버지로 불리는 타일러(Tyler)와 타바(Taba) 등에 의해 이루어진 이 모형은 산업형 모델로서 교육과정을 논리적이면서 체계적으로 다루어야 한다는 신화를 안겨주었다. 이 모형은 '목표→수업 전략과 내용→학습 경험의 조직→평가'라는 단선형의 흐름 속에서 엄격한 목표를 지향하면서 실행된다.

수시 개정 교육과정이 적용되면서 새로운 모형이 학교 현장에서 친숙하게 다루어지기 시작했는데, 그것은 '순환적 모형'이라고 불리고 있다. '순환적 모형'은 교육과정을 구성하는 여러 요소들이 상호 관련되어 교육과정이 작동하는 것으로 이해한다는 면에서 '합리적 모형'과 구별된다. 그러나 구성 요소들의 내용과 적용은 '합리적 모형'과 큰 차이가 없다. 이상의 두 가지 모습을 그림으로 보면 다음과 같다.

합리적 모형(타바)	순환적 모형(니콜스)
요구의 진단 목표의 설정 내용의 선정 내용의 조직 학습 경험의 선정 학습 경험의 조직 평가 방법과 수단의 결정	상황 분석 목표 설정 평가 내용의 선정과 조직 방법의 선정과 조직

(Print, 강현석 외, 2006, 123-132 재구성)

의미있는 교육과정 재구성을 위해서는 단위학교 교육과정은 '역동적 모형'을 따르는 것이 바람직하다. 역동적 모형은 교육과정 개발의 실제에서 직선적이고 계열적인 형태를 따르지 않으면서, 어떠한 교육과정 요소로도 시작할 수 있고, 어떠한 순서로도 진행될 수 있다. 최종적인 교육과정의 산출물에 만족하기 전에, 교육 주체들이 여러 차례 숙의하고, 다양한 교육과정 요소가 자유롭게 이동되고 변화될 수 있어야 한다. 이러한 숙의, 이동, 변화에서 핵심적으로 고려되어야 할 것은 앞서 언급한 "우리 학교의 학생들"이어야 한다.

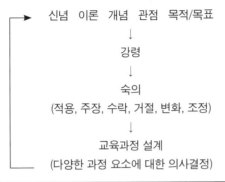

(같은 글, 137-140 재구성)

역동적 모형의 시선에서 본 교육과정은 다음과 같은 말들이 중요하다. 학생들의 삶을 위한 수업과 평가를 위한 '긍정적인 되먹임', 교육과정을 결정된 것으로 보지 않고 누구나 함께 만들 수 있는 '비결정'과 '개방성', 교육 주체들 사이의 '상호작용(교섭작용)', 교수학습과 평가가 연계된 '실제성', 학교 내 교육과정에 대한 고민과 논의가 역동적으로 이루어지는 '섭동', 교과와 교과, 교과와 비교과 사이의 '동섭' 등이 그것이다.

이와 같은 교육과정의 구성적 관점은 넓게 보면 피아제, 프리고진, 듀이, 브루너 등에 의해 제시되었다. 구성주의적 교육과정은 참여자들의 행동과 상호작용을 통해서 발현되는 교육과정이다. 이러한 교육과정은 미리 정해지지 않고 시작과 끝도 없다. 또한 일정한 경계를 가지고, 학교 내 논의 속 관계와 교차점, 초점을 풍성하게 만든다(Doll, 김복영 역, 1997, 270). 이러한 구성은 교육과정의 이론과 실제의 괴리나 학교 문화의 경직성에서 벗어나 교사들이 자발성과 창의성을 발휘하는 방향으로 작동한다.

교육과정 재구성의 의미

단위학교에서 교육과정을 만들기 위해서는 교육과정 재구성의 의미를 이론과 실천, 관점과 범위에 따라 살펴볼 필요가 있다(남창렬, 2011, 3-6에서 재인용).

첫째, 교육과정 재구성은 국가 수준, 지역 수준, 학교 수준 교육과정을 교사 자신만의 교육과정으로 구성해가는 모든 과정을 포함한다. 여기에는 일반적으로 교수학습지도안을 작성하고 이를 실제로 가르치는 활동까지 포함한다.

둘째, 교육과정 재구성은 교사가 교육과정에 관한 의사결정에 참여하는 과정을 포함한다. 교사가 스스로 전문성에 기초해 주어진 교육과정 목표를 효과적으로 달성하기 위해 교육계획과 교과서를 재조직, 수정, 보완, 통합하는 활동을 할 수 있다.

셋째, 학교 현장에서 교육과정 재구성은 국가에서 재단한 교과서 내용을 아이들의 욕구나 흥미에 맞게 확대하거나 축소하거나 변화시키는 활동을 포함한다. 교육과정을 재구성하는 과정에서 교사는 교과서의 내용을 상황과 맥락에 따라 조정할 수 있는 것이다.

넷째, 교사들의 실천 경험을 통해 교육과정을 재구성하는 과정은 교과 내용을 효과적으로 가르치기 위한 교과지도안 개발이나 학습 방법 적용 등과 같이 가르치는 방법을 다양화한다. 소극적 수준의 재구성에는 '전개 순서 변경', '내용 추가', '내용 축약', '내용 생략', '내용 대체' 등이 있다. 반면에 적극적 수준의 재구성에는 '타교과와 통합'이 있다.

교육과정 재구성의 의미를 토대로 그 필요성을 말해보자.

첫째, 교육과정 결정의 중앙 집중성을 탈피하기 위해서이다. 현재 전국의 모든 학교가 같은 목표, 같은 내용, 같은 방법으로 가르친 후, 학습자를 평가하고 있다. 이는 단위학교의 자율성을 심각하게 손상시킨다.

둘째, 교육과정 구조의 획일성을 극복하기 위해서이다. 현행 국가 수준, 지역 수준 교육과정은 교육과정 내용 구조에 학습자들의 정서와 적성, 능력은 물론 지역사회의 문화적·지리적 특성, 학교의 여건, 학부모의 교육적 요구 등을 거의 반영하지 못하고 있다.

셋째, 교육과정 내용의 적합성을 확보하기 위해서이다. 학습자의 실제 문제 상황을 반영하면, 이들의 학습 의욕을 높일 수 있다. 학습자에게 필요한 교과 내용을 그들의 상황에 맞게 구성한다면, 교육과정 내용의 적합성을 용이하게 확보할 수 있다.

넷째, 교육과정에 대한 교사들의 관심과 실천을 활성화하기 위해서이다. 교사들이 수업을 의미 있게 하기 위해서는 교과 목표, 내용, 방법, 평가를 다시 한 번 생각해야 한다. 이런 과정에서 교육 내용에 대한 체계적인 이해와 교류가 일어나고, 창의적인 교육 과정 구성과 운영이 가능하다.

정부도 교육과정 재구성에 대한 근거를 제공하기 시작했다. 제6 차 교육과정 이후부터는 국가 기준과 시·도교육청의 지침에 근거 하여 지역의 특수성과 학교 여건에 맞게 학교 교육과정을 개발 운 영하도록 하였다. 또한 교실에서는 교사들이 교실 상황과 학생들 의 학습 요구, 능력 등에 맞게 교과 교육과정을 재구성할 수 있게 규정을 완화했다. 이는 2009 개정 교육과정이 추구하는 성격을 보 더라도 알 수 있다.

가. 국가 수준의 공통성과 지역, 학교, 개인 수준의 다양성을 동 시에 추구하는 교육과정이다.
나. 학습자의 자율성과 창의성을 신장하기 위한 학생 중심의 교 육과정이다.
다. 교육청과 학교, 교원·학생·학부모가 함께 실현해 가는 교 육과정이다.
라. 학교 교육 체제를 교육과정 중심으로 개선하기 위한 교육과 정이다.
마. 교육의 과정과 결과의 질적 수준을 유지, 관리하기 위한 교육 과정이다.

2012년 전국 최초로 시도교육청 수준에서 완결된 형태의 교육과정을 제시한 '경기도 교육과정' 또한 이 부분을 명확히 하고 있다.

1. 경기도 교육과정의 특징
국가 교육과정을 유연하게 재해석, 재구성하고 경기 교육의 기본 가치를 반영하여 경기도교육감이 제시한 것으로 지방 교육자치 기관으로서의 위상에 걸맞은 창의적인 교육과정 기획과 운영을 위한 것이다.

2. 경기도 교육과정의 성격
2) 교육공동체에 의한 교육과정의 재구성·재해석
"교육과정은 만들어가는 것"이라는 관점에서 교과 교육과정의 운영을 본다면, 교사는 주어진 교과 교육과정을 자신의 교실 상황에 맞게 변화시킬 필요가 있다. 이 경우 교과서는 말 그대로 텍스트일 뿐이다. 교사는 교과서와 교사용 지도서에 제시된 교육 내용과 수준이 적절한가를 교사의 전문적인 시각으로 판단하여 그것을 조정하거나 새로운 교재를 사용할 수도 있다. 일부 학자들은 이런 일련의 활동을 교육과정 재구성이라고 정의하고 있다.

교육과정 재구성의 유형

학교에서 교과교사가 교육과정을 재구성하기 위해서는 기존의 교육과정에 대한 분석을 선행해야 한다.

〈재구성을 위한 교육과정 분석〉

국가수준 교육과정 및 요구		학생수준				학교수준·지역수준 교육과정
	→ ←	핵심목표, 핵심내용 분석	-학생흥미, 관심도 -학생수준, 발달단계 고려	교수방법 아이디어, 교수학습 자료	→ ←	
- 교과서 - 교사용 지도서 분석	학습의 적절성	교과 재구성 반영			학습의 적절성	학교 및 지역사회 요구

(경기도교육정보연구원, 2010: 14)

단위학교에서 교육과정을 재구성할 수 있는 방법은 다양하다. 첫째, 이수 단위 조정에 따라 교과 교육과정을 재구성할 수 있다. 특정 교과의 단위 시수가 감소할 때, 학생 수준과 학교 특성에 따라 교과 교육과정을 재구성할 수 있다. 둘째, 교과 내에서 교육과정을 재구성할 수 있다. 예를 들어 두 단원을 통합하여 지도하면 시간적 측면이나 내용을 통합하여 이해하는데 효율적이다. 셋째, 교과 간 연계를 통해 교육과정을 재구성할 수 있다. 두 교과에서 연관된 단원 내용을 연결해서 학생의 이해와 적용을 쉽게 할 수 있도록 재구성할 수 있다. 넷째, 프로젝트 학습을 위한 교육과정을 재구성할 수 있다. 교과별 유사 주제를 하나의 프로젝트 과제로 재구성하여 모둠별로 계획적인 학습 활동을 실행한다. 다섯째, 시기 조절을 통해 교육과정을 재구성하고 수준별 수업을 위한 교육을 실행할 수 있다. 이를 위해 창의적 체험활동과 교과를 연계한 교육과정 재구성도 가능하다.

교육과정 재구성의 목적을 생각해보면, 다음과 같은 유형으로도 적절한 방향을 찾을 수 있다.

쟁점 중심 재구성

쟁점 중심 재구성은 학습자가 속해 있는 공동체에서 사회적 관심의 대상이 되고 있는 문제나 테마를 중심으로 교과 교육과정을 재구성하는 경우이다. 일명 '주제 중심 재구성'이다. 쟁점 중심 방법은 개인적 차원의 문제와 사회적 차원의 문제를 모두 망라하여 윤리적 문제를 다룬다. 다양한 관점을 균형 있게 고려하는 태도를 함양하는 것도 중요한 교육목표로 교육과정에 포함된다. 교육과정이 다루는 사회적 쟁점을 선정하는 기준에는 학습자의 관심도, 학습자의 이해 가능성, 자료의 적절성, 사회적 중요성, 문제 해결에 요구되는 창의성 등을 들 수 있다.

수업 전략 중심 재구성

수업 전략 중심의 재구성은 주제에 따라 수업 운영 방법과 수업 전략을 어떻게 설정할 것인지를 염두에 두고 교육과정을 재구성하는 것이다. 협동학습, 프로젝트학습, 탐구학습, PBL(Problem solving based learuing : 문제 해결 기반 학습) 등 적용하고자 하는 수업 방법을 용이하게 운영하기 위해 사전에 교과 교육과정을 분석하고, 단원별 핵심 요소를 파악한다. 이는 단원별 목표를 중심으로 학습 전개 순서를 재배열하는 방법과 같다.

핵심 역량 중심 재구성

창의적 문제해결력, 의사소통력, 시민의식 등 미래 사회에 필요한 핵심 역량을 증진시키기 위해 교과 교육과정을 재구성하는 방법이다. 예를 들면, 창의적 문제해결력 함양을 위한 교육과정은 문제의 발견이나 아이디어 양산과 같은 창의적 측면을 강조한다. 이를 위해서 개방적이거나 비구조화된 문제 상황이나 딜레마 상황을 중심으로 내용을 재구성하여 학습자에게 제시하는 방법이다.

그 외의 유형으로 학습자의 수준이나 요구에 따른 재구성, 교과의 성격과 목표를 반영한 교과 특성에 따른 재구성, 교수자의 다양한 필요에 따른 재구성, 여러 필요를 통합적으로 반영한 필요 충족 중심의 재구성 등이 있다. 학습자에 따라 적합한 교육과정을 구성하려는 교사의 노력에 따라 다양한 유형이 적용될 수 있다.

교육과정 재구성의 방법

내용 전개 순서 변경

교사들이 교과 내용의 특성, 단원의 연계성, 수업 시수의 부족 등을 고려하여 단원 순서를 바꾸어 재구성하는 방법이다. 예를 들면, 중학교 2학년 사회 교과에서 학년 말에 배치된 법 단원을 좀 더 깊게 가르치고자 할 때, 앞 단원인 5단원의 시민사회 관련 부분과 7단원의 법 관련 부분을 서로 바꾸어서 가르칠 수 있다.

내용 추가

단원 내용의 특성과 학생 수준, 지역과 학교 특성 등을 고려하여 내용을 추가하는 재구성 방법이다. 경기도의 K고등학교 도덕과 H교사는 학생들의 도덕적 사고력을 함양하고 바람직한 가치를 내면화하기 위한 수업을 계획했다. 그래서 최근 쟁점이 되는 공정 사회 논의와 관련해 마이클 샌델 교수의 베스트셀러인 『정의란 무엇인가』에 나오는 정의 문제를 내용에 추가하였다.

내용 대체

학생 수준이나 흥미, 실생활과의 연계성 등을 고려할 때, 단원 내용의 일부가 부적절하다고 판단하여 교과서 이외의 내용으로 대체하는 방법이다. 교과서에는 지역 조사를 설명하기 위한 사례로 실제 학생들이 다니는 학교 소재지와 거리가 먼 곳이 제시되어 있었다. 그래서 학생들이 일상생활이나 경험에 익숙하게 생각할 수 있도록 다니는 학교와 가까운 그 지역의 문화 유적을 조사하는 내용으로 대체하는 경우가 있다.

내용 생략

학습 목표를 고려하거나 교과 전문 지식이 부족하거나 실기나 실험 시설이 미비하여 단원이나 단원의 일부 내용이나 종목을 생략하는 경우이다. 예를 들면, 학교 노후 건물 교체로 미술실이 없어서 먹을 사용하기 어렵고 화선지, 접시를 늘어놓을 공간이 없을 때 한국화 실기 수업을 생략할 수 있다.

내용 축약

교사 자신의 전공 영역이 아니어서 전문 지식이 부족한 단원은 일부 내용을 축약하고, 전공 영역에 해당하는 단원은 내용을 더 자세히 구성할 수 있다. 전체 영역을 다루기에는 시수가 부족하여 일부 단원의 내용을 축약할 수 있다. 예를 들면, 일반사회 전공 교사는 지리 영역을 가르칠 때 핵심 내용 위주로 축약해서 가르칠 수 있다.

다른 교과와 통합

이 방식은 학습 주제와 관련된 여러 교과 내용을 통합적으로 구성한 경우이다. 예를 들면, 미술 교사가 지역 문화재에 대한 자료를 수집한 후, 사진을 찍어오게 해서 문화유산에 대해 학습하게 할 수 있다. 고미술의 아름다움을 감상하며 실제 이를 그리는 실기 수업을 진행할 수 있다.

단위학교 교육과정 만들기 실천 사례

서정초등학교: 총체적 변화를 통한 '역량 기반' 교육과정

서정초등학교는 '주제 중심의 수업'으로부터 '역량 기반 교육과정'으로 학교 전체가 전환했다. 교실을 넘어서, 학생들의 삶과 생활을 연계시키며, 몸으로 체험하는 다양한 수업을 하고, 학년별 협의회를 통한 역량 중심의 교육과정을 실시하고 있다. 주제 관련 수업은 시기에 맞게 수행평가로 이어지고, 주지 교과는 교과 융합형 서술형 평가로 혁신을 이루어내고 있다. 교사들은 '고민 없이 교과서 그대로 가르치는 교사'에서 '고민하고 교육과정을 재구성하고 통합하고 수업을 바꿔가는 전문가'로 바뀌어 가고 있다.

획일적인 지식 위주, 전달 위주의 활동과 순응형·점수형 인재를 지향하는 지점으로부터 '수업-교육과정-평가'를 동시에 변화시키고 있는 원동력은 교사들의 '학년별 협의회'이다. 교사 스스로 필요성을 느끼고 연구하고 고민하고 공유하며 창조해 나간다. 2011년에 위계를 고려한 학년별 중점 핵심 역량을 선정한 후 교과 시수를 늘린 일, 2012년에 학부모 설문을 통해 재구성 지침을 만들어 핵심 역량을 선정한 일은 학년별 협의회가 자율성(정책, 예산 등)을 가졌기 때문에 가능했다.

의정부여자중학교: '학생 이해', '목표 공유'를 지향하는 교육과정

의정부여자중학교는 교사들이 학습 동아리 모임에서 교육과정을 논의하면서 교육과정의 문제를 풀어나갔다. 이후 교육과정 목표를 학교 전체로 공유하면서 함께 실천해나갔다는데, 이 방식은 분산형 네트워크이다. 교사들이 학생들에 대해 먼저 분석하고 이해하는 데서 교육과정에 대한 모든 생각이 시작된다. 수업, 학교행사, 프로그램 전반에서 '자존감'과 '배려'가 학교 교육목표 중심으로 자리 잡고 있다.

교사들의 자발적인 모임은 경기도교육청의 용어로 하면 '전문적 학습 공동체'이기도 하고, 학술적인 용어로는 '교사 자율조직'에 해당한다. 이 모임은 척도로부터 자유로운 집단인 비공식적인 학습동아리 모임이지만 아주 중요한 교육과정을 1주나 2주에 1회씩 모여 논의한다. 이를 신문 등을 통해 공유하고 전 교사 혁신 연수를 실시하면서 지평을 확대시켜나간다. 교육과정부를 신설하여 자존감과 배려에 맞춰 '교과 재구성' 계획안을 제출하도록 하고, '교과 내 프로젝트 수업', '교과 간 연계 수업', '교과 간 프로젝트 수업'으로 연결한다. 또한 창체(행복교과서, 생태, 춤 테라피, 학생 동아리 등)와 평가(수행평가 50% 이상, 에세이 쓰기, 활동 중심 등) 혁신으로도 이어간다.

이우고등학교: '학교 뇌세포'가 생생하게 살아있는 교육과정

이우고등학교는 학교 교육과정 개발의 전형을 보여준다. '거버넌스 구축 → 의제 설정 → 원리 정립'의 재구조화 흐름이나 '원칙 설정 → 의견 수렴 → 편성안 수립 → 시뮬레이션 → 확정'의 과정을 갖는 편성 과정은 어떤 학교라도 적용할 수 있는 체계적이고 과학적인 과정이다.

교육과정을 만들기 위해 '근본적인 질문을 되짚는 과정', '의제 설정의 논의 과정', '미세 쟁점의 해결 과정'을 갖는 것이 중요하다. 이를 통해 학교의 뇌가 생생하게 살아 있게 된다. 핵심 원리로 제시된 '배움의 즐거움', '전인성', '핵심 역량'을 구체화해나가는 모습은 예술적이기까지하다. 편성 과정과 관련된 일련의 역동성은 교육 주체의 창조적 민주주의가 교육과정에 그대로 반영되는 모습이다.

다른 학교에서도 눈여겨 볼 만한 대목이 있다. 교과협의회, 교육과정위원회(교사), 좋은수업만들기간담회(학생), 교과포럼(학부모)는 거버넌스 차원의 좋은 사례이다. 이를 통해 교육과정 편성 과정에서 '시뮬레이션(학생 생활주기 검토, 개설 가능여부, 물적 조건 확인, 지원부서 상황 등)'을 실시하며 교육과정을 확정·공지할 때에는 학교운영위원회, 학년별 학부모회의, 학부모총회, 학부모아카데미에서 안내함으로써 교육과정을 만드는 중요한 역할을 하고 있다. 이러한 방식을 거쳐 재구성된 수업 사례를 제시하면 다음과 같다.

수업해야 할 내용	실제 수업
1. 4·19 혁명과 민주주의 성장 2. 5·16 군사정변과 유신 체제 3. 민주화운동과 민주주의의 발전 4. 광복이후의 경제적 상황과 전후 복구 5. 경제성장과 자본주의의 발전 6. 사회변화와 사회문제 7. 현대문화의 동향	근현대사 다큐멘터리 만들기 ○ 모둠 구성 ○ 주제 선정 ○ 자료 수집 ○ 자료 분석 ○ 사건 재구성 ○ 영상편집 　(2인 이상의 관련자 인터뷰 포함) ○ 영상 공개 발표

(경기도교육청 · 경기도교육연구원, 2012: 43)

함께 교육과정 만들기

그동안 경기도교육청에서는 학교 현장에서 중요하게 받아들이는 핵심 정책들을 추진했다. 혁신학교는 물론 배움 중심 수업과 창의지성 교육과정이 제시되면서 단위학교는 교육과정을 만드는 데 더 많은 고민과 논의를 이어지고 있다.

하지만 단위학교에서 교육과정을 만들고 재구성해 나가기가 만만치 않다. 오랫동안 학교를 지배해 온 하방식 제도와 경직된 관료 문화가 여전히 관행으로 남아있고, 공문과 지침, 외적 인센티브 작동 원리에 의해 교육청과 학교가 움직이고 있다. 정부의 지속적인 '당근과 채찍' 정책은 교사들 사이에 교과부서나 행정부서의 벽을 쌓게 하고, 교사들은 점점 더 개별화되어가고 있다. 그렇게 보면, 학교와 교사들 앞에 교육과정 재구성에 좋은 여건과 어려운 여건 모두 놓여져 있다고 볼 수 있다.

　교육과정 재구성은 교사 개인의 노력보다는 학교 내 학습 공동체를 기초 단위로 하여 움직일 때 그 실현 가능성과 수준을 높일 수 있다. 학습 공동체의 경우 초기에는 수업을 공유·개방하는 문화를 만들어가야 한다. 이후 자연스럽게 평가와 교육과정을 논의하는 단계로 발전시켜야 한다. 무엇보다 교육과정은 학생들의 필요와 학교의 철학을 검토하는 과정에서 시작된다. 이를 위한 대화와 논의, 학습, 기록 문화가 활성화되어야 한다. 1~2월 방학은 단위학교의 교과별 교육과정에 대해서 충분히 논의하고 준비하는 과정임을 교육청과 학교와 교사가 분명히 인식할 필요가 있다.

　최근 경기도교육청에서는 학교 평가를 자체 평가로 바꾸었다. 이를 위해 학교별로 행복지수라든지 교육과정 설문조사를 바탕으로 학부모와 교사들이 함께 모여 결과를 해석하면서, 학교의 문제점을 발견하고 개선하려는 흐름이 나타나고 있다. 이 흐름은 궁극적으로 교육과정과 연결되어야 한다. 수업 문화 개선, 학습 공동체 형성, 학교 민주주의, 논술-서술형 평가, 학교 평기, 창의지성 교육과정 등 경기도교육청 주요 사업은 분절된 낱낱의 사업이 아닌 통합과 연계의 관점에서 실현되어야 한다. 각 사업을 전체적으로 조망하면서 유기적으로 연결하려는 관점과 철학을 교육청 구성원들이 가장 먼저 가져야 하고, 이 관점에 의해 단위학교를 지원해야 한다.

　학교와 교사가 교육과정을 의미 있게 바꿔나갈 수 있는 절차와 내용 모두에서 교육청과 학교가 동시에 고민을 정책적으로 이어가야 한다. 그 가운데 가장 중요한 점은 교육과정 재구성이 수업과 평가와의 연계 속에서 이루어져야 한다는 사실이다. 더 나아가서는 수업과 평가 모두가 교육과정이라는 우산 아래 있음을 체감해야 한다. 사실 '수업 - 교육과정'이라는 씨줄과 '교수-학습'이라는 날줄을 엮을 수 있는 사람은 교사밖에 없다는 인식을 먼저 교육청과 학교 모두가 충분히 가져야 한다.

다른 나라의 핵심 역량
교육과정과
성공의 길

여는 글

오늘날은 지식기반 사회다. 지식기반 사회가 요구하는 창의적 인재는 기존 학교교육으로는 길러내기 힘들다. 미래학자들은 학교교육의 부분적 개선이 아니라 패러다임의 전환이 필요하다고 주장한다. 패러다임의 전환이란 산업화 시대의 학교교육을 탈산업화 시대, 지식기반 사회에 걸맞게 변화시키는 것을 의미한다. 이러한 시대 상황과 함께 등장한 것이 핵심 역량 교육이다.

핵심 역량 교육에 관한 관심은 OECD가 핵심 역량에 관한 담론을 활성화시키면서 전 세계적으로 확산되고 있다. 1997년 1월에 개최된 OECD 국제심포지엄에서 현대사회에서 인간에게 필요한 역량을 660여개로 나열하고, 그 중에서 핵심이 되는 역량을 간추리는 작업을 시도하였다. 2003년에는 현대사회에서 모든 사람들이 필수적으로 갖추어야 할 핵심 역량을 아홉 가지로 규정하였다 (이종재 · 송경오, 2007).

사실 역량에 관한 개념과 정의는 상당히 다양하다. 다만 역사적으로 볼 때, 역량 교육은 구체적인 기술이나 기능적인 것을 강조하는 행동주의 접근과는 다르다. 좀 더 광범위하고 일반적인 능력이나 가치를 강조하는 인문주의적 관점으로 접근한다(소경희, 2009). 역량과 관련하여 행동주의 접근은 보비트을 통해 엿볼 수 있다. 최초의 교육과정을 저술한 보비트는 학생들을 '이상적인 어른'으로 준비시키기 위해 이들의 삶을 '활동 분석'을 통하여 밝혀내고 학생들에게 교육을 시키고자 하였다. 반면 인문주의적 접근은 역량을 총체적인 관점 측면에서 보았으며 일종의 자유교육의 재발견(소경희, 2009)으로 보았다. 전통적인 자유교육이 기대하는 실천적 기능을 더욱 적극적으로 구현하려는 노력으로 본 것이다. 역량을 좁은 의미의 기술이나 기능이 아닌 총체적인 인문주의적 관점으로 본 것은 학교교육에서도 주목할 필요가 있다.

미래학자 다니엘 핑크가 새로운 시대는 융 · 복합(convergence)으로 대변된다고 한 바, 핵심 역량 교육은 최근 부각되고 있는 통섭형 인재와도 맞닿아 있다. "미래에는 한 곳만 비추는 레이저 빔 형이 아닌 지적 시계가 360도 자유자재인 전구형 인재가 필요하다."는 인사관리 전문 컨설턴트의 말을 굳이 빌리지 않더라도, 학문의 경계를 넘나드는 통섭형 인재는 학계를 넘어 재계까지 사회적 화두이다(최재천, 2011).

핵심 역량 교육을 위해서는 단편적 지식이 아닌 복합적 사고와 통찰력을 길러주고 다양한 학문 분야를 아우르는 것이 필요하다. 핵심 역량 교육을 실천하는 학교에서 통합 교육과정과 통합 수업 사례들을 자주 접하게 되는 이유가 이런 연유 때문일 것이다. 핵심 역량 교육을 기존 방식대로 교육한다면 '사일로'[1](silo) 효과에 발목이 잡히고 만다. 교과 간 장벽이나 교과 이기주의는 대표적인 우리나라 교육의 사일로라고 할 수 있다. 교육의 사일로에 갇히지 않고 교과를 뛰어 넘는 통섭형 인재를 기를 수 있는 핵심 역량 중심 교육은 우리나라 교육이 진일보할 수 있는 계기가 될 것이다.

핵심 역량 교육은 교육 구성원들의 목적의식을 분명히 하는 데 도움을 줄 것이다. 흔히 알고 있는 벽돌공 이야기가 좋은 예라 할 수 있다. 뙤약볕에 땀을 뻘뻘 흘리며 열심히 벽돌을 쌓고 있던 3명의 벽돌공들에게 "지금 무슨 일을 하고 있나요?" 라는 질문을 던졌다. 한 명은 "보면 모르나? 벽돌을 쌓고 있다."고 대답했다. 다른 한 명은 "몰라서 묻느냐? 돈을 벌고 있다."고 답했다. 하지만 나머지 한 명은 "나는 지금 아름나운 성낭을 짓고 있는 중이다." 라는 멋진 대답을 했다. 자신이 하고 있는 일에 대한 목적의식이 삶과 일에 대한 태도까지 바꾼 것이다. 교과에 갇힌 교육, 교과서에 의존하는 교육은 벽돌공이 단순히 벽돌을 쌓는 행위처럼 학교

---

1. 곡식과 목초를 쌓아두는 굴뚝 모양의 창고이다. 주로 조직 안에 성이나 담을 쌓은 채 다른 부서와 소통하지 않고 스스로의 이익만 좇으면서 따로 놀면서 폐해를 끼치는 부서나 부문을 비유한 말이다. 사일로 효과는 조직의 소통을 막고 효율성을 낮추는 조직 운영의 적으로 여겨지고 있기 때문에 기업 및 기관들은 사일로를 없애기 위해 노력하고 있다.

구성원들이 목적의식을 잊어버리도록 한다. 이와 반대로 핵심 역량 교육은 학교 구성원들이 교육 비전과 목적의식을 공유하는 데 유리하다.

지금껏 우리 교육은 목적을 공유하지 못한 '목적의 공백' 상태가 꽤나 오래 지속되었다. 때론 입시 점수가 목적으로 대치되곤 했다. 교사들은 구조 기능주의에 입각하여 주어진 일인 교과만 열심히 가르치면 되었다. 흔한 말로 "딴 데 신경 쓰지 말고 자기 일이나 알아서 하셔"가 통했던 시대였다.

이제 핵심 역량 중심 교육은 선택의 문제가 아니라 시대적 상황에 따른 필수적 과제가 되어가고 있다. 핵심 역량에 기반하여 국가 교육과정을 구성하고 있는 해외 사례를 고찰하고 시사점을 찾는 일은 매우 의미 있는 일이라고 본다. 범위를 좁혀 학교단위에서 핵심 역량 중심의 교육과정을 기획하고 운영하기 위한 발전방안을 검토하는 일도 중요하다.

핵심 역량 교육과정 해외 사례와 시사점

핵심 역량 교육과정의 해외 사례는 선행 연구물을 중심으로 살펴보았다. 분석 대상 국가는 국가 교육과정을 핵심 역량 중심으

로 운영하고 있는 뉴질랜드, 호주, 영국, 캐나다로 삼았다.[2]

뉴질랜드

뉴질랜드는 DeSeCo 프로젝트에서 제안한 핵심 역량을 자국의 맥락에서 재개념화 하였다. 학생들의 의무 교육 이후 성공적인 삶에 필요한 핵심 역량이 무엇인지를 규명하고 이를 국가 교육과정에서 설정한다. 뉴질랜드의 초·중등학교 교육과정은 국가 교육 비전을 근거로 학교교육에서 다루어야 할 가치, 일상적인 삶과 평생학습을 위한 핵심 역량, 8개의 학습 영역을 기반으로 구성되었다.

뉴질랜드 교육과정에서는 일상적인 삶과 평생학습을 위한 능력을 배양하기 위해 '사고하기', '언어, 상징, 텍스트 사용하기', '자기 관리하기', '타인과의 관계 맺기', '참여 및 공헌하기' 등 5가지 핵심 역량을 규정하고 있다.

---

2. 이 장은 『이광우 외(2008). 미래 한국인의 핵심 역량 증진을 위한 초·중등학교 교육과정 비전 연구 (II). 연구보고 RRC2008-7-1. 서울 : 한국교육개발원.』의 논문에서 발췌한 것임.

<표 2> 뉴질랜드 새 교육과정에서 강조하는 핵심 역량의 범주와 의미

핵심 역량	의미
자기 관리	• 자신이 누구인지, 어디로부터 왔는지, 어디에 어울리는지를 아는 것 • 자기동기화할 수 있다는 태도, 개인 목표를 설정하고 계획을 세우고 자신을 위한 높은 기준을 정할 수 있는 능력
다른 사람과의 관계 형성	• 다양한 맥락에서 다양한 범주의 사람들과 효과적으로 상호작용하는 것 • 적극적으로 듣고 다른 관점을 인정하고 협상하고 아이디어를 공유하는 능력
참여 및 공헌	• 지역, 국가, 지구촌 공동체에 적극적으로 참여하는 것 • 집단 구성원으로서 적절하게 반응하고, 다른 사람과 관계를 형성하며, 사람들을 집단 활동에 포함시키기 위한 기회를 창출할 수 있는 능력
사고하기	• 정보, 경험, 아이디어에 대한 의미를 형성하고 이를 의문시하기 위해 창조, 비판, 메타인지, 반성적 과정을 활용하는 것 • 지적 호기심
언어, 상징, 텍스트의 활용	• 지식이 표현되는 코드(기호)를 가지고 일하고, 그것의 의미를 만드는 것 • 언어와 상징은 정보, 경험, 아이디어를 표현하고 의사소통하기 위한 체제 • 모든 종류의 텍스트(문서, 구두, 시각, 정보, 상상, 비공식, 공식, 수학, 과학, 공학)를 산출하는 데 언어와 상징 사용

'사고하기'는 사고 과정에서 창의·비판·메타인지 능력의 활용, 지적 호기심, 지식의 탐색·활용·창조, 자신의 학습과정 반성, 반성적 탐구학습 등의 하위 요소를 포함하고 있다. '언어, 상징, 텍스트 사용하기'는 다양한 맥락에서 언어, 상징, 텍스트의 해석 및 활용을 하위 요소로 포함하고 있다. '자기 관리하기'는 자기동기부여, 진취성, 재치, 믿을 만함, 쾌활함, 목표 수립 및 과제 관리, 도전에 대한 대처 전략 보유, 자기주도적 판단 능력 등의 하위 요소를 포함하고 있다. '타인과의 관계 맺기'는 다양한 타인과의 상호작용, 경청, 아이디어 공유 능력, 새로운 학습에 대한 개방

적 태도, 상황에 따른 역할 수행 등의 하위 요소를 포함하고 있다. '참여 및 공헌하기'는 공동체에 적극 관여하기, 집단의 구성원으로서 적절한 기여, 타인과 적절한 관계 유지, 집단 내 타인에게 적합한 기회 제공, 소속감, 새로운 환경 대처에 대한 자신감, 자신의 권리·역할 및 책무성 조화, 사회·문화·물리·경제 환경의 지속가능성에 공헌하기 등을 하위 요소로 포함한다.

호주의 빅토리아 주

호주에서는 학교 교육, 교육과정 내용에 대한 결정, 평가 방법 등에 대한 법적 책임이 각 주와 특별구에 있기 때문에 초·중등학교 교육 체제 및 교육과정이 주별로 다르다. 여기서는 초·중등학교 교육에서 핵심 역량에 기반한 '핵심 학습 기준'을 중심으로 구성하고 있는 빅토리아 주를 살펴보고자 한다. '핵심 학습 기준'(VELS: Victorian Essential Learning Standards)은 교육과정을 설계하기 위한 출발점으로 학생들이 미래에 성공하기 위해서 알 필요가 있고 할 수 있어야 하는 것이 무엇인지 규명하였다. 핵심 학습 기준은 학생들이 복잡하고 급변하는 사회, 정보 통신 기술이 발달된 사회, 높은 수준의 지식과 이해가 요구되는 글로벌 세계를 성공적으로 살아갈 수 있도록 하는 데 필요한 일련의 지식, 기능, 행동을 개발할 필요가 있음을 명시하였다. 그러면서 핵심 학습 요소 3가지와 요소별 영역 및 내용을 제시한다. 핵심 학습 요소는 ① 신체적, 개인적, 사회적 학습, ② 학문 기반 학습, ③ 간학문적 학습 등이다.

　'신체적, 개인적, 사회적 학습'은 21세기라는 도전적인 시대 상황에서 요구되는 학생 자신의 신체적 건강과 학습, 지역·국가·세계 공동체에서 타인과의 관계 및 역할에 대한 책무성을 갖도록 하는 것이다. 이 학습 요소는 건강과 체육 교육, 대인관계 발달, 개인적 학습, 시민성 등으로 구성되어 있다. '학문 기반 학습'의 영역은 세계를 바라보는 방식과 관련된 지식체와 특징적인 탐구 및 사고방식이다. 이것은 예술, 영어, 인문학(경제, 지리, 역사), 제2외국어, 수학, 과학 등으로 구성된다. 학문 기반 학습영역은 주로 학문 기반 개념에 대한 이해를 통한 지식의 적용 능력, 자신의 학습에 대한 반성, 학습에 대한 책임감, 학습과 실생활과 관련 짓기, 간학문적 지식·기능·행동 활용 능력 등을 포함한다. '간학문적 학습'은 학문 영역들을 가로지르는 일련의 지식, 기능, 행동으로 규정되며, 여기에는 '의사소통', '디자인', '창의성 및 공학', '정보통신기술', '사고과정' 등이 포함된다.

〈표 3〉 호주 빅토리아주 핵심 학습 요소

요소	영역
신체적, 개인적, 사회적 학습	• 건강과 체육 교육 • 대인 관계 발달 • 개인적 학습 • 시민성
학문 기반 학습	• 예술 • 영어, 제2외국어 • 인문학: 경제, 지리, 역사 • 수학 • 과학

혁신교육 미래를 말하다

간학문적 학습	• 의사소통 • 디자인, 창의성, 공학 • 정보통신기술 • 사고과정

영국

영국의 국가 교육과정은 총 4단계로 구성되며, 초등 교육과정은 주요 1 · 2단계로, 중등교육과정은 주요 3 · 4단계로 구성되어 있다. 국가 수준의 교육과정 문서에는 학교급별로 구체적인 교육목표를 제시하고 있지 않다. 다만 국가 교육과정 문서의 1장과 2장에는 포괄적인 수준에서 국가 및 학교 교육과정의 목표를 제시하고 있다.

영국은 국가 교육과정 전체를 통해서 기능(skills) 개발을 강조한다. 초 · 중학교 교육과정에 제시된 핵심 기능(key skills)은 의사소통, 수의 응용, 정보공학, 타인과의 협력, 자신의 학습 및 수행 능력 증진, 문제 해결 등 6가지이다. 이들 기능은 학습자들이 학습활동, 직업 세계, 일상적 삶의 과정에서 학습과 수행 능력을 향상시키는 데 도움을 주는 능력이다.

'의사소통'은 말하기와 듣기 기능으로 효과적으로 말하기, 타인의 말을 경청 · 이해 · 반응하기, 집단 토론에 참여하기, 읽기나 쓰기 기능으로 텍스트 읽기와 비판적 성찰하기, 글에 대한 비판적 분석, 유려하게 글쓰기 등을 포함한다. '수의 응용'은 암산 능력과 그것의 적용 능력 계발, 수학적 언어 이해와 활용 능력, 계산 기능과 수개념을 타교과와 실생활 문제에 적용하기 등을 포함한다.

'정보공학'은 정보의 원천과 ICT 도구 활용하는 능력, ICT 활용에 관한 과학적 판단 능력, 정보처리, 창조적 사고 기능, ICT를 활용한 작업의 검토·수정·평가 능력, 탐구와 의사결정 기능 등을 포함하고 있다. '타인과의 협력'은 집단 논의에 공헌하기, 도전에 직면해서 타인과 협조할 수 있는 능력, 사회적 기술 개발, 타인의 필요성에 대한 인식과 이해 개발, 타인들의 경험 평가하기, 서로 다른 관점 숙고하기 등이 포함된다. '자신의 학습과 수행 개선 방법 확인'은 학습의 목적 확인, 학습의 과정 반성, 학습의 진전 정도 사정, 학습 장애와 문제 확인과 개선 계획 수립 등을 포함하고 있다. '문제 해결'은 문제 해결에 유용한 기능과 전략 개발, 문제 확인 및 이해, 문제 해결 방식의 기획, 문제 해결 과정 모니터링, 문제 해결책 검토 등을 포함한다.

〈표 4〉 영국의 교육과정에 제시된 핵심 기능

핵심 기능(key skillsd)	의미
의사소통	• 말하기, 듣기, 읽기, 쓰기 기술을 포함
수의 적용	• 적정 범위의 이성적 계산에 대한 발달과 다양한 문맥이나 상황에서 그것들을 활용하는 능력
정보 기술	• 목적에 맞게 정보를 찾고, 분석하고, 평가하고, 진술하기 위해서 적정 범위의 정보원과 정보통신기술 장비 등을 사용할 수 있는 능력
타인과의 협력	• 소규모 집단이나 학급 전체의 토론 활동에 기여하는 능력, 도전하기 위해 타인과 함께 수행하는 능력
자신의 학습과 수행 향상하기	• 학생들이 자신의 일과 그들이 배운 것을 생각해보고 비판적으로 평가하는 것과 학습과 수행을 향상시키는 방법이 무엇인지를 알아내는 능력
문제 해결	• 학생들이 학습이나 삶에서 직면한 문제를 해결하도록 도와줄 기술과 전략을 개발하는 능력

캐나다의 퀘백 주

캐나다는 교육 분권화 정책에 따라 중앙정부 수준에서 교육부를 따로 두지 않고 교육과 관련한 모든 권한과 책임을 각 주(province) 혹은 준주(territory)에 전적으로 위임하고 있다. 퀘백주는 핵심 역량을 초·중등학교 교육과정을 구성·운영을 위한 기반으로 천명하고 있다. 퀘백 주는 학생들이 변화하는 가족생활, 사회관계, 경제구조, 직업 조직 등에 적절히 대처하고 원만하게 기능할 수 있도록 교육체제의 방향과 구조를 근본적으로 재고하고자 하는 노력을 기울였다(소경희·이상은·박정열, 2007). 그 결과로 나타난 것이 역량 중심의 교육과정 개편이었다. 퀘백 주의 역량 중심 교육과정은 범교육과정적 역량, 광범위한 학습 영역, 교과 영역이라는 3가지 구성요소로 이루어져 있으며, 각각의 구성요소들은 상호 밀접히 관련된 것으로서 보완적인 위치에 있다.

'범교육과정적 역량'은 각 교과 영역들이 갖는 경계를 넘어서 있다는 점에서 교과 특정 역량보다도 훨씬 넓은 범위를 차지한다. 이들 역량은 교과 영역과 광범위한 학습 영역 모두에서 활용될 수 있고 점차 학습을 통합해가는 데 중요한 역할을 하게 된다. '광범위한 학습 영역'은 간학문적인 성격을 가지며, 오늘날의 젊은이들이 직면한 현대인의 삶의 여러 측면을 다루고 있다. '광범위한 학습 영역'은 학생들에게 다양한 삶의 맥락에 관한 진전된 이해를 갖도록 하고, 관련된 상황 속에서 가능한 다양한 행위를 그려볼 수 있도록 기회를 제공한다. '교과 영역'은 '언어', '수학,

과학과 공학', '사회과학', '예술교육', '개인 발달' 등 5가지의 교과 영역군으로 설정되어 있다. 언어는 불어와 영어를 포함하고 있고, '수학, 과학 및 공학'은 수학, 과학, 공학을 포함하고 있다. 사회과학은 지리, 역사와 시민성 교육을 포함하며, 예술교육은 드라마, 시각예술, 음악, 댄스를 포함한다. 개인 발달은 체육과 건강, 도덕교육, 종교교육(카톨릭과 프로테스탄트 종교교육)이 포함되어 있다.

〈표 5〉 캐나다 퀘백 주의 역량 중심 교육과정 구성 요소

구성요소	하위 범주
범교육과정적 역량	• 지적 역량 • 방법론적 역량 • 개인적, 사회적 역량 • 의사소통 관련 역량
광범위한 학습 영역	• 건강과 참살이 • 개인적, 직업적 계획 • 환경의식 및 소비자 권리와 책임 • 미디어 리터러시 • 시민성과 공동체 삶
교과 영역	• 언어 • 수학, 과학 및 공학 • 사회과학 • 예술교육 • 개인 발달

시사점

분석 대상 국가별로 설정하고 있는 초 · 중등학교 교육의 핵심 역량은 관점과 수준에 따라 다양한 영역에서 제안되고 있다. 앞에서 분석한 국가들의 여건과 상황이 다른 우리나라의 경우, 국가

교육과정에서 설정해야 할 핵심 역량이 외국과는 달리 설정될 수 있음을 시사한다. 하지만 분석 대상 국가에서 공통적으로 중요하게 취급하고 있는 '창의력', '자기관리 능력', '시민의식' 등의 역량은 눈여겨보아야 한다. 또한 '기초학습', '정보처리', '의사소통', '대인관계', '세계화' 등의 역량을 중요한 영역으로 두고 있다. 이는 우리나라 상황과 크게 다르지 않다. 따라서 우리나라 초·중등학교 교육과정을 구성하는 데 이러한 핵심 역량을 중점을 둘 필요가 있다.

분석 대상 국가의 경우, 핵심 역량은 국가 교육과정 전반에 걸쳐 제시되고 있으며, 교과교육과 연계시키는 토대가 되고 있다. 교육 비전, 인간상, 교육 목표 등과 연계된 핵심 역량이 설정되어 있다. 또한 핵심 역량의 구성요소들은 서로 분절적인 것이라기보다는 밀접히 관련되어 상호 보완적인 위치를 차지하고 있다.

이런 점에 비추어 보았을 때, 우리나라에서도 핵심 역량 교육을 추진할 때 국가 수준 교육과정에 적용해야 함을 알 수 있다. 국가 수준의 교육과정은 현재의 학교교육을 개선하면서도 미래 사회에서 요구하는 인간상에 기초한 능력과 소양을 갖춘 국민을 양성한다는 국가 비전을 담고 있어야 한다. 따라서 핵심 역량을 기반으로 한 국가 수준 교육과정을 구성하는 데 보다 심층적이고 다각적이며 총체적인 접근이 요구된다.

성공적인 핵심 역량 교육과정을 위한 제언

핵심 역량 교육의 '활착(活着)'이 중요하다.

'활착'의 사전적 뜻은 옮겨 심거나 접목한 나무가 뿌리를 내려 살아간다는 뜻이다. 우리 교육은 핵심 역량 교육의 경험이 일천하다. 새롭고 낯선 외국 사례인 핵심 역량 교육은 우리 교육 풍토에서 고사하기 쉽다. 꾸준한 연구와 시도, 그리고 지원을 통해서 핵심 역량 교육의 토착화를 이뤄내야 한다. 단위학교 수준에서도 핵심 역량 중심 교육과정을 편성하고 운영할 때 학교의 여건과 상황에 맞게끔 재구성하는 일이 중요하다. 이때 중요한 것은 핵심 역량 교육의 '이식'이 아니라 '활착'이다.

교육과정의 '무플 현상'을 극복해야 한다.

농담 반 진담 반으로 연예인들은 '악플보다 무서운 것은 무플'이라고 한다. 학교 현장에서 교육과정에 대한 무플 현상은 심각한 상황이다. 다 그렇지는 않겠지만, 일반 교사들에게 교육과정은 '귀찮고 성가신 존재'이다. 교육과정을 주도적으로 작성해야 하는 보직교사(교무부장이나 연구부장)에게는 엄두가 나지 않는 일거리로서 '적당히 포기하고 포장'하는 것이 교육과정이다. 이렇게 얘기하면 너무 심한 말일까? 무플 현상을 극복하기 위해서는 학교가 실제로 교육과정 중심으로 움직여야 한다. 그리고 교육과정은 학교구성원들의 집단 지성의 결과물이어야 한다. 그래야만 교육과정 무플 현상을 극복하고 '캐비닛 속 교육과정'이 아닌, 실제 작동하는 교육과정이 될 것이다.

정책적으로 무리수를 두지 말아야 한다.

핵심 역량 교육이 유행을 타면 정책적으로 강하게 밀어붙이는 경우도 있다. 상급기관에서 핵심 역량 교육을 힘으로 강요하고 독촉하면 학교는 '의태 전략'을 구사하게 된다. 바로 생태계의 의태(擬態) 행위처럼 말이다. 이러한 학교의 의태 메커니즘은 이전의 수많은 관 주도의 개혁이나 혁신 정책에서 발견된다. 따라서 핵심 역량 교육은 정책적으로 세밀하고도 주도면밀하게 진행되어야 한다. 단위학교별로 핵심 역량 교육에 대한 이해와 동의를 구하고 핵심 역량 교육으로 교육과정을 해체하고 모으는 일을 해낼 수 있도록 지원하는 일에 매진해야 한다.

단위학교의 교육과정 자율 역량을 키워주는 정책을 펼쳐야 한다.

지시와 감독, 평가 중심의 교육과정 정책은 단위학교 교육과정의 내실화를 기하기 힘들다. 교육과정 평가표에 의한 학교 교육과정 평가는 학교 교육과정의 획일화를 부추기는 측면이 있다. 단위학교 교육과정의 자율 역량을 키워주기 위해서는 단위학교의 요구에 부응하는 지원을 적극적으로 해 줄 필요가 있다. 또한 학교 자체평가, 학교 교육과정 평가와 워크숍, 학교 교육과정 운영 우수 사례 등에 관한 홍보와 연수를 일회성이 아니라 꾸준하게 실시해야 할 것이다.

단위학교 교육과정 전문가들을 길러내야 한다.

단위학교에서 핵심 역량 교육과정을 개발할 수 있는 교육과정 전문가 교사들을 키워내야 한다. 적어도 영어 연수만큼의 예산지원과 연수 로드맵이 나와야 한다. 기초, 심화, 전문 등 장단기 연수와 해외 교육과정 연수 등 아낌없는 지원을 통해 단위학교 교육과정 기획을 담당할 교사들을 길러내야 한다. 현재로선 단위학교의 교육과정을 자유자재로 기획하는 교사를 찾기 어려운 실정이다. 핵심 역량 교육과 관련한 학교구성원들의 멋진 교육적 상상력이 발휘된다고 해도, 이를 교육과정으로 꿸 수 없으면 사라지고 만다. 최소한 단위학교별로 한 명 이상은 교육과정 전문 교사들을 길러내고 지원해야 할 이유가 여기에 있다.

핵심 역량 교육과정은 시도해봐야 한다.

핵심 역량 교육은 우리 교육에서 새로운 시도에 속한다. 새로운 시도는 초기 혼란과 시행착오 등의 어려움이 자연스럽게 따라오기 마련이다. 핵심 역량 교육이 시도해 볼만한 것이라면 실수를 두려워해선 안 된다. 똑같은 실수를 되풀이하는 것은 어리석은 일이지만, 새로운 실수는 새로운 도전을 했다는 표시이자 새로운 성공을 위한 자양분이 된다. 진정한 실패는 아무것도 하지 않는 것이다. 실패나 실수가 두려운 문화가 조성되면 좋은 기회도 포기하게 된다. 이 손실은 창조적 교육을 시도하다가 실패한 손실보다 적다고 말하기 어렵다. 소설 백경의 작가 허먼 멜빌이 "모방에서 성공하기 보다는 창조에서 실패하는 것이 낫다"라는 말을 귀담아 들을 필요가 있다. 성공하고 있는 기업체들은 실수나 실패를 적극적으로 활용한다. 창조적 경영의 대명사인 일본의 아사히야마 동물원이 그 예다. 핵심 역량 교육은 실수나 실패의 경험까지도 활용할 각오로 과감히 연구하고 적용할 필요성이 있다.

교사 양성체제를 개선해야 한다.

핵심 역량 교육이 활성화되려면 교과라는 벽에 갇힌 교사 양성체제를 개선해야 한다. 말레이시아 정부는 세인스 말레이시아대학을 연구 실행 기관으로 지정하고, 초·중등학교에서 국어, 수학, 과학, 생물, 지리 등 현재 교과목을 문제해결 능력, 의사결정 능력, 비판적 사고, 창의적 사고, 의사소통 능력, 팀워크, 리더십 등으로 바꾸기 위해 대학 전공과목을 대대적으로 수정하는 작업에 들어갔다. 현재는 정부 예산으로 진행되는 한정된 연구프로젝트지만 대학에서 전공과목을 바꾸고 그 전공과목을 담당하는 교사들이 배출되면 지금의 교과별 수업에서 행동 및 문제 해결 능력 등 사회나 기업에서 요구하는 핵심 역량을 키울 수 있을 것이다. 말레이시아 사례는 우리나라 교사 양성 대학에 많은 시사점을 준다.

맺음말

핵심 역량 교육을 위해서 통합 교육과정과 통합 수업을 진행하는 경우가 많다. 그러나 한 가지 유념해야 할 점은 통합, 융합, 통섭이 일종의 유행이 되어 어설픈 통합, 단순히 이것 저것 '짬뽕' 해 놓은 것을 융합이라 부르는 우를 범해서는 안 된다. 통합을 위한 통합이 아닌 핵심 역량 증진을 위한 정교한 통합이 중요하다. 핵심 역량 교육의 해외 사례는 그야말로 '적용'이 아닌 '이해'의 대상이다. 국가별 배경과 맥락이 다른 상황에서 우리나라에 그대로 이식했을 때의 부작용은 전례를 통해서도 확인할 수 있다.

우리에게 맞는 핵심 역량 교육을 구안하고 적용해야 할 필요성이 있다. 핵심 역량 교육을 적용하기 전에, 교육 현장의 교육과정 생태계가 황폐함을 인식할 필요성이 있다. 핵심 역량 교육과정이 활착되기 위해서는 교육과정 생태계를 가꾸는 일이 선행되어야 한다. 이를 통해 현재와 미래 사회에 요구되는 학생들의 역량을 제대로 키워줄 수 있는 핵심 역량 교육이 성공적으로 우리 교육 현장에 활착되기를 기대해 본다.

교직 전문성과
교직 몰입

교직 몰입[1]을 통한 학교 혁신의 가능성 탐색

〈2012 청소년 통계〉[2]에 따르면, 청소년(15~24세)의 사망 원인은 '고의적 자해(자살)' 13%, '운수사고' 8.3% 순으로 나타났다. 또, 15~19세 청소년 가운데 10.1%가 1년에 한 번이라도 자살하고 싶다는 생각을 해 본 적이 있는 것으로 나타났다.

특히, 이 가운데 15~19세들이 자살하고 싶었던 가장 큰 이유는 성적과 진학 문제(53.4%), 가정불화(12.6%)이며, 가장 고민하는 문제는 공부(55.3%)로 밝혀졌다. 또한 학교생활 스트레스 인지율은 68.2%로 가정생활 45.6%보다 높으며, 중고생의 가출

---

1. 몰입(commitment)은 학자에 따라서는 헌신(devotion)이라는 용어로 사용하기도 한다. 여기에서는 보다 가치중립적인 용어인 몰입을 사용하며, 가능한 옮긴 용어는 원문에 적힌 대로 사용하였음을 밝힌다.
2. 통계청 〈2012 청소년 통계〉 http://kostat.go.kr

경험[3]은 10.2%로 나타났는데, 가출의 주원인은 '부모님과의 갈등'(51.3%), '놀고 싶어서'(29.2%), '학교가 싫고 공부가 싫어서'(18.5%), '성적에 대한 부담감'(13.3%)으로 나타나 청소년의 가출과 자살에 있어서 공부 관련 요소가 가장 높다는 점을 눈여겨보아야 할 대목이다.

한편 학교의 또 다른 한 축인 교사의 소진(burn out) 비율도 매년 높아지고 있다. 2012년 자료를 보면 명퇴 신청 교사들이 증가[4]하고, 많은 교사들이 교권 상실감을 겪고 있는 것으로 나타났다. 이와 같이 학생과 교사의 실태를 통하여 살펴 본 학교는 '교육 붕괴'를 겪고 있는 셈이다.

사토 마나부(2004)[5]는 이러한 학교 위기의 원인에 대해 지적하면서 이것이 한국을 비롯한 동아시아형 교육이 압축된 근대화(compressed moderniza-tion)의 산물이라고 지적하였다. 즉, 산업화 시대에 추구하였던 중앙집권적이고, 관료주의적 통제에 의한 경쟁과 효율성 중심의 교육이 파탄을 맞게 되었다고 진단하였다. 신현석(2005)[6]은 공교육위기 원인을 교원 차원에서는 학교조직의 근간인 규율과 규범 붕괴, 권위주의적 사고와 무사안일풍토, 변화를 따라잡지 못하는 교사(학교)의 문화지체현상, 형식적인

3. 생애 가출 경험률로 '부모 또는 보호자의 동의없이, 24시간 이상 집에 들어가지 않은 경우이다.

4. 한국교직원신문 2012.1.9일자

5. 사토 마나부(2004), 교육의 공공성과 자율성의 재구축으로, 한국교육학회 추계 학술대회 자료집

6. 신현석(2005), 교육개혁 업무의 추진과정에서 나타난 학교조직에서의 행정행태 분석 연구, 한국교육학연구소, 11(1), pp. 121-150.

교육목표와 실질적인 교육 목표의 불일치성, 일부 언론과 사회적인 분위기라고 하였다. 그리고 학부모 경우에는 사교육비의 증가가 공교육의 위기로 나타났다고 진단하였다.

공교육 붕괴의 원인이 일정 부분 교원에게 있듯이, 극복에 있어서 중추적인 역할 역시 교원에게 달려있는 상황이다. 학교교육에서 가장 중요한 역할은 교원이 맡고 있다. 그러므로 공교육 위기 극복을 위한 정책의 핵심은 교사에 두어야 한다. 교사들이 학생들과 시공(時空)을 함께하는 가운데 교직의 희열을 맛보도록 할 때 우리 교육에 희망이 싹 틀 것이다. 이를 구체적으로 표현하면, 우리 교육의 희망은 '교직에 몰입하는 교사'라고 할 수 있다. 즉, 학생을 사랑하는 교사, 학생지도에 전문성을 지닌 교사, 교육에 열정을 발휘하는 교사에 의해서 학교가 변화될 수 있음을 의미한다. 그러므로 학교교육이 희망이 되기 위해서는 교사가 교직에 몰입(professional commitment)할 수 있는 여건 조성에 일차적인 목표를 두어야 한다.

조직 몰입과 교직 몰입의 차이점

학교에서 교직 몰입이라는 개념이 나오게 된 배경은 교직이 전문직(professional)이라는 인식과 학교가 구조적으로 이완결합체제(loose coupling system)라는 데 있다.

교직이 전문직이라는 측면

가르치는 일은 전문적인 기술뿐 아니라, 그러한 기술들을 언제 적용하여야 하는가에 대한 판단을 요구한다. 이것은 교사가 전문적인 판단을 하기 위해서 다양한 기술뿐만 아니라, 이론적 지식 체계를 갖추어야 함을 의미한다. 이러한 교직의 전문성은 1966년 유네스코의 「교원지위에 관한 권고」 제6항에서 "교원은 전문직으로 간주되어야 한다"라고 명문화된 이후로 국제적으로 통용되고 있다. 전문직을 수행하는 사람은 그 일을 할 때 고도로 체계적이고 전문적인 지식과 기술을 필요로 한다. 아울러 외부의 간섭이나 통제보다는 자율적인 수행이 요구된다. 우리나라의 교육기본법 제14조 1항은 '교원의 전문성은 존중되며'라고 규정하고 있고, 2항은 '교원은 교육자로서 갖추어야 할 품성과 자질을 향상시키기 위하여 노력하여야 한다'라고 규정하고 있다. 이 규정은 교직이 전문직이며, 그 일을 수행하는 교사는 전문성을 소유하고 있어야 하며 그러한 전문성은 존중받아야 한다는 것을 뜻한다.

학교가 '이중적인 이미지'를 갖춘 독특한 조직이라는 점

마이어와 로완(Meyer & Rowan, 1978, 340-363)은 사회과학적 관점에서 그들의 제도이론을 발전시키면서 학교는 수업(institution)과 행정(administration)이 동시에 수행되는 조직적 특성이 있다고 언급하였다. 이때 수업 영역은 교사들이 교실에서 교수활동을 자율적으로 하는 분야인데 비해, 행정 영역은 교장을 정점으로 계서화된 권위 구조와 규칙 그리고 규정에 따라 업무가 이루어진다. 즉, 수업은 '느슨하게 통제되는(loosely controlled)' 데 비하여 행정은 '견고하게 통제되는(tightly controlled)' 경향이 존재한다는 점을 의미한다(신현석, 2005).

학교를 전문적 관료제(professional bureaucracy)로 보는 관점

민츠버그(Mintzberg)는 전문적 관료제는 조직의 통제나 조정을 위한 복잡한 계층구조나 작업표준을 설계하기 위한 기술 구조가 필요 없이 전문가 스스로 자신을 통제하면서 직무를 수행할 수 있다고 본다. 즉, 자신이 훈련을 통하여 습득한 기술을 바탕으로 자신의 일을 발전시킨다. 전문적 관료제는 분권화되어 있으며, 일이 너무 복잡하여 관리자가 직접적으로 감독하기 힘들며, 규격화된 표준화가 어려운 것이 특징이다. 그러므로 전문적 관료제에서 구성원들은 직무의 자율성을 인정받을 뿐만 아니라, 동료들로부터 상대적으로 독립되어 있다. 그리고 고객과의 접촉에서는 광범위한 재량권을 지닌다.

이렇듯 전문직과 관료 조직의 특성을 함께 갖는 학교의 이중적인 구조는 학교 교육활동의 핵심을 이루는 교수-학습 활동에 잘 나타난다. 신현석(2005)의 연구에 의하면 학교 현실에서 교사들은 교실 수업을 최고의 사명으로 여기면서 행정업무란 교사의 본래 직무인 교수학습을 방해하는 '관료적 형식주의의 산물'로 여긴다. 이 과정에서 경력 유동(career mobility)의 승진을 중시하는 '상향식 경로'와 평교사로 남으면서 수업을 중시하는 '수평식 경로'로 분리되는 단위학교에서 이중적 이미지를 지적한다.

학교에서 이루어지는 교수-학습활동에서 교사는 자신의 전문적인 판단에 따라 계획-실행-평가를 한다. 이 과정에서 교사가 지닌 사명감·긍지·가치관·교육애·열정은 자율적으로 발휘되고 학생에게 평가받는다. 학교라는 조직적인 요소보다는 교사의 개인적인 요소가 직무수행에 더 깊게 작용한다.

교직 몰입의 특성

교사의 전문적·자발적·개인적 요소가 강한 교직 몰입은 학교와 학생의 성취에도 직·간접적으로 연결된다는 연구가 있다. 로티(Lortie)는 교사들이 헌신하고자 하는 곳은 교실이며, 가장 많은 시간을 보내는 곳도 학교이며, 그 대상은 학생이라고 했다. 학생의 학습은 교사의 성취감과 연결되어 상호 보완적(이성은, 2005 재인용)[7]으로 이루어진다. 피어스톤(Firestone et., al, 1987)[8]은 교직 몰입을 개인이 자신에게 특별한 의미와 중요성을

---

7. 이성은(2005). 초등교사의 교육헌신도에 관한 문화 기술적 연구, 열린교육 연구, 13(1), 203-220.

8. Firestone, W. A., & Rosenblum, S., & Webb, A.(1987). Building commitment among students and teachers: An exploratory study of ten urban high schools, Philadelphia, PA: Research for better schools, ERIC Document Reproduction Service No. ED303535.

갖는 대상에 대하여 갖게 되는 심리적 유대 또는 동일시라고 정의하며, 몰입의 대상을 가르치는 일에 대한 몰입, 학생에 대한 몰입, 학교 자체에 대한 몰입으로 나눈다. 여기서 학교 자체에 대한 몰입은 학자에 따라 교직 몰입과는 차원을 달리하는 조직 몰입의 개념으로도 구분하고 있다.

크렙(Clep, 2000)[9]은 교사의 조직 몰입 종류를 학교조직 몰입, 가르치는 일, 작업 그룹, 가르치는 직업으로 나누어 연구한 결과, 네 종류의 몰입은 서로 밀접한 관련이 있음을 밝히고, 교직 몰입이 조직 몰입과 많은 공통 부분이 있음을 주장하여 조직 몰입과 교직 몰입을 혼합하여 사용하였다. 한편 피어스톤과 로젠바움(Firestone & Rosenblum, 1987, 288)은 교직 몰입을 "개인이 자신에게 특별한 의미와 중요성을 갖는 대상에 대하여 갖게 되는 심리적 유대 또는 동일시"라고 정의하며 몰입의 대상을 가르치는 일에 대한 몰입, 학생에 대한 몰입, 학교 자체에 대한 몰입으로 분류하였다.

이와 같이 많은 연구들은 교사의 직무 관련 몰입을 두 가지의 유형으로 나눈다. 즉, 조직 몰입과 교직 몰입(학생의 학습에 대한 몰입)으로 나누었다. 즉, 조직 몰입은 학생 성취도, 교사의 직무 만족, 직업 경력, 교사 효능감, 학생의 성공에 대한 교사의 기대와 긍정적인 관련이 있으나, 학생의 학습에 대한 몰입과는 약한 관련

---

9. Celep, C. (2000). Teacher's Organizational Commitment in educational Organizations. National Forum of *Teacher Education Journal*, 10(3)

성을 나타내고 있다(Kushman,1992).

이러한 흐름 가운데서 노종희(2004)[10]는 포터(Porter) 등의 OCQ는 조직 몰입을 측정하기 위한 것으로 교직 몰입의 측정에는 적합하지 않음을 밝히고, 교직 몰입 측정을 위한 새로운 측정도구로 CTQ(Commitment to Teaching Questionnaire)를 개발하였다. 이것을 자세히 살펴보면 교직 몰입은 세 가지로 나뉜다. 교직 몰입에는 교사들이 긍지와 자부심을 가지고 만족스럽게 교직 생활을 영위하는 자세로서 '전문 의식', 교사들이 학생 교육에 기본이 되는 가치, 규범, 역할을 수용하는 자세로서 '교육애', 교사들이 정규 근무시간에 관계없이 학생 교육에 자발적으로 참여 하는 자세로서 '열정'이 있는데, 이것은 교직 몰입과는 차원이 다르다. 이렇게 볼 때 교직 몰입은 교직 수행의 예측, 유지, 결근, 소진, 이직뿐만 아니라 학생들의 학습에 대한 동기, 성취, 태도에 중대한 영향을 주는 요인(Firestone,1996)으로 학교 효과성과 개선 그리고 상호작용과 변동되는 몰입의 다른 측면의 정체성을 밝힌 것으로 볼 수 있다. 즉, 교직 몰입은 교직 수행의 예측, 유지, 결근, 소진, 이직뿐만 아니라 학생들의 학습에 대한 동기, 성취, 태도에 중대한 영향을 주는 요인(Firestone & Pennell, 1993)[11]으로 볼 수 있다.

이성은(2005)은 교사들의 헌신적인 노력은 우연히 생기는 것이

---

10. 노종희(2004). 초 중등 교사의 교직헌신의 개념화 및 측정도구 개발, 교육행정학연구, 22(2), pp. 215-232.

11. Firestone, W. A., & Pennell, J. R.(1993). Teacher commitment, working conditions, and differential incentive polices. Review of Educational Research, vol.63, No. 4, pp. 489-525.

아니라 교사가 학생지도에 많은 관심을 가지고 끊임없는 연구를 해야 가능하다고 주장한다. 수준 높은 교수 방법과 보다 나은 교육효과를 위해 노력하는 자율적인 의지와 그 과정에서 얻게 되는 내적 혹은 외적 보상이 교사의 헌신도에 영향을 미친다고 하여, 조직적인 측면보다는 개인적인 측면을 강조하였다. 이러한 현상은 변호사, 의사, 교수 등 고도의 전문직은 소속 로펌, 병원, 대학보다는 개인적 역량에 발휘가 고객의 선택과 유지에 절대적이므로, 개별적인 역량이 조직의 생존에 더 중요한 영향을 미치는 변수라는 것을 의미한다.

　대부분의 국내 연구들은 교직 몰입과 조직 몰입을 명확히 구분하지 못하고, 혼합하여 사용해 왔다(이영희, 2005; 홍창남, 2006).[12] 그러나 최근의 연구들(노종희, 2004; 김지은, 2006; 박인심, 2006)은 조직 몰입과 구분하여 설명하고 있다. 홍창남(2006)은 인문고 교사를 대상으로 교사 헌신을 수업헌신, 학생헌신, 학교조직헌신으로 구분하고 이들은 서로 별개의 것이며, 영향을 주는 요인들도 다르고, 현재 우리나라의 교원인사제도가 학교의 본질인 수업이나 학생에 대한 몰입보다는 학교조직에 대한 몰입을 더 중시하고 있음을 증명한다.

　데이, 엘리엇, 그리고 킹턴(Day, Elliot. and Kington, 2005)[13]은

12. 이영희(2005). 교사의 조직 몰입에 관한 연구동향. 교육행정학연구,23(4), pp. 215-232.
　　홍창남(2005).학교특성과 교사헌신의구조적 관계. 박사학위논문, 서울대 대학원.

13. Day, C. & Elliot, B & Kington, A(2005). Reform, standards and teacher identity : Challenges of sustaining commitment. *Teaching and Teacher Education*, vol,21, Issue 5, pp. 563-577.

교직 몰입을 유지하는 요인으로 리더십과 학교문화, 교사의 자기 효능감, 동료들의 긍정적인 피드백, 학교에서 공유된 가치, 변화를 위한 학부모의 협력을 지적한다. 반대로 교직 몰입을 방해하는 요인으로는 관료적인 업무의 증가, 재원 부족, 교실에서의 자율성 부족을 거론하고 있다. 이영희는 교사의 교직 몰입은 교장 및 동료 교사로부터 심리적인 보상 여부, 학생들의 학업성취 수준과 수업 태도, 학교에서 교사들의 학습기회에 의해 결정된다고 설명하여 조직 차원보다는 개인 차원의 변인이 더 많이 작용하고 있음을 설명하면서, 학교 설립 유형, 남녀 공학 여부, 학교 위치 변인이 모두 교직 몰입에 유의하다고 설명하고 있다.

교직 몰입과 교육 개혁

이러한 연구 결과로 보아 오늘날 학교 개혁의 성패는 교사의 교직 몰입에 좌우됨으로 교직 몰입을 발휘하도록 하는 정책이 요구된다. 즉, 지금까지의 학교 재구조화, 학교 효과성 등의 교육정책이 학교를 중심으로 이루어지면서, 교원 정책은 종속변인으로만 취급하였으나, 차후 교육정책에 있어서는 교원 관련 요소를 독립변수로 하여, 교직 몰입을 높이기 위한 시도가 요구된다.

교직 몰입에서 핵심적인 요소는 교실에서 이루어지는 교수-학습 활동에서 교사가 자신의 전문적인 판단에 따라 교수학습에 대한 계획, 실행, 평가를 수행해야 한다는 것이다. 이 과정에서 교사가 지닌 사명감·긍지·가치관·교육애·열정 등은 자유롭게 발휘되고, 이에 따라 학교와 학생들의 교육 효과성이 판가름 난다. 교사의 소진은 교직 몰입을 감소시키는 요인이 된다. 따라서 교직 몰입을 높이기 위해서는 교사의 소진을 일으키는 요인을 점검할 필요가 있다. 학교 행정가의 관료적·권위주의적 자세, 리더십과 소통의 부재, 불필요한 지시와 간섭 등 일상에서 몰입을 방해하는 요소들을 과감하게 제거하는 것이 필요하다.

또, 학교라는 조직적인 요소보다는 교사의 개인적인 요소가 더 크게 작용할 수 있다는 점으로, 학교 운영의 제반 사항에 대해 의사결정을 할 때 교사의 참여를 최대한 이끌어내기 위한 제도적 장치로서 교무회의 의결기구화, 평교사협의체 등을 입법화할 필요가 있다.

추후 교직 몰입에 영향을 미치는 다양한 변인, 즉 직무만족도, 교수 효능감, 행정업무 감소를 통하여, 전문성(professionalism), 열정(passion), 교육애를 드높이는 빙안에 대하여, 심층적이고 분석적인 연구가 이어져야 한다.

꼭 필요한
변혁적 리더십

학교혁신의 주춧돌: 교장의 변혁적 리더십

한국고용정보원이 국내 759개 직업을 대상으로 사회적 기여도, 직업지속성, 발전가능성, 업무환경과 시간적 여유, 직무만족도 등 5개 영역을 대상으로 한 직업만족도 조사[1]에서 초등교장은 1위, 중·고교장은 49위로 나타났다. 이른바 일반인으로부터 고도의 전문직으로 인정받는 의사(44위), 변호사(57위)에 비하면 교장의 직업만족도는 상당히 높은 편이다. 그런데 이 같은 현상을 좀 더 자세히 살펴보면, 학교급별에 따라서도 차이가 날 뿐 아니라, 고교생 대상 선호 1위 직업인 교사의 직업만족도는 90위를 나타내고 있어, 조사 결과에 따른 해석에 고개를 갸우뚱하게 한다.

이와 같이 '같은 울타리'에서 근무하는 교장과 교사의 직업만족

---

1. 한국고용정보원(www.keis.or.kr) 2012. 3. 21.보도자료

도에 현격한 차이가 나타나는 현상을 어떻게 해석해야 할까? 학교는 '한 지붕 두 가족', '교장만의 만족'에 머무르고 있다는 지적을 받을 수 있다. 교장의 직무만족이 학생의 학교 만족과 교사의 직무만족으로 이어지지 못하는 현상은 교장의 리더십에 문제가 있다는 반증이기도 하다.

실제로 교장의 리더십은 교사의 직무만족에 영향을 미치고 있다.[2] 교육개발원이 발표한 연구보고서[3]는 우리나라 교장의 리더십이 TALIS[4] 연구결과에 나타났듯이 행정적 리더십과 수업적 리더십이 모두 낮은 것으로 밝혀졌다. 이러한 연구 결과들을 종합해 볼 때, 우리나라 교장의 리더십에는 문제가 있다.

변화에 적응하지 못하는 개인이나 조직은 생존 자체가 어렵다. 그러나 오늘날 공교육으로 대표되는 학교는 변화와 개혁이라는 시대적 흐름을 수용하고 반영하고 있는지 냉혹한 반성이 있어야 한다. 이러한 절박한 현실 인식에 직면한 학교 현장 혁신의 첫걸음을 교장의 변혁적 리더십에서 찾아 볼 필요가 있다.

2. 박균열(2009). 학교장의 변혁적 지도성과 학교풍토 및 교사 직무만족간의 인과관계 분석, 교육행정학 연구, 27(3), 205-228.

3. 한국교육개발원 연구보고서 RR 2011-07.

4. Teaching and Learning International Survey의 약자

거래적 리더십⁵을 넘어서

거래적 리더십(transactional leadership)은 조직의 위계를 중시하는 산업화 시대의 전통적 리더십이다. 조직구성원을 지시와 명령 수행의 객체로 여기며, 추종자로 대한다. 이것을 학교조직에 대비하면, 교사들은 교장 교감의 지시, 지도, 감독, 통제를 받아야 하는 방식이 된다. 거래적 리더십을 교사에게 적용할 경우 많은 문제가 뒤따른다. 교직은 전문직인데, 전문직에서는 직급에 따른 위계 구조는 적절하지 않다. 직급은 직무를 위한 전문지식의 소유와 상관없이 정해지는 것이기 때문이다. 교직에서는 수직적인 명령과 지시가 효과를 낼 수 없다. 또한, 거래적 리더십에 근거한 학교 경영은 탈권위주의라는 시대적인 패러다임과는 배치된다. 특히 민주화와 정보화 시대에서는 다양화, 개별화, 개성화를 중시하는데 이러한 시기에 성장한 20~40대 교사의 사고와 행동양식과는 많은 차이가 발생하므로 여러 유형의 충돌이 발생할 수 있다. 그리고 이는 직무 스트레스를 유발하고, 교사 효능감과 직무 만족도를 떨어뜨리는 진원지가 된다.

거래적 리더십은 상황적인 보상을 전제로 하기 때문에⁶ 리더와

---

5. 거래의 사전적 의미는 ① 영리를 목적으로 하는 경제행위. ② 서로 자기의 이익에 도움이 될 사물이나 행위를 교환하는 일을 뜻한다. 일상적인 용어 사용에 있어서는 부정적인 의미로 사용되기도 한다. 그러나 여기에서는 가치중립적 단어로서 유의어인 교환적인 리더십으로 사용되기도 한다. 이것은 학계에서 더 많이 사용되는 용어로 사용한 것임을 밝힌다.

6. 손소빈(2001). 교장의 변혁적 리더십과 거래적 리더십이 교사의 조직 몰입에 미치는 영향. 한양대대학원 박사학위논문.

구성원이 사전에 약속한 직무수행 정도와 성과에 따라 그에 상응하는 보상이 주어진다. 구성원에게 정해진 업무 이상의 성과를 기대하기가 어려우며, 교사를 비롯한 교직원은 수동적인 존재가 된다. 즉, '주어진 일', '지시한 일', '관행적인 일' 만하면 되는 현실 안주와 매너리즘에 매몰된다.

무엇보다도 거래적 리더는 현 상태의 직무 처리에 급급하게 되어, 미래 지향적 리더가 아닌 현실에 집착하는 관리자 역할에 머무르게 되어, 장기적인 비전 제시가 존재하지 않는다. 그리고 구성원에게는 미래에 대한 상상력, 비전, 그리고 영감을 제시하지 못함으로서 장기적인 조직 발전의 전망을 잃어버리게 만든다. 이에 따라 현실 문제 해결에 연연해하는 근시안적 자세를 지니게 된다.

교육조직에서 교장을 비롯한 리더들이 거래적 리더십에 의존한 직무수행으로 복잡하고 어려운 문제가 수시로 발생하며, 교사 또한 직무수행에 따른 보상의 교환적 가치에 비중을 두고 있어서 교육 혁신을 기로막는 장벽이 되고 있다.

승진 점수의 부여로 교육적 동기를 부여하고자 하는 승진점수제가 대표적인 예이며, 현장연구, 연구시범학교 운영, 벽지(농어촌)점수, 근무평정, 포상, 성과급 등 학교에서 이루어지는 인사제도의 절대다수가 거래적 리더십에 기인한 것으로 교사들의 자발성과 열정을 이끌어내는 데 한계를 지니고 있다. 이러한 현상은 농어촌 지역과 도시 지역의 각종 시범학교 운영과 부장교사 지원 등에 있어서 양극화[7]가 일어나는 주요 원인으로 작용하기도 한다. 특히 거래적 리더십에서는 교장 중심의 의사결정 방식을 취함으로서 다양한 문제와 부작용이 일어난다. 우선 구성원의 참여와 동기유발에 실패가 따르고, 최악의 경우 언론에서 자주 보도되는 것처럼 승진을 둘러싼 인사 비리, 현장체험 학습 때 금품 수수, 각종 공사와 물품 구입에서 수주 비리 등 각종 추문[8]에 휩싸이게 되어 학교와 교육자의 명예를 실추시키는 일이 생기고 만다.

왜 변혁적 리더십인가?

국내외 교육개혁에 성공적인 모델로 꼽는 학교의 이면에는 교장의 변혁적 리더십(Transformational Leadership)이 있다.[9] 변혁적 리더십은 구성원들에게 공정성, 평등성 등 가치지향적인 목적을 갖도록 한다. 이것을 번스(Burns)는 거래적 지도성과 변혁적 지도성을 구분하는 원천으로 삼았다. 변혁적 리더십은 조직의 위계에 기초한 위치적 권력(position power)과도 다르다. 관료적 조

---

7. 도서벽지 및 시군지역, 특히 근무지 가산점이 있는 학교는 보직교사 지원, 시범학교 신청 등이 넘치고, 근무지 가산점이 없는 학교는 보직교사 지원을 극구 기피하여, 이동가산점 등의 부여혜택을 도입하는 지경이다.

8. 납품 대가 금품수수 교장 2명 기소(2012. 4. 18/YTN/미디어다음)
서울교육청 "17억 교장" 비리 더 있다.(2012. 4. 18/노컷뉴스/미디어 다음)

9. Crum, K. S. & Sherman, W. H. & Myran, S.(2009). Best practices of successful elementary school leaders. *Journal of Educational Administration*, 48(1), pp. 48-63.

직은 합법적 권력과 규율 및 전통을 중시[10]하는 것에 비해, 변혁적 리더는 비전이나 영감에 기초한 영향력을 보다 중요하게 여긴다.

변혁적 리더십을 학교에 적용하면, 교장의 변혁적 리더십은 계획된 성과의 중요성과 가치에 대한 교사들의 인식 수준을 높인다. 특히 교사에게 조직이 추구하는 목표나 정책을 위하여 교사의 개인적 이익을 초월해서 행동하도록 한다. 교사들의 욕구와 필요성을 넓은 영역까지 확장함으로써 교사 성장 욕구의 수준을 한 단계 더 나아가게 한다.

변혁적인 리더는 이상적인 영향력(Idealized Influence)과 지적 자극(intellectual stimulation)을 통하여, 조직 구성원들에게 상호 신뢰와 존경을 지니도록 한다. 이것은 개인과 조직이 업무수행 과정에서 발생하는 의견 차이나 갈등을 방지하는 작용을 하게 된다. 또 업무추진 방식의 근본적인 변화를 수용하게 하고, 거래적 리더십과는 달리 개인적 이해관계보다는 조직의 발전론적인 관점에서 문제 해결을 시도하도록 영감을 불러일으킨다.

궁극적으로는 학교 구성원들이 당면 문제 해결에 있어서 고도의 창의적인 사고를 발휘하도록 한다. 그러므로 변혁적 리더가 존재하는 조직은 기존의 관행에서 벗어나 새로운 절차와 방식에 의한 문제 해결로 변화를 도모한다. 이 과정에서 구성원은 창의성을 발휘하게 되며, 새롭게 배우는 것을 주저하지 않고 기존의 고정된 업무 처리 방식의 제거로 학교를 새롭게 변화시킨다.

---

10. Yukl, G. (2005). *Leadership in Organizations*. Printice-Hall International, Inc.

서지오바니(Sergiovanni, 1995)[11]는 학교조직에서 변혁적 리더십의 필요성을 학교조직의 구조적인 느슨함과 문화적인 견고함에서 찾았다. 그는 학교조직에서 변혁적 리더십의 가치를 네 가지로 언급하였다. 첫째, 변혁적 리더는 비전과 목표 설정을 통해서 리더십을 발휘한다. 둘째, 변혁적 리더는 권한위임(empowerment)을 통해서 구성원의 참여의식을 고양시킨다. 셋째, 지시나 명령보다는 자율을 강조하여, 구성원의 자발성에 근거한 동기부여를 가져온다. 넷째, 리더십의 핵심을 리더의 도덕성으로 본다. 이러한 요소들은 결국 변혁적 리더십의 기반을 권한위임과 도덕성으로 본 것이라고 할 수 있는데, 이것은 우리나라 교육 현실에서 시사하는 바가 크다. 왜냐하면, 우리나라 교사들은 교장의 도덕성이 매우 낮은 것으로 인식[12]하고 있으며, 이로 인해 학교 구성원 간의 신뢰에서 교사와 교장 간의 신뢰가 가장 낮은[13] 상태이다.

학교 혁신을 위해서는 관료적 리더가 아니라 변혁적 리더가 필요하다. 즉, 교사들에게 변화의 필요성과 방향을 제시하고 직무동기를 부여하며, 도덕적인 모범으로 감화(感化)가 일어나도록 해야 한다. 그리고 복잡하고 어려운 업무 처리에 있어서도 교내 구성원을 믿고 신뢰함으로써 많은 권한을 공유하고 위임(empowerment)하는 변혁적 리더십의 발휘가 요구된다.

---

11. Sergiovanni, T.., J(1995). *The Principalship*. Allyn and Bacon.

12. 정진환 박병진(2001). 학교장의 공직윤리에 관한 교원의 인식. 교육행정학 연구, 19(4), pp. 363-391.

13. 김혁동(2010). 학교의 조직공정성과 구성원간 신뢰가 조직몰입에 미치는 영향. 한국교육논단, 9(2).

변혁적 리더십의 특징들

변혁적 리더십[14]에 관한 다양한 연구 가운데, 국내 학교장이 변혁적 리더십을 발휘하는 공통적인 특성은 다음과 같다.

인간 존중의 리더십

변혁적 리더들은 교사·학생·학부모 등 학교 구성원을 동등하게 대우하고 의견을 존중한다. 그들을 학교 개혁의 동반자(partner)로 여기며, 파트너십을 발휘하여 학교 혁신에 동참하게 한다.

기존의 학교장들이 하는 말 가운데 "내가 데리고 있는 사람이다"라는 말이나 교사 언어 가운데 "내가 모셨던 교장 선생님이다"라는 말은 지위의 개념을 강하게 내포하고 있는데, 변혁적 리더십에서는 적절하지 않은 말이라고 할 수 있다. 그리고 변혁적 리더는 구성원들과 형성된 신뢰관계를 토대로 권한위임(empowerment)을 최대한 활용한다. 그래서 각 개인이 지닌 능력을 최대한 발휘하도록 한다. 이른바 리더십의 최상위 개념인 자기리더십(self-leadership)을 경험하게 하여, 자율성과 직무에 대한 의미감 그리고 자기 효능감을 맛보게 한다.

"저는 선생님들을 도와주는 사람입니다. 선생님께서 하시고자 하시는 일은 학년에서 논의해 오시면 무엇이던지 소신껏 업무추

---

14. 노종희(1994). 학교행정가의 변혁적 리더십의 개발 연구. 교육행정학 연구, 12(1), pp. 135-154.

진하세요. 그로 인한 모든 책임은 제가 지도록 하겠습니다." 하는 K시 S초 공모교장의 리더십은 변혁적 리더십의 면모를 보여준다.

솔선수범의 리더십

변혁적 리더들은 직무수행에 헌신적이다. 그들의 직무행동 반경은 무척 넓다. 교문에서 등굣길 아이들과 눈높이를 맞추고, 화장실에서 물을 내리고, 도서실과 과학실 의자에 앉아보고, 마주치는 선생님에게 여러 가지 학교운영의 자문을 구한다. 또한, 사적인 감정을 배제한 의사결정으로 구성원의 지지와 참여를 이끌어 낸다. 그리고 이를 통해서 교사들의 가슴속에는 따라야 할 역할모형으로 자리잡고 "성공한 리더"의 본보기가 된다. 아침마다 선생님들과 함께 교문에서 아이들과 허그(Hug)를 하며 "통나무를 꽃으로 만드는" K시 D중학교 교장의 리더십이라든지, 교원 업무경감을 위해 공문 처리를 직접하는 교감의 모습이라든지, 수업을 직접하는 교장의 모습은 솔선수범의 리더십을 갖춘 변혁적 리더의 좋은 사례이다.

변화 선도의 리더십

변혁적인 리더들은 문제의식을 지니고 교육 현장을 바라보며 비판을 수용하고 토론하기를 좋아한다. 그리고 이것을 통하여 해결 방안을 생각하며 미래지향적인 목표를 추구한다. 즉, 교사들에게 도전적인 과업 성취를 격려한다. 이러한 과정에서 문제 해결 발상이 창의적이고 진취적이다. 그러므로 변혁적 리더는 기존의 수업 방법보다는 새로운 수업 방법의 활용을 권장하고, 지속적으로 새로운 교육과정을 시도한다. 교육과정의 재구성과 수업 분석을 통하여, 새로운 교수학습 방법을 끊임없이 시도하게 하는 리더십이 여기에 해당한다.

교수학습 실천의 리더십

교수학습은 학교교육의 핵심이다. 그러나 우리나라 학교는 승진제일주의 풍토가 만연해 있다. 교장은 교육과정이 가장 중요하다고 하면서 교육과정 설계는 부장에게 위임하고, 교실 수업은 등한시한다. 또한, 승진하는 순간부터 교실 수업과 멀어지는 것을 당연시하려는 학교문화가 엄연하게 존재하고 있다. 이러한 모습은 교사 학생 학부모에게 교실에서의 교수학습의 중요성을 잊어버리게 한다. 그런데 교장의 교실 수업은 자신의 의지만 있으면 얼마든지 가능하다. 대학의 보직교수가 수업을 하고, 병원장이 진료를 하는 것처럼 시대는 새로운 패러다임을 요구하고 있다. 이러한 현상은 리더들의 위치적 권력(position power)보다는 전문적 권력(expert power)을 중시하게 여기는 시대가 도래하고 있기 때문이다. 그러므로 교장에게 교실 수업은 자신의 전문적 권력을 발휘할 수 있는 좋은 무대가 된다. 교실 수업을 통하여, 아이들과 교사의 변화를 읽어야 한다. 그래야 각종 문제에 대한 대처 방안에 전문성이 발전할 수 있으며, 이것은 문제 해결을 위한 구성원 간 공감대 형성을 위한 기반이 된다. 즉, 학교를 "하나의 교육공동체"로 만들 수 있는 기제가 된다. K시 N초등학교 교장은 취임 초부터 수업을 통하여, 학생과 교사가 함께 하는 교육 공동체를 실천하거나 본인 스스로 교사 학습 공동체를 조직하여 실행하는 변혁적 리더의 좋은 예이다.

혁신학교는 변혁적 리더십을 지닌 교장과 교사가 만들어가는 '새로운 학교'이다. 그러므로 혁신학교의 내실화와 확대를 위해서는 교장과 교사의 변혁적 리더십이 요구된다. 그리고 이러한 리더십은 일종의 '학습'과 '경험'이 필요한데, 현 상태에서는 리더십 교육이 필요한 시점이다. 근무평정에 의한 승진제도에 의해 양성된 교장은 변혁적 리더십 발휘에 일정한 한계를 나타난다.[15] 따라서 학교장의 임용제도와 연수 등을 비롯한 교원 정책에 일대 개혁이 필요한 시점이다.

대부분의 선진국에서 시행하고 있는 대학원 과정의 교장 전문양성과정과 공모제 도입을 적극적으로 검토할 필요가 있다. 교과부는 자율학교에 한해 내부형 교장 공모제를 확대하겠다는 법령 정비를 하는 등, 우리나라도 교장공모제를 부분적으로 시행하고 있기는 하지만, 이것은 공모제 원래 취지와는 다르다. 앞에서 지적한 거래적 리더십에 의존한 근무평정을 중심으로 하는 승진제

---

15. 나민주 외 4인(2009). 교장공모제의 공모교장 직무수행에 대한 효과 분석. 교육행정학연구,27(3), pp. 297-320.

도가 유지되는 상태에서 공모제를 하다보니, 공모제가 교장 임기 연장의 도구로 악용되고 있다. 교장공모제 도입의 취지는 '새로운 패러다임에 입각한 새로운 리더십'이지, '교장 임기 연장의 도구'를 위해 도입한 제도가 아니다. 이른바 '귤이 탱자로 전락'한 것이다.

전면적인 공모제 도입 이전에 한시적이고 우선적인 조치로 변혁적 리더를 양성하여야 한다. 이를 위한 구체적인 방법으로 교장·교감·교사 연수 과정의 일부를 전문 리더십 센터와 연계할 필요가 있다. 또한, 학교장에게 부여된 많은 권한을 구성원에게 옮기는 제도를 갖추고, 이를 통하여 현행 승진임용 제도에서나마 최대한 변혁적 리더십의 묘미를 살리기 위한 '리더십 학습의 장'을 마련할 필요가 있다. 과도기적인 상황에서 변혁적 리더십에 입각해 준비된 교장 후보들을 체계적으로 양성할 수 있는 과정이 필요이다. 내부형 공모제의 확산에 대비하여, "차세대 교장"의 인력풀 확보 차원에서 리더십 트레이닝 아카데미를 운영할 필요성이 있다.

다른 한편으로는 교장의 리더십에 주목하던 현상이 최근에는 교사의 리더십에 주목하는 경향으로 나타나고 있다. 좋은 평가를 받는 학교는 교사 중심의 혁신 주도 그룹이 있고, 이들이 일정한 리더십을 발휘하고 있다. 이들의 리더십은 섬김, 전문성, 열정, 소통, 네트워크, 학습 등의 특성을 보이고 있다. 또 이들 리더의 공통점은 직위에 입각한 리더십이 아닌 전문성에 입각한 리더십이며, 수직적 리더십이 아닌 수평적 리더십의 모습을 보이고 있다. 이런 점에서 변혁적 리더십은 교장뿐만 아니라 교사에게도 강조되어야 할 부분이다.

학교는 일종의 변혁적 리더십이 충분히 발현되는 공간으로서 역할을 해야 하고, 그 과정에서 교장과 교사의 성장이 일어나게 해야 한다. 이런 맥락에서 학교 내 변혁적 리더십을 발휘하는 교사의 특성과 성장 과정 등을 추후 연구할 필요가 있다.

학교는 거버넌스로 지속된다

거버넌스란 무엇인가?

우리나라에서 거버넌스 개념은 통치, 협치, 지배구조, 국정운영, 의사결정구조, 정책결정구조 등의 용어로 번역된다. 다양한 용어로 번역되었는데 사람들이 쉽게 알아듣지 못하고 사람에 따라 다르게 이해하는 점이 문제이다. 그래서 최근에는 영어 발음 그대로 '거버넌스'를 많이 시용한다.

최근 들어 '거버넌스(governance)'는 공공행정과 국가 관리의 새로운 방식으로 인식되고 있다. 기존의 정부, 즉 거버먼트(government)의 한계점을 극복하기 위해 사용되는 개념이다. 거버넌스는 '공식적 권위 없이도 다양한 행위자들이 자율적으로 호혜적인 상호의존성에 기반을 두어 협력하도록 하는 제도 및 조종 형태'로 넓게 정의되고 있다(Kooiman & Vliet, 1993). 광의의 거버넌스 개념은 정부 중심의 공적 조직과 민간 중심의 사적 조직의 경계가 무너지면서 나타나는 새로운 상호 협력적인 조정 양식을 의미한다.

거버넌스 개념의 중요한 특징은 중앙정부, 지방정부, 정치적·사회적 단체, NGO, 민간 조직 등의 다양한 구성원들로 이루어진 네트워크의 강조에 있다. 이처럼 다양한 참여자로 구성된 네트워크에서 참여자들은 상호 독립성을 유지하고, 여기서 정부는 기본적으로 동등한 입장에서 전체 네트워크를 관리하는 조정자의 입장이 된다.

네트워크 구조에 대한 강조는 정부와 시민사회의 역할 분담 형식에 변화를 가져 오고 있다. 즉, 전통적인 하향적이고 집권적인 조향에서, 사회의 자기조향 능력(self-steering capacity)이 강조되고, 공동규제(co-regulation), 공동조향(co-steering)이 강조되는 방향으로 이동되고 있다. 관료제 사회에서는 정부가 결정하고, 지침을 내리고, 경영까지 도맡아 한다. 그러나 거버넌스에서는 관료제 사회에 비해 시민사회에 더 많은 자율성과 권한을 부여하는 구조를 중시한다. 이와 같이 '거버넌스'라는 용어는 정부 의미의 변화, 또는 공적 업무의 수행 방법의 변화를 내포한다. 그래서 때로는 앞에서 언급했듯이 '정부에서 거버넌스로'(from government to governance)라고 표현하기도 한다.

거버넌스의 범위와 수준은 다양하다. 즉, 국가의 차원을 넘어서 전 인류를 포함하는 것부터 지방자치단체의 소집단에 이르기까지 매우 광범위하다. 세계적인 쟁점들은 전 세계적인 수준의 국가 간 협력, 초국가적 행위 주체들 간의 협력과 상호작용으로 해결해야 한다. 지역적인 쟁점은 유럽 공동체, 아시아 공동체, 아프리카 공동체 등과 같이 인접 국가 간 지역공동체를 중심으로 해결해야 한다. 국가적 차원의 인권, 개발, 환경, 여성, 정치, 경제 쟁점들은 각각 국가 운영 기구에서 다루어야 한다. 사회, 문화, 환경, 복지 등 지방의 쟁점들은 지방정부가 아니라 시민, 시민단체, 시장에서 결정한다(라미경, 2009).

거버넌스는 어떻게 탄생했나?

거버넌스라는 새로운 개념이 나오게 된 배경은 무엇일까? 거버넌스 패러다임이 생겨나게 된 배경을 살펴보면 다음과 같다.

첫째, 국가와 사회의 경계가 모호해지고 있다. 둘째, 개방체제에서 정부 바깥에 있는 여러 행위자들이 정부 정책에 관여하고 있다. 셋째, 정부가 처리하는 사안이 사회적으로 복잡하게 연결된 문제들이 되었다. 넷째, 정부가 단독으로 사회 쟁점을 다루면 안된다는 의식이 널리 퍼졌다. 다섯째, 사회 쟁점을 다루는 데 정부와 사회가 상호작용을 하는 전통적인 새로운 모형이 필요하다. 여섯째, 거버넌스의 배열과 기제는 사회 수준이나 부문마다 다르다 (Kennis & Schneider, 1991).

거버넌스 도입은 정부가 국민을 동반자적 관계로 보고 그 역할을 바꾸어야 할 환경이 되었다는 것이다. 거버넌스는 정부와 민간 부문, 시민사회를 포함하는 넓은 개념이며, 지속가능한 사회발전이라는 목적 달성을 위해 참여와 상호 협력의 중요성을 강조한다.

교육계는 분명 복잡계이다. 이 복잡계가 빠르게 변화하는 상황에서 전국 규모의 관료제도로 대응하기에는 역부족이다. 즉, 교육 복잡계에서 거대하고 길고 긴 행정위계서열을 가진 기존 교육행정체계로는 효율성을 얻기 어렵다. 자칫 관료적 요소가 늘고 책임 전가, 요식행위, 전시 행정이 늘어날 수도 있다. 교육에 걸린 복잡다기한 이해상충구조와 해법의 다양성을 인정하고, 열린 자세로 접점을 모색해 나가려면 통치보다는 협치의 방향으로 나가야 한다.

거버넌스에 대한 연구가 국내에서 진행되어 온 지 10여 년이 넘으면서 그동안 학문적인 관심과 노력이 있었다. 그럼에도 그 현실적 가능성과 한계성이 파악되지 못하고 거버넌스 논의가 경험적이고 실증적인 연구를 결여하고 있다는 비판이 있다. 이론적인 논의는 충실한 반면 실제 그 작동에 대한 실증적 연구, 다양한 행위자들에게 얼마나 내재화 되었는가를 파악할 수 있는 연구는 상대적으로 미흡하다.

국내 거버넌스 연구는 2009년 5월말 총 1501편으로 학술지 1093편, 석박사 학위논문 408편이다. 2000년 이전에는 딱 2편만 있었고, 2000년 이후로 급증하고 있다. 특히 2007년에는 거버넌스 연구가 324편으로 가장 활발했다. 그러나 이명박 정부가 들어서면서 2008년 272편으로 전년도에 비해 52편 줄었다. 2006년보다 적은 숫자이다. 이는 시민사회론이 강조되던 '국민의 정부', 참여정부와는 달리 이명박 정부에서는 시민사회의 역할이 축소된 점과 맥을 같이 한다.

교육 민주화를 위해 거버넌스 구축하기[1]

거버넌스에 관한 일반론적 논의는 우리 교육에 별 도움이 되지 않는다. 국가 수준의 교육 관리에서 부족한 것들이 무엇인가부터 논의하는 것이 우리 교육 문제 풀이에 적합하다. 우리 교육에는 교육의 주인이(국민이) 주인 대접을 못 받는 문제가 있다. 교육에 대한 국민의 통제권이 부족한 것이다. 이는 교육민주화의 미완성 문제와 결부된다.

교육민주화는 80년대 이후 우리 교육계에서 수없이 주장해온 바 있다. 그러나 그 주장의 핵심 당사자인 전교조가 합법화된 이후에는 오히려 '교육민주화'라는 슬로건이 사라진 듯한 느낌이다. 우리는 현 상황에서 교육민주화에 대해 다시 한 번 생각해봐야 한다. 민주(民主)란 민(民)이 주인(主人)이란 말이다. 국민이나 민

---

1. 이종각(2008). "교육거버넌스의 창출: 국가교육관리구조를 어떻게 가져가야 하나?"에서 요약 발췌함.

중이 주인이 되게 하려는 사상이 민주주의이다. 교육민주화란 교육에서 민(民)을 주인으로 삼아야 한다는 사상이다. 교육에서의 민(民)이란 누구인가? 학생과 학부모이다. 그렇다면 학생과 학부모가 교육에서 주인이 되는 것이 교육민주화인 것이다. 현대 한국에서 교육 권력과 담론 그리고 교육 권력구조와 교육민주화와의 관계를 다음과 같이 파악할 수 있다.

시 기	교육권력의 중심 (교육거버넌스)	교육담론의 중심	교육주체들 간의 관계	교육민주화의 단계
1단계 : 해방 후부터 1980년대 중반까지	국가의 절대 권력에 의한 교육통치	국가중심의 교육담론 전개	-국가가 절대 우선적인 교육주체 -교사와 학부모(학생) 소외	교육민주화 이전단계
2단계 : 1980년대 후반부터 현재까지	국가와 교원집단에 의한 교육거버넌스	국가와 교원 중심의 교육담론	-교원의 교육주체 세력으로의 진입 -NGO활동 일부 수용 -학부모(학생) 소외 여전함	중간수준 교육민주화단계 (교육민주화 과도기단계)
3단계 : 향후 교육민주화의 완성을 지향하며	국가와 교원과 수요자(학생학부모)의 3자간의 권력균형과 협치	3주체 간 균형을 이루되 수요자중심인 교육담론	- 3주체 간의 견제와 균형을 통한 권력의 황금분할과 협치	교육민주화 완성단계

표에서 보는 바와 같이 국가가 거의 독점적으로 행사하던 교육통치권력을 1980년대의 교육민주화 투쟁 과정을 거치면서 1990년대에는 교원단체가 나누어 가지게 되었다. 교육민주화는 교원

혁신교육 미래를 말하다

집단까지는 내려왔으나 거기에서 멈추었다.

교사에 의한 교육민주화 추진은 여러 가지 성과를 거두었지만, 한계가 있다. 이는 '교육민주화의 과도기적 중단'이라고 할 수 있다. 국가에서 교원을 거쳐 학생과 학부모까지 와야 할 교육민주화의 사상과 실천 방안들이 교원 단계에서 머무르고 있다. 교원에 의해 학생과 학부모에까지 민주화 물결이 전해오는 것이 저지되고 있는 측면도 있다.

교육정책과 관리에 대한 영향력을 교육주권자이자 수요자인 학부모, 학생들도 적정 수준으로 나누어 가져야 교육민주화가 제대로 이루어질 수 있다. 그래야 교사와 학부모 사이가 상호 존중과 친절 문화가 형성되고, 상호 견제와 균형 속에 교육의 질을 높이기 위해 노력할 것이며, 교육민주화는 한층 더 성숙하리라고 본다.

교육에서 거버넌스 구축하는 방법

우리나라 교육에서 거버넌스를 어떻게 만들어야 할까? 거버넌스 구축을 위해 학생과 학부모를 학교교육에 단순 참여시키는 방식은 외양만 갖추고 부실하게 되기 쉽다. 학교는 권한을 학생, 학부모와 함께 나누는 것을 주저한다. 교육 수요자들의 이기적 욕구를 감당할 수 없다는 이유에서다. 이런 상황은 거버넌스 구축에 저해 요인이다. 우리나라 학교교육 상황에 비추어 볼 때 학생, 학부모 집단은 교육적 역량을 키워주어야 한다. 교육 수요자 집단의 역량을 키워주는 것이 교육거버넌스 구축의 핵심이다. 다음과 같은 몇 가지 방안들을 생각해 볼 수 있다.

학부모, 학생의 자율 역량 강화를 통한 힘의 균형추 맞추기

먼저 학생과 학부모의 교육적 권한을 강화하는 방법이 있다. 물론 교원능력개발평가에서 학생과 학부모들이 교원을 평가하고, 학교운영위원회에 학부모들이 학교운영위원으로 활동하기는 하지만 거버넌스 체제까지는 한참이나 멀다. 면밀한 검토를 통해 국가, 교원, 학부모(학생 포함) 사이의 교육권한의 균형추를 맞출 필요가 있다. 교육정책 결정이 주로 교육 관료나 교원단체에 의해 좌우되는 것이 작금의 현실이다. 이런 상황에서는 학생, 학부모들의 다양한 요구와 선택, 평가가 존중되지 못한다. 그러나 새로운 교육 거버넌스가 구축되고, 교육정책 결정에 학부모·주민의 참여가 보장되면, 학부모·학생의 교육적 요구는 물론이고 기업이나 지역의 인재 육성 요구가 교육정책에 반영될 것이다.

교육 수요자들의 힘에 균형추를 맞추는 문제는 교육자치제도와 긴밀하게 연결되어 있다. 현재 시행하는 교육감 주민 직선제는 학부모의 교육적 지위를 향상시키는 조치이다. 교육감 직선제를 통해 교육의 주인이 누구인지가 드러나고, 선거를 통해 평가까지 함으로써 학교교육에서 교육 수요자들에게 힘을 실어주기 때문이다. 이런 점에서 교육감 직선제의 폐해를 들어 교육감 임명제로 전환하려는 시도는 교육 거버넌스 체제 구축의 방해 요소로 작용할 수 있다.

쌍방향 소통 통로 마련 및 소통 기회의 제도화

교육감 직선제를 통한 투표권 행사 이외에도 학부모, 학생들이 국가교육뿐 아니라 시도교육청 정책, 지역교육청과 학교교육을 상시적으로 모니터할 수 있게 해야 한다. 그리고 학생, 학부모들이 학습권과 교육권 즉 교육 주권을 주기적으로 행사할 기회를 보장하는 시스템을 마련할 필요가 있다.

국가교육정책에 대해 학부모와 시민단체들에게 공식적인 발언권을 주어 비판을 포함한 다양한 의견을 들어야 한다. 또한 학부모들 사이에 토론의 장을 만들어줘야 한다. 중요 교육정책의 경우는 학부모와 시민단체를 대상으로 하는 전국 순회 교육대토론회를 개최하는 것을 정례화, 제도화하는 것도 검토해 볼 필요가 있다. 이런 점은 국가교육뿐만 아니라 지방교육자치에도 똑같이 적용해야 한다. 시도교육청에서 학생과 학부모들의 교육적 요구가 무엇인지 주기적으로 조사하여 교육정책에 반영하는 시스템을 갖출 필요가 있다. 단위학교도 같은 방식으로 학생과 학부모들의 교육 수요를 교육과정에 내실있게 반영하거나 학부모들이 교육계획 수립에 적극 동참할 수 있도록 통로를 열어놓을 필요가 있다. 현재 실시하는 교육 정보공개제도도 일방적 공개가 아닌 학부모들이 원하는 정보가 무엇인지를 조사하고, 학부모가 주도가 되어 정보를 생산하거나 물을 수 있는 쌍방향 정보 소통 통로를 구축해야 진정한 정보 제공 서비스라 할 수 있다.

지역 거버넌스의 구축

지역 거버넌스는 단순히 중앙정부로부터의 자율성 확보 차원 이상의 의미를 갖는다. 지역 거버넌스는 지방자치단체와 지역 기업, 지역 대학, 지역 시민단체, 지역 언론 등 지역사회 구성원들 간 협력적 네트워크의 구축을 의미한다.

지방교육자치 시대를 맞이하여 시도교육청을 중심으로 지역 거버넌스 구축 움직임이 있다. 지방교육행정의 수장인 교육감을 주민들이 직선제로 선출하면서 교육감은 중앙정부로부터 행정자율성을 얻으려고 한다. 또한 기존 임명제 교육감들이 상급기관의 지시에 따라 움직였던 것에 비해 직선제 교육감들은 투표권을 쥔 지역 주민들을 의식하지 않을 수 없다. 그래서 지역사회 기관, 단체들과 협력적 교류와 네트워크 강화에 적극적인 모습을 보이고 있다.

교육감 직선제가 유지되는 한 지역 거버넌스 구축은 속도가 빨라질 것이다. 다만 지역 거버넌스가 지방교육자치 체제 유지와 홍보가 아닌 실질적인 협력 네트워크를 구축해야 갈등도 줄고 효율성도 증가한다.

교원 인사 영역과 교육 거버넌스

교원들의 추동력은 다양한 측면에서 발생한다. 교원들을 움직이는 힘은 교직에 대한 소명감, 사명감을 포함한 내발적 요인을 포함해서 외발적 요인인 교원 인사에서도 발생한다. 교원인사는 나름 엄격한 규칙으로 운영되고 있지만 실은 교원들만의 리그다. 즉, 교원인사 분야에서는 학생, 학부모의 영향력이 완전히 배제되어 있다.

진정한 교육 거버넌스 구축을 위해서는 교원인사제도 혁신에 교원의 의견만 반영할 것이 아니라 학생, 학부모에게도 권한을 주어야 한다. 학교는 국민의 세금으로 운영되고, 국민의 자녀를 가르치는 곳이다. 더구나 교총과 전교조 교원들 사이에 의견이 갈라져 있을 때에는 국민들의 의견은 더욱 중요하다. 따라서 제대로 된 교육 거버넌스가 구축되려면 교원인사제도에도 그동안 전무했던 학부모, 학생의 영향 요소가 반영될 필요가 있다. 외국 교육선진국에서 학부모, 학생의 영향 요소가 다방면에 걸쳐 반영되는 것은 흔히 볼 수 있다.

교원인사 영역에서 학생, 학부모의 권한이 일정하게 주어졌을 때 새로운 교육거버넌스가 구축된 것으로 볼 수 있다. 그래야 국민이 교육정책에 제대로 나설 수 있고, 정부와 교원단체 사이에 유효한 조정자 역할을 할 수 있다.

학교별 교육 거버넌스와 자율 혁신 역량 강화

학교의 자율 혁신 역량을 강화하기 위해서는 학교의 자치가 상당한 정도로 가능한 환경을 만들어 주어야 한다. 학교 단위 책임경영제의 성공적 정착에는 교육 거버넌스의 변화가 필수다. 왜냐하면 현재와 같은 관료 중심 교육행정에서는 학교장이 상급기관의 관료만 쳐다보고 일을 하게 되므로, 학교 단위 책임경영의 의미가 별로 없다. 시키는 대로 하고, 안 시키면 안 하고, 부당한 지적을 해도 어쩔 수 없이 따라 가야만 하는 상황 등등에 그 이유가 잘 나타난다. 외국의 예를 살펴보면, 프랑스와 핀란드와 같은 유럽의 경우 전체 교육시스템을 관장하는 교육 원칙을 제외하고는 학교 유형과 운영에서는 지자체의 특성을 고려한 자율성과 다양성을 존중한다.

중앙 지침에 따라 획일적으로 학교를 경영하는 것이 아니라 지역사회, 학부모, 학생의 요구에 따라 학교를 경영해야 한다. 이러한 경영을 적절히 지원할 수 있는 학교운영 구조가 필요하다. 학교(교육자치)와 지역사회 리더(일반자치)와 학부모(학생 포함)의 3자가 의사결정구조를 만들어야 한다.

홍콩과 프랑스의 제도도 참고할 만하다. 홍콩과 프랑스의 학교 이사회는 지방자치단체 대표 1/3, 교사대표 1/3, 학부모와 학생 대표 1/3 로 이루어져 있다. 그러나 학교운영위원회가 사사건건 세부적인 사항에 대한 의사결정을 하는 것은 바람직하지 않다. 연 1~2회 정도 주요한 의사결정을 하고 나머지 구체적인 운영은 학교에 맡겨야 한다. 학교운영위원회 개선과 활성화를 통한 학부모 참여를 강화할 필요가 있으며, 학교운영위원에 대한 연수와 교육의 주체를 교육청이 아닌 제3의 기관이 맡아 실시하는 것이 바람직하다.

좋은 거버넌스를 위하여

다양한 거버넌스 모델 중 좋은 거버넌스(good governance)는 우리가 추구해야 할 '좋은' 또는 '바람직한' 모델이라는 가치가 포함되어 있다. 좋은 거버넌스는 민주주의를 발전시키는 한편 효율성을 높일 것이라는 희망을 갖고 있다. 즉 민주성과 동시에 효율성을 동시에 제고하는 것이 바로 좋은 거버넌스이다.

그러나 좋은 거버넌스가 한국에서 구체적으로 어떻게 실현되고 있는지에 대한 경험적 연구는 매우 부족한 실정이다. 교육 분야가 아닌 통일, 환경 정책 등에서 좋은 거버넌스의 평가지표를 개발하고 사례를 중심으로 그 실태를 파악하려는 노력이 있어 왔다. 좋은 거버넌스에 관한 이들 연구 결과를 보면, 정책결정 과정에서 불필요한 갈등을 줄이고 효율성을 중시하는 동시에 참여의 확대와 정보 공유, 의견수렴을 통한 합의 도출 같은 민주적 가치도 지향하고 있다. 그러나 이 두 가지 목표를 동시에 달성하는 것은 매우 어려운 일이며, 정책 사안에 따라 어떤 특수한 측면이 더 많이 고려될 수 있다. 또한 맥락에 따라 평가지표도 유연하게 적용해야 할 필요성도 제시되고 있다.

거버넌스 자체를 낙관적이고 이상적인 관점에서만 바라볼 것이 아니라 그 자체를 비판적으로 조망하고 한계를 극복하기 위한 방안도 마련해야 한다. 거버넌스 내에 존재하는 다양한 형태의 갈등과 구조적이며 제도적인 차원에서 행사되는 불균형한 권력의 행사는 실질적인 차원에서의 거버넌스의 한계를 의미한다. 특히 우리나라 교육환경에서는 더욱 그렇다. 민주적인 협의는 물론이고 토론다운 토론을 해 본 경험도 없고 그런 교육을 받아본 적도 별로 없는 사람들이 학교 구성원들이다. 거버넌스와는 거리가 먼 관료체제에 익숙한 교육환경에서 거버넌스 형식 자체를 맹신하는 것은 순진한 생각이다. 교육 거버넌스 구축에는 제도는 물론이고 교육 풍토, 구성원들 간의 관계까지 아우르는 종합적이고 엄밀한 현실 진단이 필요하다. 이에 더해 거버넌스 안착 방안을 현실적으로 접근해야 할 것이다. 이런 점이 가능하려면 거버넌스의 개념 자체부터 정태적 구조가 아닌 역동적 과정으로 이해해야 한다.

교육 거버넌스는 정책 혹은 행정의 장면에서 참여자들의 의사결정 과정에 대한 참여 방식이나 권력관계 등의 역동적인 과정과 기능에 초점을 맞추기보다는 이러한 과정의 결과적 개념으로서 '통치구조'나 '지배구조' 등 정태적인 '구조'로 제한되는 경향도 있다. 이와 같은 개념의 단순화는 거버넌스의 실체를 파악하는 데 한계를 드러내고 있으며, 개념의 오용과 남용이 우려된다(안기성, 1997. 주삼환, 2007).

앞으로 교육정책에 대한 시민사회의 관심과 참여는 활발할 것으로 예상된다. 이런 참여가 효율적 정책 결정을 방해하고 행위자 간 첨예한 갈등만 초래한다면 거버넌스 측면에서 바람직하지 않은 요소가 된다. 이를 위해 다양한 집단 간 정보공유와 의사소통이 수평적이고 효율적으로 이뤄질 수 있도록 하는 제도적 장치와 이견이 있는 집단 간의 갈등을 관리하고 조정할 전문가 집단이나 리더 등 메커니즘이 필요하다.

교육 거버넌스를 위한 제언

현재 중앙정부 교육 부처와 시도교육청이 주관하는 교육중앙집권체제를 해체할 수는 없을 것이다. 중앙정부 교육 부처는 정책추진 과정에서의 외생변수를 배척해야 할 '소음'으로 간주해서는 안 된다. 외생변수를 신뢰하지 않고 그것에 일시적으로 타협하거나 임시적으로 그것이 참여하는 과정은 정책 딜레마에 스스로 빠져들게 만든다. 외생변수를 합리적 정책시스템 속에 포용하여 예측 가능한 상수로 전환하려는 노력이 필요하다.

앞에서 언급했듯이 교육민주화를 구현하고 교육의 장에서 교육 권한에 균형추를 맞추기 위해서는 학생, 학부모들이 실질적으로 교육 주권을 회복할 수 있는 제도적인 보완 장치가 필요하다.

현재 우리나라 교육을 보면, 거버넌스의 경험이 부족한 것이 사실이다. 이렇듯 거버넌스 경험이 부재한 학교교육 공동체에 거버넌스 체제 도입은 자칫 갈등과 혼선을 가중시킬 우려가 있다. 하지만 초창기 어려움은 감수할 필요성이 있다. 다만 새로운 거버넌스 체제 적응에 따른 갈등으로 교육이 약화되거나 학교가 붕괴하는 사태를 방지하기 위해 갈등 조정 역할을 하는 기제가 작동해야 한다. 교육에서 거버넌스 경험이 결국 사회 및 국가에서 거버넌스 체제를 앞당기는 기폭제 역할을 하리라고 기대한다.

학교에서 민주적 자치공동체 형성을 위해 노력하는 것은 바로 거버넌스를 구축하는 일과 일맥상통하는 일이다. 교육 거버넌스 구축 우수 학교를 발굴하고 홍보하여 단위학교가 민주적 자치공동체 학교가 될 수 있도록 해야 한다.

교원을 포함하여 교육행정직에 종사하는 사람들은 네트워크에 취약한 경향이 있다. 작게는 지역사회의 단체나 NGO를 후원하고 이들이 주관하는 행사에 참여하는 등 의도적으로 본인이 가진 네트워킹 역량을 확장하기 위한 노력이 필요하다. 교육전문직 연찬회 내지는 각종 포럼 등에 시민사회 분야에서 두각을 나타내고 있는 단체의 고민과 노력, 성과와 한계 등을 들을 수 있는 기회를 많이 만들어야 한다. 교육청 차원에서는 인사, 재정, 의사결정구조, 연수 등의 정책에 거버넌스의 정신과 철학이 현재 어떻게 반영되고 있는가를 점검해봐야 한다. 그리고 거버넌스 시스템 구축 방안을 염두에 두고 실천 전략을 구안해야 한다.

고교 평준화 시즌 2.0을 준비해야 한다

고교 서열화와 내 삶

사범대학을 졸업하고 기간제 교사로 내가 잠시 근무했던 학교는 비평준화 지역에서 성적이 하위권인 학교였다. 학생들의 자존감은 바닥이었다. 아이들은 동료 학생들로부터 열심히 살아야겠다는 자극을 전혀 받지 못했다. 수업 때 자는 아이들이 태반이었다. 서로가 서로를 잡아먹는 구조였다. 나의 학급 운영도 대실패로 끝났다. 아이들은 교복을 제대로 입고 다니지도 않았다. 심지어 하교할 때 교복을 갈아입는 학생들도 있었다. 같은 교사인데도 명문고에 근무하는 교사와 비평준화 지역 하위권 학교에 근무하는 교사에 대한 시민들의 시선에 차이가 있음을 알게 되었다.

---

1. 본 고는 계간 우리교육(2011.9.1) 특집 일반고 잔혹사 편에서 "그러나 고교 선택제는 필요하다"는 제목으로 게재된 바 있습니다. 일부 내용을 수정하여 게재하였습니다.

교원임용고사를 거쳐 정교사가 되어 첫 발령을 받았던 학교 역시 비평준화 지역에서 성적이 하위권인 학생들이 오는 학교였다. 이 학교에서는 전 과목 수준별 이동수업을 실시했다. 하위권 학생들이 모인 학교에서 수준별로 수업을 진행하니 수준별 하(下)반은 거의 교실붕괴에 가까운 사태가 종종 벌어졌다. 학생들에게 교사가 멱살을 잡힌 일이 종종 있었다. 나도 수업시간에 자는 학생을 깨웠다가 봉변을 당할 뻔했다. 그 학교는 11개 학급으로 출발했는데, 1년 사이 2개 학급이 사라져 버렸다. 소위 '따라지' 학교를 명문 학교로 만들어보고 싶어한 교장선생님은 몇 번의 잘못을 반복한 학생들에게 권고 전학 내지는 퇴학 처분을 내렸다. 그렇게 하니 주위에 입소문이 나서 조금씩 우수한 학생들이 학교에 들어오기 시작했다. 명문 학교를 만드는 법이 생각보다 단순했다. 두발 복장 엄격히 하고, 학교에 물 흐리는 학생들은 과감하게 정리한다. 야간자율학습과 보충수업을 많이 시킨다.

당시만 해도 수시 모집이 조금씩 도입되기 시작한 때였는데, 우리 학교 학생들은 수능은 시원찮아도 내신이 뒷받침해주었기 때문에 열심히 공부했던 학생들은 선전을 해서 서울에 있는 중상위권 대학에 종종 합격을 했다. 얼마 뒤 우리 지역의 명문고 A고등학교 학생들이 우리 학교 학생들이 많이 붙었다는 소식을 듣고는 중상위권 대학에 항의 글을 올렸다. "그 학교 학생들이 공부를 얼마나 못하는 줄 아는가? 내신 때문에 자신들은 떨어지고, 따라지 학교 학생들이 어떻게 합격을 할 수 있느냐?"는 취지의 글이었다.

하지만 이런 경험도 초창기에 불과했다. 한때 내신 때문에 외고 인기가 시들해진 적도 있었지만 어느새 외고의 인기가 치솟기 시작했다. 일반계 학생들이 내신이 좋아도 예전처럼 서울의 유수한 대학에 합격하는 것이 점점 어려워지고 있음을 감각으로 느낄 수 있었다. 고3 담임과 교과교사로서 진학지도를 하면서, 대학들이 보이지 않는 고교등급제를 실시하는 것은 아닌가 하는 의문감이 서서히 들기 시작했다. 수능 비중이 높은 정시에서 떨어지는 것은 이해가 되었지만, 내신 비중이 높은 수시에서 학생들이 추풍낙엽처럼 떨어지는 모습을 보면서 고교 서열화의 굴레가 입시에서 작동되고 있다는 느낌을 받기 시작했다.

외고와 자율형사립고 무엇이 문제인가?

노태우 대통령은 한때 고교 평준화 전면 폐지를 검토하였다. 그러나 현실적으로 고교 평준화의 전면 폐지가 어렵다는 것을 감안하여 현실적인 타협책으로 외고를 양성하였다. 본래 초중등교육법 시행령에는 외고의 존재 목적을 어학 영재 양성으로 설정하였다. 첫 단추부터 잘못 꿰어졌다. 과학이나 수학 영재는 어느 정도 학문적으로 검증된 개념이다. 그러나 어학 영재는 그 개념이 명확하지 않다. 일반적으로 영재 판별 요소의 핵심 요소로 창의성을 든다. 그러나 어학 영역의 창의성이 과연 무엇인지 명확하지 않다. 설령 어학 영재가 있다고 해도 경제적 효용이 얼마나 큰지도 따져 봐야 한다. 과학이나 수학 영재가 갖는 경제적 효용성에 비해서 어학의 효용성은 상대적으로 떨어질 수밖에 없다. 이러한 비판을 의식하여 이명박 정부 시절, 교육부도 초중등교육법 시행령 개정을 통해 외고의 설립 목적을 '어학 영재'에서 '외국어에 능숙한 어학 인재'로 바꾸었다.

외고의 가장 큰 문제점은 정의롭지 않은 입시 제도의 운영이다. 외고 입시는 자연스럽게 사교육이 따르도록 만들었다. 민주당 김춘진 의원(2011)이 조사한 바에 따르면, 중3 때 사교육비에 들어간 비용은 일반고 30만 원, 외고 40만 원, 과학고 46만 원, 자율형사립고 40만 원으로 나타났다.

외고는 기본적으로 어학보다는 명문대학 진학에 관심을 가지고 있다. 명문대 진학률을 높이기 위해서는 수학을 잘하는 학생들이 많아야 한다. 명문대 입학은 사실상 수학 성적으로 판가름 나기 때문이다. 따라서 외고는 내신에서 수학 가중치를 높게 부여하거나 높은 수준의 수학 문제를 출제하곤 했다. 이로 인해서 선행학습 열풍이 불기 시작했다. 영어 듣기 시험 역시 고난이도의 문제가 출제되었다. 우리나라 공교육 교육과정은 토익과 토플을 가르치지 않는다. 그런데 외고 입학 전형은 버젓이 토익과 토플 점수를 요구했다. 이러한 외고 입시 체제의 문제점을 인식하고, 참여정부도 나름 외고 입시 개선을 위해 노력을 기울였으나 외고 집단과 보수 언론의 저항으로 문제가 해결되지는 않았다.

역설적으로 이명박 정부가 외고 입시를 획기적으로 개선했다. 영어 듣기 시험 폐지, 토익과 토플 점수 미반영, 내신에서 영어교과만 반영, 면접시 교육청 위촉 담당관 배석 등은 외고 입시를 획기적으로 뜯어 고쳤다고 평가받을 만하다. 이러한 변화가 나타난 이유는 사교육 절반 공약을 내세운 이명박 정부가 외고를 포함한 특목고 입학전형을 개선하지 않고는 공약 실현이 사실상 불가능하다는 사실을 누구보다 잘 알았기 때문이다. 아울러, 한나라당 정두언 의원과 민주당 김진표 의원 등이 국회에서 발의한 법안은 사실상 외고 폐지에 준하는 내용을 담고 있었다. 이러한 입법부의 압박에 교육부는 더욱 적극적인 해법을 제시하지 않을 수 없었다.

외고가 존재하는 이유는 무엇인가? 진정으로 어학에 관심 있는 학생들이 모였을까? 현실은 그렇지 않다. '사교육걱정없는세상'이 2011년 외고생 923명을 대상으로 조사한 설문조사 결과에 따르면, 학생들이 외고에 입학한 이유는 '좋은 면학 분위기' 47.6%, '명문 대학 진학 유리' 22.8%, '계열 흥미' 17.7%, '주변 사람 권유' 9.5%, '기타' 2.5%로 나타났다. 계열에 흥미를 느껴서 진학한 학생의 비율이 겨우 17.7%에 불과한 사실은 무엇을 의미하는가?

엄밀히 말해 상대평가 내신 체제하에서는 적어도 외고가 일반고에 비해서 내신 영역에서는 불리하다. 그러나 대학교는 외고 학생들을 선호하는 경향이 있기 때문에 내신 반영 비율을 대폭 축소하는 방식을 통해 외고생을 우대한다. 실제 외고 출신의 서울대, 고려대, 연세대 합격 비율은 매우 높다.

외고의 교육과정을 보면 필수적으로 이수해야 할 어학 과목으로 인해 수능을 효과적으로 대비하는 데 다소 불리하다. 그래서 이를 극복하기 위한 다양한 전략을 외고에서 사용하고 있다. 주로 방과후 수업과 야간자율학습에 승부를 건다. 일부 학교에서는 3학년을 외국어 과목을 자습으로 대치한다. 자연계열 진학자를 위한 선택교과를 개설하거나 특화된 방과 후 수업을 운영한다.

이를 통해 외고는 입시에 강한 결과를 만들어 낸다.

〈표1〉 09·10학년도 서울대, 연세대, 고려대 외고생 합격률(최초 합격 발표 기준)

학교	2009학년도 입시		2010학년도 입시	
	모집정원 대비 외고출신 합격생 비율	인문계 모집정원 대비 외고출신 합격생 비율	모집정원 대비 외고출신 합격생 비율	인문계 모집정원 대비 외고출신 합격생 비율
서울대	8.4%	21.6%	9.8%	24.2%
연세대	19.2%	36.1%	29.1%	48.9%
고려대	18.6%	34.1%	25.2%	41.3%

자료출처: 국회의원 권영길 정책보고서(2010.3) 연고대 입시 외고 잔치.

〈표1〉은 외고생이 전체 고등학생 수의 1.3%에 불과함을 감안할 때 과도한 합격률을 보이고 있음을 보여주고 있다. 이는 곧 교육 양극화의 문제로 이어진다. 이미 고교 체계는 학부모의 계층적 특성과 밀접한 관계를 보이고 있다. 권영길 국회의원이 발표했던 자료(2009년 4월)에서는 상위직 아버지 직업 분포가 민족사관고 87%, 외고 44.7%, 일반고 13.11%, 실업계고 3.68%로 나타

났다. 이는 외고 정당성의 근거인 수월성 교육에 관한 근본적인 문제를 제기하게 만든다. 안타깝게도 이러한 모습은 외고만의 문제는 아니다.

이명박 정부의 교육 로드맵은 이주호 교육과학기술부 장관이 국회의원 시절에 집필한 『평준화를 넘어 다양화로』라는 책에 실려있다. 이 책의 핵심은 간단하다. "평준화 체제가 학교를 관료주의화시켰다. 평준화를 위해 정부가 재정 지원을 하는 만큼 학교를 통제할 수밖에 없었고, 그 과정에서 학교의 관료주의 경향이 강해졌다. 이 문제를 극복할 수 있는 시스템으로서 자율형 사립고와 같은 수요자의 요구에 부응하는 학교가 필요하다."

자율형사립고는 기본적으로 정부가 재정 지원을 하지 않지만 특화된 교육과정과 프로그램으로 학생과 학부모의 선택을 받고, 이를 통해 시장에서 살아나라는 메시지를 담고 있다. 학비는 일반고보다 비싸게 받을 수 있을 뿐만 아니라 교육과정 편성권의 자율성을 일반고에 비해서 대폭 보장해주고 있다.

자율형사립고가 귀족학교가 될 우려라든지 평준화를 해체시킨다는 비판이 있자 선발권 방식에 타협 요소가 들어왔다. 서울의 경우 완전한 선발권을 자율형사립고에 부여하지 않았다. 상위 50% 학생들을 대상으로 추첨하는 우연적 요소를 포함시켰다. 여기에 사회배려대상자를 20% 이상 포함시키도록 했다. 그러나 서울 이외의 지역에서는 자율형사립고가 자체 선발권을 가지고 있거나, 지원자 자격을 내신 20%대로 설정하는 등 그 기준이 들쭉

날쑥하다.

자율형사립고의 모습은 어떠한가? 학교운영에 관한 철학과 가치가 없을 뿐만 아니라 학교에 관한 뚜렷한 비전을 가지지 못한 대부분의 자율형사립고들은 입시에 승부를 걸기 시작했다. 고등학교 1학년에 수업을 잘 가르치거나 입시 경험이 풍부한 교사들을 담임이나 교과교사로 배치시켰다. 학비를 3배 이상 비싸게 받는 자율형사립고가 지속되려면 중학생들이 계속 지원을 해야한다. 이를 위해서는 서울대, 고려대, 연세대에 많은 학생을 보내야 한다고 자율형사립고는 생각한다. 자연스럽게 입시에 특화된 교육과정을 모색한다. 당연히 국영수 수업 시수를 늘린다.

〈표2〉 2009년과 2010년 평준화 지역 자율형사립고의 국영수 주당 수업시수 비교

	2009년 시수(2010년 시수)			
	국	영	수	계
경희	8(8)	8(▲10)	10(▲12)	26(▲30)
동성	8(8)	8(▲10)	8(▲10)	24(▲28)
숭문	8(▲12)	8(▲12)	8(▲10)	24(▲34)
세화	8(▲10)	8(▲11)	10(▲10)	26(▲31)
신일	8(8)	8(▲14)	8(▲12)	24(▲34)
우신	10(10)	8(8)	10(▼8)	28(▼26)
중동	8(8)	10(10)	8(▲12)	26(▲30)
한가람	8(▼6)	8(▲12)	8(▲12)	24(▲30)
한대부고	9(9)	8(▲10)	8(▲10)	25(▲28)
송원	8	8(▲10)	8	24(▲26)

〈자료출처: 사교육걱정없는세상 2010년 4월 고교체제토론회 자료집〉

또한, 공부를 잘하는 학생들을 미리 선별하여 별도로 관리하는 시스템을 구축한다. 야간자율학습과 보충수업의 양은 늘어날 수

밖에 없다. 이런 점에서 자율형사립고는 사실상 실패한 정책으로 봐야 한다. 일부 자율형사립고를 제외하고는 한국 교육을 견인하고 자극할 수 있는 해법을 거의 제공하지 못하고 있다. 입시 중심의 해법밖에 없는 자율형사립고에 많은 학부모와 학생들은 굳이 비싼 학비를 주고 갈 필요성이 있는가에 대해서 고민하기 시작했다.

우리나라의 고교 다양화 정책 내지는 수월성 교육은 학교 성적에 따라갈 수 있는 학교를 다양하게 만들었다는 것 이상의 의미를 지니지 못한다. 내용의 다양성이 없고, 학교가 지향하는 가치가 입시성과주의로 귀결되고 있기 때문이다. 결국, 수직적 다양화 내지는 수직적 수월성이 현행 고교 체계의 형태로 구현되고 있을 뿐이다. A형태의 그래프가 만들어져야 하는데, 현실적으로는 B방식의 학력에 따른 줄세우기 방식이 만들어지고 있다. 그 중심에 특목고와 자율형사립고가 존재하고 있다.

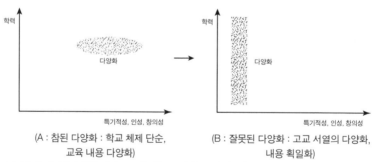

(A : 참된 다양화 : 학교 체제 단순, 교육 내용 다양화)   (B : 잘못된 다양화 : 고교 서열의 다양화, 내용 획일화)

〈자료출처: 사교육걱정없는세상 2010년 4월 고교체제토론회 자료집〉

평준화와 고교선택제는 충돌하는가?

나는 평준화 찬성론자이다. 하지만 평준화 역시 진화할 필요가 있다고 생각한다. 평준화가 비평준화 지역에 비해서 성적이 우수하다든지 별도의 선발권이 부여된 입학 전형 요소에 비해서 사교육비가 덜 들어가는 점은 학술적으로 규명되고 있다.

과거에는 평준화에 관한 연구 진행에 어려움이 있었다. 자료가 충분히 공개되지 않았기 때문이다. 자료의 한계 때문에 임의로 연구 대상을 표집하여 연구를 수행하다 보니 그 연구 결과에 일관성이 없었다. 그러나 최근 들어 국책연구기관을 중심으로 전국 단위의 학업성취도 데이터가 계속 공개되고 있다. 평준화와 비평준화에 관한 논란은 적어도 학술적으로는 평준화의 판정승으로 끝나고 있다. 그럼에도 불구하고 평준화 정책에 대해서는 집요한 공격이 이어질 것이다.

평준화 체제의 가장 큰 약점은 학생과 학부모의 선택권을 박탈한다는 사실이다. 그렇다면 학생과 학부모의 학교 선택권은 입학 전형을 요구하는가의 문제를 살펴봐야 한다. 단위학교에 학생 선발권을 부여하는 방식은 특목고나 자사고의 사례에서 살펴보았듯이 많은 부작용을 초래하고 있다. 특정 학교 진입을 위한 사교육 시장의 과열이라든지 학생들의 스트레스 등의 문제가 발생하고 있다. 무엇보다 고교 서열화의 문제를 그대로 안게 된다. 오죽하면 과학고는 성골, 외고는 진골, 일반고 육두품, 전문계고는 천민이라는 용어가 회자될까?

고교 서열화의 판도를 대략 정리해보면 다음과 같다.

순위	학교 종류
1군	△ 자사고(민족사관고, 상산고 등) △ 과고/영재고 △ 수도권 최상위권 외고(대원 등)
2군	△ 수도권 외고 및 하나고 △ 수도권 지역 비평준화 자율고(동산고 등)
3군	△ 비수도권 지역 비평준화 자율고 및 명문고 △ 평준화 자율고(한가람고 등) △ 일반계고 중 입시실적 좋은 일부 고교 △ 지방 외고
4군	△ 일반계고 △ 일부 특화된 특성화고
5군	△ 특성화고 △ 일부 일반계고(평준화 지역에서 일반계와 특성화고에 떨어진 학생들이 많이 모이거나, 비평준화 신설학교임)

이러한 상황은 일반계고의 슬럼화 현상으로 가속화되고 있으며, 사실상 평준화 체제를 해체시킨다. 현재 전국의 수도권 특목고와 일부 잘나가는 자율형사립고의 수를 합치면 비평준화 시절의 초특급 명문고 수를 상회한다.

한 가지 분명한 사실은 서열화 구조에서 상위권에 속한 학교들일수록 단위학교 선발권을 지니고 있다는 점이다. 단위학교 선발권은 일부 공부를 잘하는 학생들을 위한 권리로 국한된다. 결국 단위학교 '선발권 = 수월성 교육'으로 인식되는 것이다. 이때의 수월성 교육은 모두를 위한 수월성 교육이 아닌 소수를 위한 소월성 교육으로, 수평적 수월성이 아닌 수직적 수월성 개념을 의미한다. 이러한 고교 체제를 지속하는 방식은 교육 불평등의 심화는 물론 사교육비 증가, 중학교 교육의 파행 등을 자연스럽게 불러온다. 실제 일부 중학교에서는 상위권 학생들의 내신을 확실하게 보장하기 위해 고난이도의 문제를 일부러 많이 내거나 고등학교의 수준의 문제를 출제하기도 한다. 이러한 문제는 단위학교에 선발권을 부여하는 한 해결되기 어렵다.

그런데 한 가지 유념해야 할 사실은 경쟁 교육을 중시하는 이명박 정부에서도 단위학교 선발권을 완전하게 부여하지 않았다는 사실이다. 특목고에 대해서는 참여정부의 수준보다 오히려 강한 규제를 하고 있다. 그 이유는 특정 학교에 단위학교 선발권을 부여하는 방식이 사교육비 경감에 방해 조건으로 작용하고 있음을 잘 알고 있었기 때문이다. 그런 맥락에서 본다면 영재학교 등 극히 일부 학교를 제외하고, 특목고와 자사고에 학생 선발권을 부여하는 문제에 신중하게 접근할 필요가 있다. 최소한의 자격 기준에 도달한 학생을 대상으로 한 추첨제 선발 방식이 모색되어야 한다. 그것이 가능해지려면 "좋은 학교란 우수한 학생들을 대상으로 해서 우수한 결과를 만들어내기보다 들어온 학생들의 수준에 비추어 더 많은 향상을 가져온 학교"라는 인식 전환이 필수적이다. 즉, 선발효과 내지는 입학효과에 기대기보다는 학교의 노력에 의해서 학생의 수준을 끌어올리는 학교효과가 더욱 중요하다는 인식을 가져야 한다.

그런 점에서 학생과 학부모 선택권과 학교의 학생 선발권을 무조건 동격으로 봐서는 안 된다. 역발상이 필요하다. 학생과 학부모는 학교를 선택할 수 있지만, 학교의 학생 선발권은 최대한 억제해야 한다. 그런 관점에서 보면 평준화 체제 하에서 학생과 학부모의 학교 선택권은 충분히 보장되어야 한다.

물론, 여기에 문제가 없는 것은 아니다. 학생과 학부모가 과연 어떤 학교를 선택하겠는가? 결국은 입시에 특화된 학교를 선택하는 것이라는 우려와 가정이 충분히 성립할 수 있다. 자율형사립고가 그랬으니깐 말이다.

하지만 이 부분은 평준화 진영에서도 치열하게 고민해야 한다. 평준화는 그것 자체가 목적이 아니다. 평준화는 고입을 둘러싼 우리 교육의 심각한 문제점을 치유하는 데 중요한 역할을 했다. 그러나 그것은 응급조치에 불과하다. 우리 교육의 근본적인 문제는 단위학교의 고유한 철학과 비전을 바탕으로 구성된 교육과정과 수업, 프로그램이 없다는 점이다. 외고라든지 자율형사립고가 입시 중심으로 흐르고 있으며 계층 양극화를 심화시키고 있다는 비판은 가능하다. 비평준화 제도 역시 그러한 비판이 가능하다. 그러나 이러한 비판들로부터 평준화 정책이 완전히 자유롭다고 말할 수 없다.

근거리 학교 배정을 했을 경우, 강남의 학생들은 강남의 학교에만, 강북의 학생들은 강북의 학교에만 다녀야 한다는 논리가 성립된다. 이 경우 평준화라고 해서 계층 양극화가 발생하지 않는다고 말하기 어렵다. 실제로 평준화 지역에서 근무를 해본 내 경험에 비추어볼 때, 평준화 지역의 학교가 비평준화 지역의 학교에 비해서 학교 교육 철학과 비전, 교육과정, 수업 방법, 프로그램에서 차별화되었다고 보기 힘들다. 평준화 정책의 장점과 가치가 고교 입학 단계에서는 통하지만, 그 이후에는 거의 작용하지 않았다.

여기서 우리는 평준화의 도덕적 해이(Moral Hazard)를 고민해야 한다. A학교는 B학교에 비해서 무엇인가 달라야 하며, 가능하면 학생들이 서로 먼저 지원하려는 학교로 만들기 위한 노력을 기울여야 한다. 그러나 평준화 체제는 그러한 노력을 기울이지 않아도 학생들이 기계적인 배정을 받게 되어 있다. 극단적인 경우, 부실 사학이라든지 금전 비리를 저지른 공립학교 교장이 있는 학교라는 소문이 나도 교육청은 학생들을 배정시켜준다. 이러한 과정은 도덕적 해이를 불러일으킨다. 이러한 현상을 막기 위한 차원에서 고교 선택제는 반드시 필요하다.

고교 선택제를 두려워하는 이유는 무엇인가? 학교가 입시 과열로 치닫을 가능성과 선택 양극화 현상에 대한 우려 때문이다. 특히, 시역적으로 소외된 학교의 경우 학생들의 기피 현상은 더욱 심해질 수 있다. 그렇다고 해서 평준화 체제에서 고교 선택제를 배제해서는 안된다. 물론, 현실적으로 100% 고교 선택제를 다 적용하기는 힘들 것이다. 하지만 별도의 선발권이 아닌 추첨 요소가 결합된 방식이라면 굳이 고교 선택제를 피할 이유는 없다.

내가 보기에 고교 선택제의 문제는 선택권을 너무 많이 부여해서 나타나는 부작용보다는 선택할 만한 학교가 별로 없다는 점이다. 근거리에 있는 학교에 다닐지 아니면 원거리에 있는 학교에 다닐지는 결국 본인과 부모의 판단에 달려 있다. 대부분의 학생들은 근거리 배정을 희망한다. 고등학생의 경우, 비교적 아침에 일찍 등교를 하고, 야간자율학습이 진행되는 상황을 감안할 때 버스와 지하철을 타면서까지 먼 학교로 이동하려는 학생들은 그렇게 많지 않다. 그런데도 이동에 따른 수고를 감안해서라도 특정 학교에 가고 싶어하는 학교를 많이 만들어야 하고, 이 학교에 갈 수 있는 학생들의 요구를 최대한 반영하는 방식을 모색해야 한다.

학생과 학부모의 요구를 어떻게 규정할 것인가는 간단한 문제가 아니다. 오로지 입시 성과를 많이 만들어내라는 것을 요구의 본질로 볼 것인가 아니면 학교 교육과정과 철학 등의 차별화를 요구의 본질로 볼 것인가? 우리는 그동안 전자 쪽 요구만 있을 것이라는 두려움을 많이 가지고 있다. 하지만, 그 두려움 때문에 현재에 머무를 수는 없다. 후자 쪽 요구가 반영된 학교를 더욱 모색해야 한다.

나는 그 가능성을 혁신학교에서 찾아본다. 물론 혁신학교가 다 성공하고 있다고 보기 어렵다. 그 안에도 옥석이 있다. 그런데 옥으로 볼 수 있는 학교를 보면 교육철학과 학교 비전, 교육과정과 수업, 학교문화 등에서 차별화되어 있다. 그 학교에 많은 학부모들이 주목하고 있다. 학부모들이 많이 모여있는 사이버 카페를 보면 입소문이 나는 학교에 대한 이야기가 많다. 아쉽게도 이러한 학교들은 대부분 초등학교와 중학교이다. 혁신학교 역시 고등학교는 그 사례가 별로 없다. 그렇지만 가능성은 충분히 있다. 내부형 교장공모제의 제도화 가능성은 매우 높아지고 있다. 일정 경력을 가진 평교사들과 자격증을 가진 교장·교감 후보자들이 과감하게 4년간의 학교 비전을 담은 학교운영계획서를 내부 구성원들에게 제출하고 심사를 거쳐 선발되어야 한다. 그 과정에서 학교의 변화는 상당히 촉발될 수 있다.

최근 들어서 진학 패러다임에서 벗어나 진로 교육의 중요성이 강조되고 있다. 학생 인권이 강조되면서 학생자치회 활성화가 더욱 필요하다. 인문계열과 자연계열 2수준 선택과정을 넘어선 인문계열, 예체능계열, 자연계열, 사회과학계열, 공학계열 등 고등학교에서도 교육과정의 다양화를 추구할 수 있다. 이와 함께 교사 스스로 교육과정을 재구성할 수 있는 권한이 부여되어야 한다. 교육과정이 재구성되면 수업과 평가 틀이 바뀌어야 한다. 고립적이고 개별화된 교직 문화는 협력적이고 개방적인 교직 문화로 바뀌어야 한다. 그 과정에서 학생들의 만족감과 자기 효능감, 학교에 대한 애착은 높아질 수밖에 없다. 이러한 형태의 학교는 과연 학생들의 진학에 부정적인 영향을 미칠까? 최근 들어 수능의 비중이 줄고, 수시의 비중이 높아지고 있다. 여기에 입학사정관제도의 도입은 학생들의 교육과정에서 경험의 질을 따지도록 요구할 수밖에 없다. 그 경험은 마땅히 사교육 시장에서 쌓아서는 안 되고, 학교의 교육과정을 통해 만들어져야 한다. 단위학교에 혁신적인 그룹 몇 명만 있으면 학부모와 학생들의 관심을 받을 만한 학교를 만드는 것이 충분히 가능하다. 이러한 변화 가능성을 보여주고 있는 학교가 용인의 흥덕고등학교다. 내부형 공모제 교장인 이범희 선생님을 중심으로 인문계고등학교가 가야 할 방향성을 보여주고 있다. 안타깝게도 이들의 노력이 열매로 이어지는 데 가장 큰 한계는 비평준화 제도이다. 신설 학교이고, 이미 서열화가 고착된 상태이기 때문에 교사들이 많이 고전하고 있다. 만약, 이 학교가 평준화 지역에 있었다면 내가 보기에 몇 년 안에 학부모와 학생들이 이 학교에 들어가기 위해서 줄을 서는 상황이 벌어졌을 것이라고 확신한다.

그러면 어떻게 할 것인가?

고교 체제 개편에 관한 새로운 상상력이 필요하다. 교육과정 특성상 영재고 및 예체능고 등 재능과 흥미 없이는 버티기가 어려운 일부 학교를 제외하고는 대부분 학교의 학생 선발권을 과감하게 폐지 내지는 축소해야 한다. 예컨대, 평준화 지역의 자율형사립고의 경우 내신 제한 규정을 과감하게 풀어야 한다. 서울의 경우, 내신 상위 50% 기준을 과감하게 없애거나 70~80%로 완화해야 한다. 아니, 자율형사립고 자체가 군이 존재할 이유가 없다고 생각한다. 자율형사립고를 공교육 체제의 일부로 인정한다면 국고를 지원해주는 대신 선발권 통제를 강화해야 한다. 외고 역시 마찬가지이다. 대신 외고와 국제고, 자사고, 일반계고가 학생 선발권을 통한 경쟁이 아닌 교육과정과 교육 내용으로 학생과 학부모의 선택을 받기 위해서 노력하는 구조를 만들어야 한다.

여기에는 몇가지 추가로 고민할 요소가 있다. 스웨덴식 자유학교나 미국의 차터스쿨에 적용되는 전면화된 바우처 시스템을 고교선택제와 결합시킬 것인가의 논의가 남아있다. 이 시스템은 학생들이 많이 몰린 학교와 그렇지 않은 학교 간에 예산을 차등 지원한다. 한국직업능력개발원 오호영 박사(2011)는 『대한민국 교육혁명 학교선택권』이라는 그의 저서를 통해 학교선택권과 재정지원의 연계를 제안했다. 그의 논리가 확장된다면 많은 학부모들이 공교육이 아닌 대안학교를 선택했을 때, 그에 따른 예산 지원을 해야 한다. 그렇다고 해서 그가 입시를 통해 중학생들이 학교를 선택하는 방식을 찬성하는 것도 아니다. 오호영 박사의 주장에 대해서 무조건 신자유주의라고 몰아붙이기도 어렵다. 그는 평준화 체세가 가져오는 도딕적 해이에 대해서 문제를 삼고 있지만 선발효과를 노린 입시 경쟁을 지지하는 것은 아니기 때문이다.

왜곡된 수월성 개념을 근거로 입학 성적에 따라 학교를 서열화해서는 안 된다. 비평준화 체제라든지 특목고·자사고 체제에 대해 나는 반대한다. 하지만 안주하고 있는 평준화 체제에 대해서도 반대한다. 평준화 체제는 진화해야 한다. 입시 과열을 막는 수준을 넘어 질 높은 평준화 체제를 모색해야 한다. 이를 위해서 고교 선택제는 필요하다. 고교 선택제가 무조건 입시 체제의 성과에 따라 그 결과를 왜곡시킬 것이라는 성급한 결론을 내리지는 말자. 좋은 혁신학교를 찾아 이사까지 감행하는 학부모들이 입시 성과를 바라보고 움직이는 것은 아니지 않는가? 단위학교의 차별화된 교육철학과 비전, 특성화된 교육과정과 프로그램으로 학생과 학부모가 선택할 수 있는 학교를 많이 만들어야 하고, 그것을 가능하게 하는 조건을 논의해야 한다. 고교 평준화 시즌 2.0을 준비해야 한다.

이것이 진정한
독서교육이다

독서교육 정책 개관

우리나라 독서교육 정책에서 가장 떠들썩하던 일은 1968년부터 1974년까지 개최된 '자유교양대회'이다. 이 대회는 나라 전체에서 한때 백만 명이 넘게 참여하고 우승자가 자기 지역에 돌아와 카퍼레이드를 벌일 정도로 열기가 뜨거웠다. 하지만 몇 년 만에 여러 문제기 나타나서 오래가지 못했다. 당시 문교부는 이 행사를 폐지하였고, 그 뒤에는 이 흐름이 이어지지 않았다. 지금 젊은 세대는 거의 이 행사가 있었는지조차 모른다. 그 실패 이유를 살피면, 대회 형식으로 진행되는 독서교육이 경쟁적이고 획일적인 한국 문화에서는 성공하기 어렵다는 사실을 알게 된다. 자유교양대회는 다음과 같이 다섯 가지 문제가 있었다.

첫째, 책 내용을 단순히 외워서 보는 방식이라 질적으로 풍부한 독서가 이루어지지 않았다. 더구나 전국 대회라서 전체 학생들이 같은 문제를 풀기에 교육의 획일성 문제가 생겼다. 정해진 내용을 외워서 암기력으로 창의성 없이 서로 겨루는 교육이 되어버려서 비판하는 목소리가 점점 높아졌다.

둘째, 전국 대회 입상 경쟁이 과열되어 극심한 시험 부담이 생겼다. 경쟁에서 일단 이기고 보자는 분위기가 강한 한국 사회에서 경시대회 형태로 독서 활동을 진행하자, 독서는 사색하는 과정이 아니게 되었다. 학생들은 시험문제 출제 유형에 맞추어 또 다른 시험 준비를 하게 되었다.

셋째, 우수 학생들만 따로 뽑아 경쟁에서 이기기 위해 스파르타식 훈련을 시키는 비교육적인 분위기가 만연했다. 다수 학생들은 들러리가 되었고, 소수 학생들이 단순 암기 훈련을 반복해서 받았다. 그 과정에서 독서의 본질은 사라졌다.

넷째, 입상 경쟁으로 교사들의 스트레스도 엄청났다. 경쟁에 이겨서 상을 타오지 못하면, 어떤 교사가 학생들과 함께 책을 많이 읽고 풍부히 사색하는 교육을 해도 한국 문화에서는 그 교사는 인정을 받기 어려웠다. 상 타기 경쟁에 뛰어난 교사들조차 시간이 지나며 피로감이 높아졌다.

다섯째, 학교가 학생들의 의사를 묻지도 않고 필독 도서를 선정하고 책을 단체 구매해서 그 필독 도서들이 학생들의 호응을 얻지 못하는 문제도 나타났다. 교사가 책을 여러 권 선정하고 그 가운데 학생이 자기 마음에 드는 책을 골라 읽어야 독서교육이 제대로 된다. 획일적인 추천도서 목록은 결국 학생들의 마음이 책에서 멀어지게 만들었다.

우리나라에서 학교교육에 현재까지도 직접 영향을 주고 있는 독서교육 정책은 1999년에 도입된 것이다. 그 전까지는 국가적인 관심이 없고 그냥 독서가 중요하다는 선언만 있었다면, 1999년 김대중 정부 시절 이해찬 교육부장관이 도입한 정책은 독서를 국가적인 사업으로 끌어 올렸다.

그 결과로 〈학교도서관 활성화 종합 방안〉이 나왔고, 이 사업에는 2003년부터 2007년까지 이어지며 3,000억 원 이상의 예산이 투입되었다. 이 사업을 통해 6,241개 학교에 도서관이 새로 지어지거나 재단장되어 우리나라 학교도서관이 제 구실을 하게 되는 성과를 거두었다. 2002년에는 학교도서관 설치율이 80.4%였는데, 2008년에는 95.1%까지 되었다. 학생 1인당 장서 수는 2002년에 5.5권이었는데, 이 사업이 끝나는 시점인 2008년에는 12권으로 늘어났다.

이것은 지금까지 국가가 해온 독서교육 사업에서 가장 큰 성공으로 꼽힌다. 학교에 도서관을 만들자는 제안은 누구도 그 취지를 부정할 수 없는 행복한 사업이었다. 학교운영비의 3~5%를 도서구입비로 정하게 하고, 도서관에 사서교사를 배치한 것은 모두가 칭찬한 일이다. 그 결과 수많은 학교에서 학생들이 도서관을 이용하게 되었다.

<표 1> 학교도서관의 주요 자원 변화 추세

구분	사업 초기 (2003년)	사업 말기 (2006년)	사업 후 (2011년)
학교도서관 설치율(%) (도서관 설치 학교 수/ 전체 학교 수)	82.2 (8,657/10,503)	90.9 (10,015/11,016)	95.7 (11,461/11,973)
연평균 자료구입비(원)	6,009,000	7,084,000	9,980,000
평균 소장 도서수(권)	8,493	6,776	11,204
평균 열람 좌석수(석)	71.3	60	54.2

※ 출처: 교육인적자원부, 한국교육학술정보원. 2006. 학교도서관 활성화 사업 평가 조사 연구.
　　한국도서관협회. 2011. 한국도서관 연감.

　　각 시도교육청에서는 독서교육 연구모임이 조직되고 교사 연수에 독서교육 과목이 포함되고 여러 수업 실천 사례가 장학 자료로 발간되었다. 2000년대 초중반은 수면 아래에 있던 온갖 독서교육 사례가 소개되고 유통되면서 논의가 활발하게 이루어진 독서교육의 르네상스라 할 만하다. '책으로 따뜻한 세상 만드는 교사들', '전국학교도서관담당교사모임', '전국국어교사모임' 등 자율적으로 구성된 교사 모임이 이런 상황에서 각 과정에 참여해 중요한 역할을 해냈다.

　　언론도 이에 호응해서 문화방송에서는 황금 시간대 방송되는 〈느낌표〉라는 프로그램에 책을 읽자는 특별 코너를 담아 큰 호응을 불러일으키며 '기적의 도서관'이라는 민관 협력 사례를 만들어 냈다. 한국방송에서는 〈TV, 책을 말하다〉라고 책을 이야기하는 프로그램으로 분위기를 띄웠다. 각 신문에서 책 소개 지면을 경쟁적으로 늘리고 교육 환경이 열악한 학교에 책을 보내주는 운동이 있었다. 라디오 방송에서도 한때 여덟 개에 이르는 책 소개 프로그램이 운영되기도 했다.

수십 년 동안 정체 상태에 머물러 있던 학교도서관과 학교 독서교육이 꿈틀대기 시작했다. 전국적으로 108명밖에 없던 사서교사도 해마다 몇십 명씩 임용되어서 그 수가 몇 배로 늘어났다. 오랫동안 우리 교육이 잊고 있던 초중등학교 학교도서관의 존재 의미가 사회 구성원에게 새롭게 인식되었다. 급기야 노무현 정부 때에는 대입 전형 자료인 학생생활기록부에 학생의 독서 이력을 적는 제도가 나오기까지 했다.

그러다 2007년 이후로 독서교육은 국가 차원에서 위축되는 모습을 보인다. 각 교육청에서 독서교육에 보이는 관심이 예전 같지 않았다. 몇 년 동안 이루어온 체계가 있기에 여전히 사업들은 유지가 되지만 열기가 한창 시절 같지는 않았다. 여기에는 두 가지 이유가 있었다.

첫째는 2007년 대통령선거 이후 새롭게 들어선 정권인수위원회가 영어 교육을 크게 강조한 탓에 각 시도교육청이 영어 쪽에 집중해서 역량을 쏟아부었기 때문이다. 심지어 해마다 몇십 명씩 계속 뽑아오던 사서교사를 2008년 겨울에는 거의 뽑지 않는 일까지 벌어졌다. 그 대신 영어 쪽으로 집중되는 예산을 보며 독서교육에 마음을 둔 사람들은 열패감을 느끼지 않을 수 없었다. 영어 교육 광풍은 우리 사회의 지성들에게 많은 비판을 받았지만 권력의 핵심에서 분 바람의 위력은 대단해서 시도교육청의 관심이 그쪽으로 집중되게 했다.

둘째는 학교도서관 현대화 사업(2003~2007) 이후에 사회적 관심을 불러일으킬 만한 새로운 의제가 나오지 못했다는 데 이유가 있다. 먼지가 덮인 자물쇠로 잠긴 학교도서관을 살리자는 보편적인 구호가 사람들에게 호소력을 발휘했는데, 그 이후에 새로운 과제를 제시하지 못했기에 사회적 관심을 모으는 데 한계가 있었다. 경기도만 해도 시군교육청별로 사서를 1명씩 배치하자는 목표를 세우고 몇 년 동안 노력해서 그 목표만큼 인력 배치가 다 되었다. 그러나 그 뒤에는 사서 임용이 멈추어 버렸다. 아직도 수많은 학교에는 도서관 전담 인력이 여전히 없는 상황이다. 문화적 가치에 대한 존중과 투자가 익숙하지 않은 우리 사회에서 문화 교육 사업에 예산을 끌어오려면 세상 사람들을 감동시켜야 하는 무엇이 필요한데, 그런 기획을 이루어내지 못한 것이다.

정부 차원의 관심은 줄었지만 7~8년 동안 뜨겁게 노력한 흐름이 있어, 독서교육은 일상 속에서 어느 정도 문화로 자리 잡았다. 사서교사가 학교도서관에 있어야 한다는 의식이 학교 구성원에게 당연하게 자리 잡았고, 각 시도교육청에서는 도서관 담당자에게 1년에 적어도 한 번은 독서교육 연수를 실시한다. 전체적으로 현재 모습은 과거의 성과를 유지하는 수준이다.

일부 지역에서는 중앙정부의 분위기와 상관없이 독서교육이 의미 있는 일이라고 보고 사업을 지속했다. 그 가운데 몇 가지는

<표 2> 2002~2011년 학교도서관 전담 인력 현황

연 도	전담인력(명)			누계
	사서교사	사서직원		
		정규직	비정규직	
2002	164	20	880	1,064
2003	232	39	1,135	1,406
2004	284	46	1,685	2,015
2005	313	57	1,881	2,251
2006	424	60	2,716	3,200
2007	537	62	2,552	3,151
2008	625	55	2,858	3,538
2009	699	34	4,281	5,014
2010	724	35	4,391	5,150
2011	753	42	4,641	5,436

※ 출처: 문화체육관광부. 2012. 도서관발전종합계획 2011년도 시행계획 추진실적(중앙행정기관).

<표 3> 학교도서관 배치 인력자원(5,436명)의 직군별 비율

직군 항목	사서교사	사서직원		계
		정규직	비정규직	
직군별 배치율	13.9% (753명)	0.77% (42명)	85.4% (4,641명)	100%
2011년 전체 학교수(11,832)대비 배치율	6.4%	0.35%	45.9%	52.65%

※ 출처: 교육부. 교육일반 통계자료
⟨http://www.mest.go.kr/web/1087/site/contents/ko/ko_0118.jsp?selectId=1085⟩

<표 4> 최근 4년간(2009-2012) 비교과교사 신규 선발 인원 비교

	보건	영양	전문상담	사서
2009년도	166	33	12	24
2010년도	182	73	99	9
2011년도	117	47	12	0
2012년도	98	35	14	1
계	563	188	137	34

세간의 주목을 받았다. 대구교육청은 아침에 10분 동안 책을 읽자는 운동을 벌였는데, 그 운동의 소박함이 성공의 비결이 되어 아침독서운동의 메카라는 소리를 들었다. 부산에서는 교사와 학생이 함께하는 독서동아리 사업이 대중적으로 호응을 얻으며 의미 있다는 평가를 받았다. 부산에는 2012년을 기준으로 독서동아리 200여 개가 넘게 활동한다. 경기도교육청에서는 교사들이 15명씩 모임을 꾸려서 2주에 한 번씩 넉 달 동안 책을 읽고 토론하는 소모임 형태의 독서토론 연수를 15개 지역에서 실시했는데 이에 대한 만족도 평가에서 93% 이상을 얻었다. 전라남도교육청에서는 2012년에 독서토론 선도 교사를 300여 명 양성해서 학교 현장에 독서토론 교육이 자리 잡도록 강하게 추진하고 있다.

현재 우리 독서교육이 처한 한계는 여전히 교사 상당수가 책을 활용한 교육활동을 어려워한다는 점이다. 교과수업에서 책을 이용해 수업을 하는 경우가 점점 퍼지고 있지만, 아직은 많지 않다. 여러 수업 활용 자료들이 만들어졌고 연수를 실시했지만 그 파급력은 크지 않았다. 자유롭게 학교 도서관을 이용해서 책을 빌려 읽는 문화는 안정적으로 성장하고 있다. 그러나 학교의 중심을 이루는 교과수업에서 책을 활용하는 경우는 아직 널리 확산되지 않았다.

정부 정책에 담긴 내용과 검토

　교육과학기술부는 오랜만에 독서교육에 대해 종합적인 내용을 담은 〈학교독서교육 및 도서관 활성화 방안〉을 2009년 9월 30일에 발표하였고, 추경예산으로 54억 원을 투입하며 사업 추진에 나섰다. 이 정책 문서는 우리 사회의 구조적인 교육 문제를 개선하는 논의는 담고 있지 않지만, 당시 조건에서 할 수 있는 일들을 궁리하였다는 점에서 의미가 있다. 교육과학기술부가 발표한 〈학교독서교육 및 도서관 활성화 방안〉에는 그 추진 목적이 '독서 친화적 환경 조성', '학교교육과정과 연계한 학교도서관의 기능 강화', '지역사회 문화센터로서의 개방화를 통한 평생교육 중심센터로서의 기능'이라고 나와 있다. 이 말은 학생들이 책에 흥미를 느껴서 책 읽는 습관이 들게 하고 정규 교과시간에 책을 활용해서 수업을 하는 쪽으로 유도하겠다는 것과 학교도서관이 지역사회의 문화시설이 되게 하겠다는 뜻이다.

　이 문서는 이어서 '그동안 독서교육이 강조되어왔으나, 학생 발달 단계에 맞는 체계적인 방향 제시가 미흡했고, 수능 중심의 입시제도 등 여러 가지 학교독서교육 방해 요인으로 해서 독서를 단순 권장하는 차원에 머물고 있다'고 현실을 진단했다. 학교도서관의 시설은 좋아지고 있으나, 학교도서관이 단순히 책 읽는 공간에 머무르고 있어서 '학교교육과정 중심시설로서의 실질적인 역할'이 미흡하다고 했다. 그러면서 네 가지 추진 방향을 잡았다.

첫 번째는 학교급별, 학생발달 단계에 맞는 학교 독서교육 추진이고, 두 번째는 학교 독서교육 역량 강화를 위한 대상별 연수 체제 개선이고, 세 번째는 교사·학생·학부모의 다양한 독서활동 지원이고, 네 번째는 자기주도적 학습·지역사회 문화 센터로서 학교도서관의 기능 강화이다.

주요 사업 내용을 표로 정리하면 다음과 같다.

정책 영역	주요 실천 내용
학생발달에 맞는 독서교육	• 【초등】 책 읽는 환경 조성을 통한 독서 습관 배양 • 【중등】 교육과정과 연계한 독서. 교과교실에 책 지원 • 사서교사와 교과교사의 협력수업 실시
교사의 독서교육 역량 강화	• 소모임 독서토론연수 방식 도입 • 각 자격연수에 독서 내용 반영
독서교육 주체 형성	• 사제동행 독서토론 동아리 활동 1,000곳 지원 • 학부모 독시토론 동아리 300곳 지원
학교도서관 기능 확대	• 학교도서관을 지역사회에 개방 100곳

학생발달에 맞는 독서교육 추진

초등학교 독서교육에서는 학생들이 책 읽기에 흥미를 붙이게 하는 데 초점을 둔다고 했다. 요즘 일부 교육 현장에서는 초등학생들을 데리고 논술 교육을 하고 규격화된 도서목록에 맞추는 독서인증제를 하기도 하는데, 그런 데 관심을 두지 않았다. 어린이 시절에는 여러 가지 책을 편안히 읽으면서 책 읽기가 몸에 배면 그것으로 충분하다는 관점이다.

중고등학교에서는 각 교과의 정규 수업시간에 책을 활용해서 학습을 하게 하겠다는 목표를 세웠다. 국어, 사회, 과학과 그 밖에 수업시간에 책을 활용해서 수업을 하겠다는 뜻이었다. 중등 학생들은 주제 중심의 진지한 책 읽기를 감당할 수 있는 나이가 되고, 중등학교는 교과 중심 체제이기에 교과 수업에서 책 읽기가 이루어져야 독서교육이 자리잡게 된다고 판단했기 때문이다. 학교 현장에서 정규 교과시간에 책을 활용해서 성공적으로 수업을 한 교사들의 사례가 있기에 추진한 일이었다. 음악, 미술, 독서와 문학 과목의 평가에 예술 비평문, 서평 같은 글쓰기 수행평가를 권장하면서, 그 과정에서 예술 과목 수업에서 소외된 비평 교육을 권유하겠다는 내용도 있었다.

이 정책을 위해 교과교실 선정 학교 100곳에 교과도서 구입 비용으로 5억 원을 들여서 5백만 원씩 지원했다. 과학실에 과학 도서가 갖추어지고, 미술실에 미술 도서가 들어가고, 영어실에 외국 문화에 대한 책이 있게 해서 교사들이 교과교실에서 수업을 하다가 책을 이용하기 편하게 하기 위한 정책이었다. 이와 연관해서, 교과시간에 도서관에 있는 책을 활용해서 수업을 하도록 교과교사가 사서교사의 협력 수업을 추진하겠다고 했다. 그 밖에 읽기 부진 학생을 위한 교육 프로그램을 개발했다.

학교 독서교육 역량 강화를 위한 연수 체제 개선

교육과학기술부는 교사가 독서교육 역량을 높일 수 있게 연수 체제를 개선하겠다고 했다. 그동안 독서교육 연수는 강사가 청

중 수십 명을 모아놓고 일방적으로 강의를 하는 방식이 일반적이었다. 이런 일방 강의식 연수는 관련된 지식과 사례를 들어서 그 분야에 대해 관점을 세우기에는 좋으나, 사람의 열정을 불러일으키는 데는 한계를 내보였다. 여기에 대안으로 제시된 것이 15명 안팎으로 꾸려진 소수의 모임에서 대학원처럼 일정한 기간 함께 책을 읽고 공부하는 연수이다.

소모임토론연수는 15명 남짓으로 공부 모임을 이루어서 일정한 기간 주기적으로 책을 읽고 모여 토론하는 연수이다. 여러 지역에서 동시에 모임을 구성해서 진행하기에 학교 근처나 집 가까이에서 연수에 참여할 수 있는 장점이 있다. 각 공부 모임에는 강사가 한 명씩 따로 배치되어서 전체 과정을 책임지고 몇 달 동안 운영하도록 했다. 연수 참가자는 서너 달 동안 2주에 한 권씩 책을 읽고 직접 독서토론을 하면서 독서교육이 어떤 것인지에 대해 체험으로 알게 된다.

경기도교육청에서는 2008년에 수원, 안양, 안산, 성남, 구리, 양평, 포천, 의정부, 고양, 부천, 이렇게 10개 지역에서 진행했고, 연수평가에서 90%가 넘는 교사들이 다시 이 연수에 참여하고 싶다고 응답을 했다. 2009년에는 5개 지역을 더 늘려서 광명, 용인, 화성, 평택, 파주 지역까지 확장해서 진행했다. 같은 방식으로 서울시교육청과 대구시교육청, 부산시교육청이 진행해서 큰 호응을 얻었다. 교육부는 이 연수의 성과를 전국적으로 넓히려고 각 시도교육청에 소모임 토론 방식의 연수를 제안했다.

그리고 교장·교감·행정실장·학부모에게 독서교육 연수를 실시하고, 각 교과의 1급 정교사와 교장 자격연수에 독서 과목을 넣기로 했다. 학교에서 교장이 교육에 미치는 영향은 참 크다. 그러기에 이들이 독서교육에 대한 교양을 갖추고 있어야 한다는 현장의 의견이 많았다. 행정실장 역시 예산을 다루는 직책인데, 도서관 예산을 어떻게 쓰는지에 대해 교양이 있어야 한다고 보았다. 자격연수와 직무연수에 학교도서관과 교과 독서교육 강의가 포함된 것은 독서교육에 대한 교사 일반의 교양을 높이려는 취지에서 나온 정책이었다.

교사·학생·학부모의 독서활동 지원

학생·학부모의 독서동아리 활동을 지원하겠다고 했다. 교사와 학생이 함께하는 독서동아리 1000곳을 선정하고, 학부모 독서동아리 300곳을 선정해서 13억을 들여서 책 구입비와 운영비를 100만 원씩 지원하기로 했다. 이 정책은 독서교육의 주체를 키우자는 뜻을 담고 있다. 곳곳에서 책을 읽고 이야기 나누는 모임이 만들어지면 그 안에서 독서교육을 추진할 이들이 생겨나리라 여기는 것이다.

이 정책의 미덕 가운데 한 가지는 큰 행사를 벌이지 않는다는 점이다. 독서정책이 행사 위주로 가면 다른 손님들이 찾아와 구경하고 가기에는 좋지만, 실제 그 행사를 한 학교의 교사와 학생들은 몹시 피곤해하는 경우가 많다. 대표적인 사례가 독서골든벨 같은 행사이다. 소수의 학생들이 독서 퀴즈 맞추기 선수들로 특별 훈련을 받고 나머지 학생들은 관객으로 들러리를 선다. 책 속에 있는 단편적인 정보를 알아맞히는 형태로 문제가 나오기에, 책을 깊게 읽는 체험을 얻지도 못한다. 행사가 끝나면 교사들은 지쳐서 다른 독서 관련 일을 하고 싶지 않은 심리 상태가 된다.

학교도서관 기능 확대

학교도서관을 지역사회에 개방해서 지역의 문화시설로 만들겠다고 했다. 학교가 지역사회의 문화시설이 되어야 한다는 말은 예전부터 나왔지만 그동안 괜찮은 사업이 없었던 터에 학교도서관으로 지역사회와 관계 맺는 일을 해보려는 시도였다. 30억 예산을 들여 100개 학교의 도서관이 지역사회에 문을 열도록 했다.

그리고 학교도서관과 지역 공공 도서관의 대출증을 통합해서 이용자가 지역의 도서 자원을 편하게 이용할 수 있게 하겠다고 했다. 공공도서관에서 청소년 인문학 강의를 하라고 권유하고 일부 예산을 배정해놓았다.

그 밖에 주목할 내용

주목할 점은 교육과학기술부가 행사와 대회를 자제하고 있었다는 점이다. 교육과학기술부는 교과 독서교육 매뉴얼을 제작해서 배포했다. 교육부 독서교육 매뉴얼(2010)에는 '잘될 것 같지만 잘 안 되는 사례'로 독서기록장, 독서골든벨, 같은 책 돌려 읽는 윤독도서 이렇게 세 가지를 들었다.

그 대신에 교육과학기술부는 국어, 사회, 과학, 역사, 수학, 미술, 초등 독서교육 매뉴얼을 만들었다. 전자책으로 만들어 인터넷에서 볼 수 있게 하고, PDF파일을 공개해서 원하는 개인과 기관이 누구나 책자로 제작할 수 있도록 저작권을 풀어두었다. 2012년 판은 동아리와 도서관 활용 수업 부분을 개별 교과 매뉴얼 안에 통합시켰다. 동아리와 도서관 활용 수업 책자를 따로 만들었더니, 학교의 독서교육 담당 교사만 보고 다른 교사들에게 잘 퍼지지 않았기 때문이다.

교육과학기술부 매뉴얼에 나온 독서교육 방법은 무리하게 성과를 내지 않고, 소박하게 교사가 지치지 않고 하는 방법이어서 좋았다. 교과의 정규 수업시간에 주 1시간씩 교과 관련 책 읽기, 정규 수업시간마다 10분씩 책 읽기, 학기 중 한 달 동안 책 한 권씩 읽기 등 교사 한 사람이 한 학기에 한 권 정도 단행본 책을 정규 수업시간에 교과 관련해서 읽고 독서활동을 하자는 방법을 제시했다. 그 밖에 도서관 활용 발췌독 2차시 수입, 20~30쪽 분량의 책을 읽기 자료로 나누어주고 수업시간에 1시간 읽고 1시간 강의한 뒤에 정기고사 지필시험에 내는 방법 등이 독서교육 매뉴얼에 담겨 있다.

2011년에는 독서교육 지원시스템이 전면 시행되려다가 중단되었다. 학생이 어떤 책을 읽었는지에 대한 정보를 전산시스템에 모으는 독서지원시스템을 실행할 방침이었으나, 2011년 6월 교육과학기술부 장관 지시에 따라 추진하지 않기로 한 것이다. 시스템 폐지까지 논의되었으나, 일단 '원하는 학생만 하기'로 정해서 실질적으로 이 체제가 작동하지 않도록 했다. 학생 개인이 어떤 책을 도서관에서 빌리고 읽었는지는 중요한 사적 정보에 해당하기에 그것을 기록에 남기는 일이 문제가 있다는 인권 측면의 문제 제기가 있었기 때문이다. 그리고 인터넷에 독서 감상을 기록하게 하는 일이 중고등학교에서 내밀한 감상을 방해한다는 현장 보고가 줄을 이었기 때문이다.

현재 교육부는 어떠한 독서인증제도 추진하지 않는다. 독서인증제란 책 목록을 정해놓고 책에 대한 단편적인 기억력 확인 문제 연습을 시켜서 독서 능력을 인증하는 제도를 말한다. 학생들이 책을 읽으면서 책 속에 나온 단편적인 정보를 외우는 데서 활동을 마치는 것은 거의 교육적 의미가 없다. 독서교육학에서는 단순 기억력 확인을 가장 낮은 수준의 활동으로 보고 권장하지 않는다. 독서인증제는 필독 도서를 필요로 하기에, 학생들에게 읽힐 책을 개별 교사가 각각 자유롭게 선정할 수 없게 만들어서 문제이다. 시중에 일부 단체가 독서인증제가 교육부 인증인 듯 광고하지만 교육부는 독서 관련 인증에 일관되게 반대하고 있다.

교육 현장의 반응

2011년 봄부터 교육과학기술부 장관이 직접 독서교육 정책을 챙기며 논의를 진행했는데, 독서교육 전문가 회의 결과 '행사와 대회를 하지 않는다.'는 방침이 정해졌다. 현재까지 이 점에 대해 학교 현장은 안도의 한숨을 내쉬는 분위기이다. 학교의 정규 일과에 독서가 스며들게 하겠다는 정책 방향에 대해 대체로 독서 사회단체들도 환영을 한다.

교육과학기술부 계획에 대해 가장 먼저 현장에서 반응이 나온 것은 사제동행 독서동아리 부분이었다. 교사와 학생이 독서동아리를 만들면 1,000곳을 선정해서 도서 구입비와 운영비로 100만 원을 지원하겠다고 하자, 현장 반응이 상당히 좋았다. 학교 현장에 파급력 있게 나타나는 정책은 예산이 따라오는 일이다.

얼핏 보면 1,000곳이나 신청이 나올까 싶지만, 인구에 따라 지역별로 나누고 보면 그 수가 또 그리 많지가 않다. 내가 있는 경기도 구리·남양주 지역에 고등학교가 20곳이 있는데 동아리 예산 지원은 4곳만 받을 수 있다. 중학교는 34곳이 있는데 그 가운데서 6개 동아리만 지원을 받게 되어 있다. 우리 학교에서만 동아리 신청서 4부가 제출되었고, 같은 지역에 있는 여러 다른 학교들에게도 마찬가지였을 것이다. 어디에나 책을 읽고 학생들과 이야기하고 싶은 교사들은 있고, 그 교사를 따르는 학생들도 있기 마련이다. 전국적으로는 독서 모임 1,000개가 생기는 것이지만, 각 지역의 사정을 살피면 더 규모를 키워서 사업을 벌일 수 있어 보인다.

이 사업은 부산시교육청에서 몇 년 동안 실시해서 부산 지역 교사들에게 좋은 평가를 받은 정책인데, 이것을 전국화한 것이 의미 있는 일이 되었다. 이 수많은 독서 모임에서 나온 활동물을 잘 정리해서 누구나 편하게 쓸 수 있게만 해놓으면 우리 교육계의 좋은 문화 자산이 되리라 믿는다.

그러나 예산이 따르지 않고 권유하는 사항은 자칫 그저 듣기 좋은 선언에 그치기가 쉽다. 교사-학생 독서 동아리는 예산을 교육부에서 직접 지원했기에 학교에서 해보겠다는 신청자가 많았다. 그러나 '소모임독서토론연수'도 그럴까 생각해보면 자신 있게 대답하기가 어렵다. 예산을 지원하지 않은 상태에서 각 시도교육청에 좋은 연수 방식이니 해보기 바란다고 권유하는 수준이라면, 사업이 진행되지 않는 곳이 훨씬 더 많을 것이다. 더 나은 방식으로 하는 행정은 더 많은 품과 정성을 요구하는 법인데, 대부분 교육청 담당자들은 과중한 업무에 치여 살기 때문에 단순히 '권유와 제안'만으로 그들이 움직이기는 어렵다.

독서지원시스템 전면시행 중지에 대해서는 독서교육을 실천하는 교사들이 대부분 환영했다. 교육과학기술부는 학생 활동 결과물을 학교 자율의 포트폴리오로 제작해서 활용하고, 인터넷에 만들어지는 독서지원시스템에 올릴 수 있게 하겠다는 정책을 멈추었는데, 이 점에 대해 학교에서는 환영하는 분위기였다.

인터넷 시스템에 학생 독서 자료를 올리는 일은 신중해야 한다. 가정 문제가 있는 학생의 비율이 높은 상황에서, 예민한 나이의 학생이 자신의 내밀한 이야기를 담은 글이 인터넷에 올라가는 일에 부정적인 반응을 보일 가능성이 높다. 교육에서는 비공개로 감추어두어야 할 일이 많은 법이다. 일단 시스템이 갖추어지면 학생들의 독서 활동물이 얼마나 여기에 많이 올라갔는가를 살피는 내용이 나중에 시도교육청 평가 항목에 들어갈 수 있어서 우려하는 분위기도 있었다. 어느 학교에서 실적에 욕심을 내어 학생들에게 일률적으로 독서활동을 하게 하고 그 내용과 상관없이 시스템에 올리는 일이 생기면, 그렇게 반칙을 하는 학교가 높은 평가를 얻게 되는 일이 생긴다. 그 결과 학교 현장에서 제대로 교육하는 교사들이 '세상이 또 이렇구나' 하고 열패감을 느끼게 되어 버린다.

독서의 양을 평가지표로 삼아서는 현장을 제대로 자극할 수 없다. 양적인 평가지표가 쓸모 있을 때는 그 지역교육청에 속한 학교 전체의 '학교 예산 대비 도서구입비'를 살피는 경우이거나 아니면 '도서관 담당 교사의 수업시수'를 따지는 경우이거나 '도서관 담당 교사의 담임 여부'를 알아보는 경우에 한정된다.

독서인증제를 안 하는 방향에 대해서도 긍정적이다. 정해진 필독 도서에 대해 내용 확인을 하는 문제로 이루어지는 독서인증제를 교육부가 하지 않는 것에 대해 독서 사회단체들은 긍정적이다. '어린이도서연구회', '책으로 따뜻한 세상 만드는교사들', '전국 국어교사모임', '책읽는 사회 국민운동본부'와 같은 독서 시민사회 단체에서는 교과부의 독서인증제 시행 정지 방침을 환영했다. 독서인증제를 하면, 책 목록이 고정되어서 교사들이 독서교육을 하면서 굉장히 답답해지고 학생들도 깊고 풍부한 책 읽기를 방해받기에 그렇다.

진단과 평가

이명박 정부에서 한 독서교육 정책의 특징은 현장 교사들 가운데 독서교육 활동을 활발히 한 이들과 교과 연구 모임 경력이 있는 이들로 정책자문단을 꾸려서 논의를 여러 차례 했다는 점이다. 정책 수립을 할 때 관련 인사들이 참여해서 그들의 필요와 요구를 듣는 과정은 당연한 절차이지만 우리 교육계에서는 그간 형식적으로 이루어진 경우가 많았다. 기존에도 정책 담당자가 현장 의견을 듣기는 했지만, 교사가 이야기하면 수첩에 받아 적고 돌아간 다음에 알아서 정책에 반영하는 식이었다. 그러나 현장 교사들이 직접 회의에 참여해서 의견을 나누며 정책을 만들어갔다는 점에서 평가할 만하다.

그 기간이 두 달이라 넉넉하지 않았고 교육과학기술부 수준의 정책을 다루어보지 않은 교사들이라 처음에는 지나치게 세부적인 논의들이 이루어져서 어려움을 겪기도 했다. 그렇지만 이렇게 정책을 만들어낸 까닭에 구체적이고 여러 현장의 바람이 정책에 오밀조밀 담겨 있게 되었다. 그리고 독서 관련 교사단체와 시민단체에도 미리 정책을 보여주고 의견을 듣고 반영하려고 했기에,

현장에서 의욕 있게 독서교육을 실천하는 사람에게 역작용을 하는 잘못된 정책이 상당 부분 걸러졌다. 보통 중앙정부 부처에서 정책이 발표되고 나면 학교의 현실과 동떨어졌다는 비판이 제기되곤 하는데, 그런 반응이 거의 없었다.

그러기에 정책 수립 과정에 교사들이 직접 참여한 일은 앞으로도 계승되어야 한다. 정책자문단은 자문단 구성을 어떤 인사들로 하느냐에 따라 그 성과가 달라지는데, 자문단에 학교 현장에서 독서교육에 관심을 두고 실천해온 교사들이 두루 포함되었다. 충분한 기간을 두고 더 논의하면 좋았겠지만, 우리 교육 상황에서는 이만큼 한 것도 분명히 한 걸음 나아간 모습이다.

정규 수업시간에 책을 읽자는 도전

초등학교에서는 책 읽는 환경을 만들어 독서 습관을 생기게 한다는 목표를 세워두었다. 그 세부 사업으로 '읽고 싶은 책 읽는 시간'을 운영하고, 아침독서운동을 권장하고, 학부모가 책 읽어주기 활동을 하고, 방과 후 학교에 동화 구연 프로그램을 만드는 것을 권장하고, 재량활동 시간에 '학교도서관과 친해지기 프로그램'을 운영한다는 것이다. 이 모든 내용에 대해서는 다른 의견이 있는 사람이 없다.

초등학교에서는 독서인증제나 품이 많이 드는 행사를 만들어 사람을 지치게만 하지 않으면 반대할 내용이 특별히 없다. 일부 학교에서 여전히 경직된 방식으로 독서교육을 하는 문제가 있는 상황이기에, 교육부에서 '읽고 싶은 책'을 읽게 하겠다고 한 것은 잘 쓴 표현이다. 전반적으로 편안한 기획이라 하겠다. 초등학교에는 독서를 방해하는 제도적 요소가 거의 없다. 교사가 마음만 먹으면 그 학급은 책 읽기가 무척 활발해지고, 교사가 무심하면 황량해진다. 초등학교에서 독서의 방해물은 오직 교사 자신이 있을 뿐이라는 말이 있을 정도이다. 그러기에 독서교육에 열의가 있는 교사들이 어떻게 생기는가에 대한 연구가 필요하다.

중등학교에서는 정규 교과 수업시간에 독서교육을 하겠다고 했는데, 지금 교육과정과 입시가 독서 수업을 하기에 편하지 않고, 교사 개인도 그런 수업을 받아보지 않은 경우가 많다. 흔히 도서관과 책을 활용하는 수업 방법이라고 하면, 단원마다 책의 어느 부분을 읽고 수업하라는 주문이 쉽게 나오는데, 이 방법은 현재 교육 여건에서 무리가 많다. 서울시교육청에서 이 방법대로 2005년에 교과 단원별 권장 도서를 발표하고 대대적으로 교사 연수를 했지만 성과는 거의 없었다. 한국에서는 국가평가인 수능이 대학 입시에 압도적인 영향을 발휘하고 그 수능에는 교과서 처음부터 끝까지 내용이 출제되기에, 모든 교과 내용을 가르쳐야 하는 교사가 수업에서 여유를 내기가 힘들다. 게다가 한 학년의 같은 과목을 두세 명의 교사가 가르치면 교사마다 따로 평가할 수 없고 똑같은 방식으로 평가를 해야 하기에 교사의 자율성이 심하게 제한되기에 그렇다.

평가와 연관되면 독서가 왜곡되는 경우가 있어서 교과 독서교육에 반대하는 독서 활동가들이 있다. 주로 학교도서관을 중심으로 독서교육을 실천해온 이들과 초등학생과 함께 자유로운 책읽기를 해온 쪽에서 교과 독서교육에 대해 우려를 한다.

하지만 현재 중고등학교에서 교과 수업시간에 독서교육을 해서 성공한 사례들이 꽤 많이 있다. 사회교사 허진만(수원 삼일상고)과 김진형(의정부 광동고)은 수업과 관련된 사회과학 책을 열 권쯤 알려주고, 학생이 그 가운데 한 권을 골라서 읽고 책과 세상과 삶을 연관 지어 글을 쓰게 하는 활동을 한다. 이 사회수업의 경우, 한 학기에 한 권만 책을 읽지만 학생들의 수업 만족도는 매우 높다. 그 수업에서 읽는 책이 교사가 가려뽑은 책이기에 배울 게 많았기 때문이다. 국어교사 김병섭(인천 송천고)은 몇 년 동안 학생들에게 책을 읽게 하고 A4 용지 다섯 쪽 분량으로 서평을 쓰도록 지도를 해서 현재 교육 여건에서 학생들이 이런 활동을 소화해낼 수 있음을 보여주었다. 이와 같은 수업 사례는 일본어와 중국어 같이 제2외국어 과목에서도 발견된다.

성공 사례의 특징은 한 학기에 한 교과에서 딱 한 권만 읽어서 교사와 학생의 부담을 적게 한다는 점이고, 교사가 수준이 다른 책을 여러 권 제시하고 학생이 그 가운데서 자기에게 알맞다고 여기는 책을 고르게 한다는 점이다. 똑같은 책을 학생들 전체에게 읽게 하는 방법은 서툰 교사가 쓰는 방법이다. 중고등학생쯤 되면 학생들은 자기만의 기질이 생겨서 자기 정서에 맞지 않는 책이 선택권 없이 던져질 때 책 읽기를 잘하지 않는 경향이 있기 때문이다.

지금 학교에서 정규 교과시간에 책을 활용해서 수업하는 교사들 가운데 평이 좋은 사례를 모아서 소개하는 것이 필요하다. 외국 학교에서 하는 화려한 수업 모형을 제시하기보다, 독서에 유리하지 않은 우리 여건에서 소박하게 할 수 있는 수업 모형이 중요하다. 이 활동이 대중적으로 호응을 얻으면 수업시간에 책을 읽히는 시도가 입시교육에 찌들어 단편적으로 지식을 설명하는 수업을 개선하는 쪽으로 긍정적인 작용을 하리라고 판단한다.

음악, 미술, 독서, 문학과 같은 교과에서 예술감상문이나 서평과 같은 방법으로 평가하는 일은 분명히 대안적이다. 이런 내용이 교육부 문서에 담겨 있으면, 의욕 있게 이런 내용을 앞서 실천하는 교사들이 힘을 얻게 된다. 이 정책은 현재 학교에서 앞선 수업 방법을 진행하는 교사들에게 힘을 실어준다는 의미를 갖는다. 하지만 이 정책이 현실에서 힘을 얻으려면, 수업 사례를 모아서 자료집을 만들고 규모 있게 연수를 진행해야 한다. 예산이 배정되지 않고 연수가 알차게 준비되지 않는다면, 이런 내용은 선언에 그치고 말게 된다.

긍정적인 독서교육 주체 형성

교육부는 독서토론 동아리 지원 정책을 발표하고, 교사와 학생이 모인 동아리 1,000곳과 학부모 모임 300곳에 도서구입비와 운영비를 100만원씩 지원했다. 모두 13억이 들어간 이 사업은 우리 사회 곳곳에서 독서를 하는 주체를 형성하는 일로 의미가 있다.

예산이 가는 곳에 실천이 있다. 책 읽는 문화가 중요하다고 강조하는 만큼 예산을 들여서 책 읽는 모임을 지원하면 그만큼 학교 현장에서는 움직이는 교사들이 나온다. 볼거리가 있는 행사를 하기보다 교사와 학생의 일상 속에서 책 읽는 문화가 자리 잡도록 정책을 운영하는 것이 좋다.

독서 동아리 지원은 세상 곳곳에서 독서라는 풀이 자라나게 하는 일과 같은데, 일회성으로 그치지 말고 국가 정책 사업으로 자리 잡아 앞으로 계속 지원이 이루어지면 나중에 의미 있는 성과를 거두리라고 본다. 교육은 백년지대계라 하는데, 백 년은 못 가도 십 년 정도만 일관되게 독서동아리 지원 사업이 지속되어도 이것은 우리 사회의 문화로 세상 사람들에게 인식될 것이다. 십 년 동안만 사업이 지속되면, 독서동아리를 경험한 학생들과 교사들이 상당수 생겨나 우리 사회에서 독서동아리가 하나의 문화 상징이 되리라고 본다. 그러기에 교육부는 이 사업을 시작한 데서 만족하지 말고 한 걸음 더 나아가 십 년 전망을 설계해서 사회에 제시하는 과정을 통해 여론의 지지를 얻어 예산을 계속 확보해나갈 수 있기를 바란다.

부산시교육청과 대구시교육청은 독서동아리 지원 사업을 지역교육청 범위에서 앞서 했는데, 이 사례는 주목할 만하다. 부산은 아래로부터 교사들의 자발적인 참여를 성공적으로 이끌어내고 다시 그 모임들을 지역별로 묶어서 교양 강좌 사업을 성공리에

한 경험이 있다. 대구는 2008년 1학기에 소모임독서토론연수를 10곳에서 진행하고 나서, 2학기에는 그 연수에 참여한 교사들을 학생 독서동아리 강사로 활동하게 해서 40개 학교에서 교사-학생 독서토론동아리를 꾸려내었다. 이런 성과들이 소중히 가꾸어져서 여러 지역으로 퍼지면 좋겠다.

교육부가 독서교육 계획을 세우면서 학부모를 고려 대상으로 삼은 일은 그 전보다 한 걸음 나갔다고 하겠다. 어린이책 부문에서는 어린이도서연구회와 같은 독서 시민 모임들이 각 지역에서 상당한 역량을 갖고 활발하게 움직이는데, 이런 단체들과 연계해서 연수와 또 그 밖에 독서사업을 하면 서로 좋은 성과를 낼 수가 있다. 행사 때 실무 지원을 받는 정도가 아니라 공식적으로 내용 연계를 맺는 일이 필요하다. 역량 있는 전문 시민단체와 열려 있는 관료들이 함께 손을 마주잡아야 한다. 독서야말로 민관이 협력해서 성과를 내기에 좋은 분야이다. 그리고 어린이책 관련 시민단체는 그 역량이 상당하고 전국에 1,000개가 넘는 소모임이 있는데 그 모임들과 학교가 1모임 1교로 연계하는 일은 어떨까 싶다.

운영에 따라 달라질 결과

학교가 지역과 소통하고 교류하면서 줄 수 있는 것을 주고 지원받을 수 있는 것은 지원받자는 말은 오래 전에 나왔다. 학교도서관이 지역과 관계를 맺으며 여러 자원을 끌어올 수 있는 계기를 마련하자는 뜻은 의미가 있다. 그러나 우리나라 학교들은 오늘날 지역과 함께하고 있지 못하다. 마음은 있는데 어떤 방식으로 해야 하는지 잘 알지 못한다.

학교도서관을 지역 문화 공간으로 만들자는 요구가 지역 주민들에게서는 별로 나오지 않는다. 살펴보면 지역 주민이 학교를 이용하는 경우는 운동장에 와서 축구와 운동을 할 때가 대부분이다. 이상하게 학교의 다른 시설은 이용하게 되지가 않는다. 학교도서관을 이용하는 문화도 주변에서 찾기가 쉽지 않다. 학교도서관보다는 공공 도서관에 가고, 아니면 시내에 있는 큰 서점에 간다. 이런 상황 때문에 이 사업에 들어간 30억 예산을 독서교육의 주체를 형성하는 다른 곳에 쓰는 것이 더 낫지 않을까 싶기도 하다.

이런 사업이 학교도서관을 좋은 상태로 유지하는 장점이 있는 것만은 분명하다. 지역사회에 개방하기 위해서라도 도서관을 정비하고 새 책을 갖추어야 하기 때문이다. 학교도서관에 예산을 모아오기 위한 방법으로 본다면 긍정적일 수 있다. 또 다른 측면에서는, 학교도서관에 찾아가는 사람들을 본 적이 없나는 논평이 혹시 도시적인 관점이 아닌가도 살필 일이다. 여러 문화시설이 상대적으로 꽤 갖추어져 있는 도시에서야 학교가 눈에띄지 않지만, 읍면 지역에서는 학교도서관이 문화시설로 지역주민에게 의미 있는 장소로 주목 받지 않을까 싶기도 하다. 그러기에 이 사업은 읍면과 같은 지역에 집중 지원하는 것이 의미를 살리는 길이다. 큰 도시 지역에서는 학교도서관을 주민에게 열어도 잘 활용되지 않을 가능성이 높다.

통합대출증 사업은 일부에서 걱정 어린 비평이 나온다. 사람이 어떤 책을 도서관에서 빌렸는지에 대해 정보가 바깥으로 유출되면 다른 누군가가 나쁜 의도를 갖고 그 대출 정보를 이용해서 사람을 음해할 수 있기 때문이다. 그래서 한 도서관과 다른 도서관의 대출 정보를 공유하는 것에 대해 학교도서관 전문가들은 비판적인 시선을 보낸다. 대출증은 그 시와 군 지역 안에서 통합하면 괜찮겠다. 하지만 그 이상 지역이 넓어지면 인권의 관점에서 문제제기가 있을 수 있다. 대단위로 통합되지 않는 상태에서 운영되어야 한다. 크게 통합되면 탈이 난다. 누군가가 어떤 책을 빌렸기에 그 사람은 성격이 이상하다거나 관점이 편향되었다거나 하는 비방이 있을 수 있다. 이때까지 우리 사회가 도서관을 일상적으로 이용하는 문화가 없었기에 개인 대출정보와 관련한 사건이 없었지만, 방심할 때 사고가 나기에 가벼이 여길 일이 아니다. 앞서 도서관 문화를 꽃피운 다른 나라들의 제도를 살펴서 앞으로 일어날 수 있는 일을 미리 방비하는 태도가 필요하다.

청소년 인문학 강의에 대해 지원하는 일은 여러 사람들 사이에 이견이 없이 모두가 지지한다. 여러 성공 사례를 나누고 시행착오를 서로 알려서 공공 도서관에서 청소년들을 상대로 한 인문학 강좌가 자연스러운 일상의 모습이 되면 좋겠다. 대전시민아카데미(http://www.tjcivilacademy.or.kr), 부산의 청소년 문화공간인 인디고서원(http://www.indigoground.net), 서울의 길담서

원(http://cafe.naver.com/gildam.cafe), 송곡여고 도서관(http://songgok.hs.kr)이 이 분야에서 중요한 실천을 해내서 사회적으로 주목을 받았다. 지금 자발적으로 청소년 인문학 강좌를 하는 곳이 여러 군데에서 생기고 있는 상황이라, 교육부에서 적절히 지원하면 문화 감수성이 있는 청소년들이 저자들과 만나는 기회를 얻을 수 있어서 좋다. 이런 시도가 많아질수록 청소년들은 좋은 교양과 꿈을 더 많이 갖게 된다.

성공을 위한 의견

교사 개인별 평가권의 보장으로 교단에 활력 넣기

무엇보다 교사별 평가권을 하루바삐 시행해야 한다. 교사별 평가권이란 어느 과목을 가르치는 교사가 두세 명이어도 각 교사별로 평가를 따로 하는 방식이다. 이때 학생이 받는 내신은 그 교사에게서 배우는 학생들 사이에서 백분율로 계산하기에 문제가 없다. 실제 학교에서는 의욕적인 교사가 수행평가를 활용해서 독서-글쓰기 수업을 하려 하는데 같은 학년을 가르치는 다른 교사의 동의를 얻지 못해서 좌절하는 경우가 자주 있다. 교사가 자신이 가르친 학생들에 대해서 온전히 평가하는 이 정책은 의욕 있는 교사들에게 날개를 달아주는 정책으로 매우 소중하다.

그러나 내신 중심 대입 전형은 부유층 학부모와 입시 상위권 학교의 강력한 반대에 밀려 뒤로 주춤 밀리고 있다. 내신 반영은 가난한 지역, 가난한 학교의 이익을 대변하는 성격이 있는 정책이기 때문이다 학생의 입시성적은 지역의 경제력과 비례 관계라는 사실은, 개인의 성적이 오로지 그 개인의 노력에 따라서만 나오지 않음을 알려준다. 한 개인이 얻는 성적은 그의 노력과 그의 배경이 함께 작용해서 나온 결과이다. 이런 내용이 생생하게 담긴 최근의 보고로는 닉 데이비스가 영국 가디언지에 18개월 동안 연재된 내용을 묶은 『위기의 학교』(닉 데이비스 저, 이병곤 역, 우리교육, 2007)가 있다. 원제는 『The School Report: The Hidden Truth About Britain's Classrooms』(Nick Davies, 2000)가 있다.

우리 사회가 최근에 힘센 사람에게 유리한 쪽으로 퇴보하면서 약자를 배려하는 정책이 뒤로 물러서고, 그 와중에서 교사의 수업 자율성을 높일 수 있는 내신이 약해졌다.

교사별 평가권은 2006년에 교육부에서 하겠다고 발표했는데 그 뒤에 무슨 이유에선지 추진되지 않아서 아쉽다. 그 이유가 만약, 중등학교 교사에게 가르칠 내용과 관련해서 자율성을 주기가 곤란하다는 의견 때문이라면 정말 근시안적인 사고라고밖에 할 수가 없다. 반대쪽에서는 교원평가에 유리한 환경이 될까봐 교사별 평가권을 경계하는 목소리가 있는데 이것 또한 온당하지 않다. 이 제도는 현재의 정체된 교단 분위기에 적지 않은 활력을 가져다주리라 본다.

교사별 평가권을 현행 제도에서 준비하기 위해서 수행평가가 적극 권장되어야 한다. 수행평가는 김대중 정부와 노무현 정부 10년 동안 교수학습 분야에서 중요하게 이루어낸 소중한 성과이다. 일부에서 형식적인 활동을 해서 비판이 나왔지만, 역량 있는 교사들은 이 제도를 활용하여 여러 방면에서 깊이 있는 수업을 해왔다.

교사의 자율성을 높이는 계기로 활용되는 수행평가는 엉뚱하게도 한때 서술형 평가가 의무로 시행되면서 퇴보하기도 했다. 서술형 평가로 해서 생긴 채점 부담 때문에 수행평가를 거부하는 교사가 생겨서 그랬다. 현재 우리나라 중고등학교에서는 같은 학년의 학생들이 같은 과목을 공부할 때 다른 교사에게 배워도 성적은 함께 나오게 되어 있다. 그러기에 동료 교사 가운데 누군가가 반대하면 다른 교사도 그 일을 하기 힘들다. 서술형 평가를 한 이후에 수행평가가 위축되면서 많은 학교에서 수행평가를 활용한 독서교육이 후퇴했다.

수행평가와 서술형 평가는 모두 기존의 오지 선다형 평가를 극복하기 위해 나온 정책인데, 세련되게 정책을 시행하지 못했기에 이 둘이 충돌이 생겼다. 수행평가를 하는 교사는 그것으로 서술형 평가를 하는 것으로 인정한다고 교육청에서 정해두면 되는데, 그렇게 하지 않았다. 서울시교육청에서는 2012년부터 수행평가를 하면 서술형 평가를 한 것으로 인정하는 것으로 제도를 보완했다. 경기도교육청에서도 이 부분에 대해 여러 차례 토론회를 열고 문제를 해결했다.

독서교육 전담 장학사 배치와 교사자문단 구성

독서교육이 성과 있게 실천되는 지역을 보면 그곳 교육청에는 독서교육 전담 장학사가 있다는 사실을 알 수 있다. 독서교육 정책을 제대로 추진하려면, 교육청 담당자가 시간이 있어야 하고 전문성이 있어야 한다. 안타깝게도 대부분 교육청의 현실은 독서교육에 대한 일을 할 시간이 모자라고 일반적으로 담당자의 전문성도 부족하다. 교육청의 독서교육 관련 업무 추진 체제에 대해 세 가지를 짚고 제안한다.

첫째는 담당자가 다른 일에 치여서 독서교육 업무를 하지 못하는 문제이다. 현재 시도교육청마다 독서교육 담당자가 다 있다. 하지만 대부분 여러 일들을 맡으면서 그 여러 일 가운데 하나로 독서교육에 대한 일을 맡기에 다른 급한 일에 밀려서 독서교육은 계획만 있고 일이 진행되지 않기가 쉽다. 우리나라 16개 시도교육청에서 독서교육만 하는 전담 장학사가 배치된 부산시교육청과 대구시교육청을 제외한 다른 14개 교육청이 이런 실정이다. 독서교육에 대해서는 아무도 반대하지 않지만 실제 실천되는 일이 잘 없는 사연이 여기에 있다. 다른 일을 하지 않고 독서교육만 하는 장학사가 있어야 한다.

교육부에서 시도교육청을 평가할 때 쓰는 평가 항목에다 독서교육을 전담하는 장학사 인력을 배치했는가 안 했는가를 높은 배점으로 반영하기를 바란다. 이런 방법이라도 써야 시도교육청 담당자가 독서교육에 관한 일을 할 수 있는 여건을 얻게 된다.

둘째로 교육청 독서교육 담당자가 전문성이 높지 않다는 점이 문제이다. 현재의 인사 제도에서는 어제까지 독서교육과 전혀 상관없고 관심도 없던 사람이 하루아침에 독서교육 담당자가 된다. 그러다가 6개월 정도는 일을 파악하느라 시간을 보내고, 한 2년쯤 있어서 이제 독서교육에 대해 알 만하면 다른 보직으로 발령이 나서 또 사람이 바뀐다. 이런 상황에서 전문적인 능력이 필요한 독서교육 사업이 안정적으로 추진되지 못하는 것이 당연하다.

이 문제를 개선하려면, 장학사 임용제도를 수정해서 처음부터 '독서교육 전문 장학사'로 사람을 뽑는 일이 필요하다. 독서교육 전담 장학사를 선발할 때는 그 담당자가 독서교육과 관련해서 어떤 실천을 했는지에 대해 포트폴리오를 받고, 시도교육청의 독서교육 전망에 대해 보고서를 쓰게 해서 그 내용을 임용에 반영하는 것이 좋다.

셋째로 시도교육청별로 독서교육 교사 자문단을 두어서, 실무일을 나누어 하는 것이 좋다. 교육청에 독서교육 전담 장학사가 있어도 그 혼자서는 할 일을 다 감당하기가 어렵다. 그러기에 참신한 사업 기획을 함께 궁리하고 연수와 같은 일은 상당 부분 일을 위탁하는 체제가 필요하다. 그러지 않으면 장학사가 행정 일만 챙기다가 소진되어서 창의적인 사업 기획을 하지 못하게 될 뿐 아니라, 업무량이 늘어난다는 이유로 어떤 일을 하는 것 자체를 기피하는 문화가 생긴다.

교육청 담당자와 학교 현장의 교사들 가운데 연계가 이루어져서 사업이 진행되어야 좋다. 교육청 담당자의 업무 부담이 줄고, 사업이 어떻게 진행되는지 실시간으로 바로 점검받을 수 있다. 대구시교육청, 부산시교육청, 경기도교육청처럼 독서교육에서 성과를 내는 지역을 보면, 모두 다 민관협력의 체제로 일을 해왔다는 사실을 알 수 있다. 교육청 담당자 혼자서 일을 하면 업무 부담에 눌려서 창의적인 사업을 기획할 정신적 여유를 갖지 못한다.

경기도교육청의 경우에는 교사연구회에 대해 1년마다 재인증을 하는 체제를 도입해서 〈교과교육연구회〉가 내실화되었기에 이를 이용해서 민관 협력 체제를 만들어 운영하면 된다. 그러나 실제 할 수 있는데도, 해당 교과교육연구회와 연계해 진행하지 않는 경우가 많아 이 부분을 챙기는 행정 장치가 따로 필요하다.

독서 시민단체의 공동정책 마련으로 여론 만들기

독서 관련 시민사회단체에서는 연대기구를 만들어서 우리 사회의 여건에 맞는 독서정책에 대해 논의해서 안을 마련해두는 일이 필요하다. 정부의 독서교육 정책 담당자는 그간의 경우로 보아, 어느 순간 한 번에 바뀌곤 한다. 정부 담당자가 일관성이 있지 않고 전문성 또한 없는 경우가 자주 있기에, 독서 시민사회단체가 안을 만들어 여론을 만들어가면서 정부 담당자와 공식적인 소통 채널을 갖고 정책에 영향을 미치는 일이 좋다. 그렇지 않으면 정부가 정책을 발표하면 그것을 뒤좇아 비평하는 형식으로 일을 하게 되고 만다.

'전국학교도서관담당자모임', '책으로 따뜻한 세상 만드는 교사들', '전국국어교사모임'과 같은 독서교육을 실천하는 교사모임, '어린이도서연구회', '어린이책시민연대', '책 읽는 사회 만들기 국민운동'과 같은 독서 시민단체는 지금 각각의 자리에서 사람들에게 호응을 얻으며 의미 있는 실천을 하고 있다. 이들이 함께 정책 역량을 모아 논의해서 우리 사회에 적절한 독서교육 정책을 마련한다면, 그 영향력은 의미 있는 수준이 되리라고 본다.

보통 정책 문서에는 좋은 말들이 담긴다. 정책 입안자는 좋은 뜻으로 어떤 사업을 제시한다. 그러나 그 정책이 현실에서 실현되는 모습은 입안자의 의도 외에 다른 여러 변수들이 작용해서 결정이 된다. 정부의 독서교육 정책이 성과를 거두려면 어떤 점들을 챙겨야 하는지 정리해보겠다.

첫째, 독서교육에 뜻을 둔 교사가 늘어나게 하는 일이 중요하다. 교사들이 독서교육에 대해 역량을 갖게 하는 기획이 필요하고, 의욕 있는 교사들이 계속 생겨나게 하는 사업이 있어야 하며, 실질적인 효과가 있는 연수 계획이 필요하다.

둘째, 교육청이 독서교육 사업을 제대로 할 수 있는 체계를 갖추는 일이 중요하다. 이 분야에 전문성이 있는 전담 장학사의 배치가 필요하다. 그리고 민관 협력의 관점을 갖고 시도교육청별로 교사자문단을 운영하고 독서 시민단체와 협력하는 체제를 이루어야 한다.

셋째, 독서를 할 수 있는 교육환경을 갖추는 일이 중요하다. 교사별 평가권, 학교도서관 활성화, 내신 위주의 대입 정책이 필요하다.

넷째, 국가적 지원을 이끌어내기 위해 미래 전망을 담은 사회 의제가 필요하다. 여기에는 학교도서관으로 정보의 빈부격차를 해소하고, 지식정보사회를 대비한다는 관점이 유용하다. 현재 정부 계획에는 중장기 추진방안이 마련되어 있지 않은데, 이 부분이 보완되어야 한다. 정부의 독서교육 담당자는 지속성이 없이 계속 바뀌어 전문성이 부족한 경우가 종종 있기에, 독서교육 전문가와 실천가들이 모인 시민사회의 모임이 이런 내용을 마련해서 정부를 이끌 필요가 있다.

평화교육의
깃발을 올려라

평화의 개념

평화교육은 민주주의라는 말처럼 개념이 광범위하다. 따라서
말하는 사람에 따라 그 의미가 조금씩 다르다. 동시에 역사적인
맥락과 문화 상황에 따라서 강조점도 달라진다. 예컨대, 아시아
권에서는 전통적으로 조화(harmony)를, 서구 민주주의적 관점에
서는 질서(order)를, 평화운동가의 입장에서는 정의(justice)를 강
조하는 경향이 있다. 평화의 원천은 역설적으로 힘에 의해서 나
오기도 한다. '팍스 로마나' 내지는 '팍스 아메리카나' 등은 강력한
권한에 의해 평화가 만들어질 수 있음을 보여주기도 한다. 하지
만 이러한 평화는 갈등이 내재해있을 뿐 진정한 평화에 이르렀다
고 보기 어렵다. 궁극적인 평화는 정의에 의한 평화이다. 개인과
집단, 국가 사이에 억울한 일이 없어야 하고, 불평등을 해소하기

위한 공동체 차원의 노력이 필요하다. 이처럼 평화의 개념은 시대와 공간에 따라 다르게 적용되고 해석될 수 있다.

평화학의 아버지로 불리는 갈퉁은 신체적 가해나 전쟁의 부재라는 물리적 폭력만이 아니라 갈등의 근원인 구조적 폭력 해소를 통한 정의의 실현이라는 적극적 접근으로 평화를 개념화하였다. 1990년대 이후에는 구조적 폭력을 장기화시키는 문제로 문화적 폭력을 추가하고 있다. 예를 들면, 인종주의나 성차별주의가 여기에 해당한다.

이런 의미에서 보면 평화는 전쟁을 하지 않는다는 식의 소극적 의미가 아닌 구조적 폭력과 문화적, 생태적 폭력(예: 공해)의 극복을 향한 포괄적 정의(justice)의 실현을 의미한다(강순원, pp.13-16)

평화는 개인의 독립된 상태에서 느끼는 마음의 평온을 의미한다. 그러나 평화가 깨지는 과정은 스스로의 마음가짐에서 비롯되기보다는 타인 내지는 집단 간 상호작용에서 비롯된다. 학교 폭력은 평화를 깨는 위협 요인이다. 그런 점에서 학교 폭력 문제는 평화교육의 관점에서 접근해야 한다. 학교 폭력에 대한 접근법에는 기존에 처벌과 응보 중심의 가치가 내재해있었다. 하지만 이러한 접근은 사후 처리에 불과하다. 더욱 중요한 것은 사전 예방이다. 사전 예방은 결국 평화의 의미를 알고, 무엇이 평화를 깨는 것이고, 그것이 깨졌을 때 어떻게 해야 하는가 등 평화에 관한 지식과 가치, 태도를 내면화할 때 가능해진다. 이런 점에서 '평화'를 일상의 삶에서 구현하기 위한 교육적인 접근이 필요한데, 그러한 총체적인 노력을 우리는 평화교육이라고 개념화한다.

평화교육이란?

강순원은 평화교육에 대해 "물리적, 구조적, 문화적 폭력을 유도하는 행동이나 태도, 지식을 연마하지 않도록 하기 위한 사회변혁적 마음가짐, 태도, 그리고 지식을 길러주는 통합적 교육으로서 인지적 영역과 정의적 영역, 활동적 영역을 포괄하는 총체적인 교육과정"이라고 규정했다(강순원, pp.16-17).

강순원은 그동안 평화교육이 순응적 심성의 개발과 앙양에 초점을 맞춘 소극적 윤리 및 인성 교육을 의미했고, 다른 한편으로 민주화 운동이나 통일 운동과 같은 정치적 시민운동과 연계된 일종의 정치교육으로 이원화되어 있었다고 보았다. 이로 인해 그 의미가 모호하고 때론 이중적 성격을 띠고 있었기 때문에 개념적 혼란을 일으켰다고 주장한다. 강순원은 평화교육이 갖는 변혁성에 관심을 기울인다. 그는 기존의 통일 교육과 도덕교육을 뛰어넘는 평화적 관점에서의 교육이란 구조 속의 개인의 변화를 통해 사회를 변화시킬 능력을 배양하게 만드는 총체적인 변혁의 교육학이라고 규정한다(강순원, pp.21-22).

이삼열은 평화교육에 대해 "근본적으로 나와 다른 사람들과 어떻게 사는가를 의식화시키는 교육"이며 "동시에 존재하는 갈등 관계를 공격성이나 배타성, 폭력성으로 해결하지 않고, 대화와 화해, 합의를 통해 평화적으로 해결하게 하는 교육"이라고 규정했다(민정숙·정영수, 2006. 재인용).

정영수(1995)는 "삶의 모든 영역에서 나타나고 있는 비평화적인 요인을 제거하고 평화를 사랑하는 마음과 평화를 추구하는 능력을 길러주는 교육, 또 전쟁의 위협으로부터 벗어나는 것만이 아니라 인간의 기본권과 생명을 존중하는 것으로 확대하여 삶의 모든 영역에서 비평화적인 요인을 제거할 수 있는 능력을 길러주는 것"으로 정의하였다.

힉스(Hicks, 1988)는 평화교육을 국가적·세계적 차원에서 지역적·개인적 차원에 이르기까지 갈등과 폭력의 문제에 대한 대응을 시도하는 것이라고 정의 내린 바 있다.

평화교육에 관한 이러한 정의를 고려해보면 갈등이나 폭력을 피하려는 소극적 접근부터 근본 원인을 바꾸려는 적극적인 접근까지 가능하다. 동시에 개인의 내면적인 평화를 얻기 위한 활동을 넘어 사회구조를 변화시키려는 노력을 포함하기도 한다. 평화교육은 평화를 위협하는 다차원 요소들에 대한 깊은 인식과 지식을 필요로 하고, 이를 해결하기 위한 실천적 노력을 요구한다. 앎과 삶, 개인과 사회구조, 지식과 실천의 통합 요소가 대단히 강한 교육임을 알 수 있다.

평화교육의 배경[1]과 양상

평화교육은 사실상 유네스코의 국제이해교육이 원조라고 볼 수 있다. 국제이해교육은 1950년대부터 시작되었다. 2차 세계 대전 이후 전쟁의 위험성이라든지 반인륜성에 대한 이해가 자리 잡았다. 초기에는 전쟁에 대한 반대 개념으로서 소극적 평화에 초점을 맞추었다. 그러다가 1970년대부터 독일에서 비판적 평화교육이 나타나기 시작했다. 사회의 갈등 구조로부터 개인을 해방시켜야 한다는 입장이 나타나기 시작한 것이다.

평화교육은 크게 전통적 평화교육과 비판적 평화교육으로 나누어진다. 초기에는 국가 간에 전쟁이 없는 상태를 평화로 인식했다. 당시 평화교육은 이상주의적이고, 호소적인, 그리고 개인주의적이고 훈련적인 성격을 지녔다. 초기 평화교육의 목적은 알리는 것이었다. 특정 정보를 줌으로써 문제를 막아보자는 차원에서 이루어졌다. 그러나 그 지식이 행동 능력으로 이어지지 못했다는 비판이 제기되었다. 이에 대한 대안으로 제기된 비판적 평화교육은 편견, 공격성, 갈등 극복의 문제와 같은 전통적 평화교육의 문제들을 다루되, 그러한 문제들을 개인의 문제로 파악하지 않고, 사회 비판의 논리를 통해 비평화의 원인을 분석하고 대안을 찾게 만들고 있다(김남철, 2005, p.146-148).

---

1. 평화교육의 배경에 대해서는 다음의 논문을 요약 정리하였다.
   설규주(2009), 학교급에 따른 학교 평화교육 실태의 차이와 의미연구, 통일과 평화 2호, pp.234-238.
   김남철(2005), 역사교육에서의 평화교육의 모색, 역사교육연구 2호, pp.139-176.

명지원(2007, p. 193)은 평화교육의 접근 방향을 두 가지로 나누었다. '비판적 사회 읽기'와 '평화적 삶 살기'로 구분하였다. 평화교육에 인식 요소와 실천 요소를 강조하고 있음을 알 수 있다. 이는 평화교육이 개인과 개인의 평화로운 삶에만 관심을 기울이지 않고, 반평화를 만들어내는 구조와 원인에 대한 통찰력을 바탕으로 한 실천임을 강조한다.

그렇다면 평화교육의 목표는 무엇일까? 김동창(2007, p. 35)은 평화교육의 목표를 "사회의 직접적·구조적·문화적 폭력으로 인한 비평화적 상황을 비판적으로 인식할 수 있는 평화적 안목을 기르고, 인류의 보편적·당위적 가치로서의 평화를 사랑하는 마음, 즉 평화적 감수성을 배양하며, 현실의 비평화적 상황을 평화적 상황으로 전환할 수 있는 평화 기술의 습득"으로 정의 내린 바 있다.

김병연(2011, pp. 55-78)은 평화교육의 목표를 다음과 같이 제안했다.

① 비평화적 현실에 대한 비판 의식을 기름
② 평화에 대한 감수성을 기름
③ 자기 자신과 다른 사람, 다른 생명체, 자연과 평화가 넘쳐나는 관계를 맺을 수 있는 능력을 기름

이렇게 제시된 목표를 분석해보면, ① 평화를 저해하게 만드는

구조나 상황에 대한 비판적 의식 제고, ② 평화 감수성 배양, ③ 관계 맺기 등 평화 기술 습득으로 요약된다.

이렇게 보면 평화교육은 단 하나의 유일한 실체라고 보기 어렵다. 그 유형은 다양하다(김지수, 2005).

김지수(2005)는 평화교육이 갈등 해결, 중재, 민주교육, 다문화 이해교육 등과 같은 매우 다양한 활동이 연구 실천되고 있다고 보았다. 심한 갈등이 존재하고 있는 북아일랜드, 이스라엘, 보스니아와 같은 지역에서 이루어는 평화교육은 적대 감정을 변화시키는 데 관심을 기울이는 경향이 있다. 따라서 이런 지역에서의 평화교육은 어제의 적에 대한 이해, 존중, 관용 증진에 목표를 둔다.

한편, 평화교육을 일정한 문제 해결 능력의 함양으로 보는 시각도 존재한다. 이 경우 평화교육의 목적은 비폭력적인 성향과 갈등 해결 능력을 계발하는 데 있다. 주로 북미 지역에서 많이 이루어지고 있는데, 학교 단위의 폭력 예방 프로그램, 또래 중재 프로그램, 갈등 해결 프로그램 등이 여기에 해당한다.

반면, 제3세계에서는 평화교육의 초점을 인권 신장에 맞춘다.

분단 상황에 처한 우리나라는 상대적으로 평화교육에 관한 개념과 내용이 정착되기 힘들었다. 남북한 간의 대치 국면은 증오감으로 이어졌고, 실제 반공과 안보의 가치가 대한민국에서는 강화될 수 밖에 없었다. 이 과정에서 평화교육은 자리매김하기가 힘들었다. 다행히 1990년대 후반부터 남북한 교류가 보다 적극적으로 이루어지면서 평화교육이 싹틀 수 있는 여지가 조금씩 나타나기 시작했다.

　김지수(2005, pp. 228-244)는 평화교육이 통일 교육의 핵심이
되어야 한다고 판단하고, 그 이유를 다음과 같이 제시하였다,

①　현재의 한반도 상황에서 어떤 식의 통일이 이루어지더라도 장
　　기간의 분단 과정에서 발생한 남북한 주민들 간의 차이는 인정
　　할 수밖에 없는 현실이 될 가능성이 높기 때문에 이러한 문제
　　극복 차원에서 평화교육이 필요함
②　남북한의 통일을 평화공존에 바탕을 둔 장기간의 과정으로 보
　　려는 자세가 필요함. 평화통일을 지향한다고 하면서 상대방
　　체제의 붕괴나 전복을 위해 상대방을 비판, 비방, 중상한다면
　　평화통일의 자세가 아니기 때문임.
③　남북한 사이에 존재하는 군사문화와 폭력의 문화를 제거하고
　　평화의 문화를 실현하기 위해서임.

　그렇지만 평화교육을 남북한과의 관계성 속에 그 의미를 국한
할 필요는 없다. 세계화 시대를 맞이하여 인적 · 물적 교류가 활
발해지기 시작했고 우리 사회도 점차 다문화의 모습을 지니기 시
작했다. 인종과 국적, 사상과 종교, 세계관과 문화가 다른 사람들
이 늘어나면서 보이지 않는 차별과 불평등이 우리 사회의 문제로
나타났다. 그런 점에서 평화교육은 변화하는 시대를 살아가는 데

중요한 교육 내용으로 인식되기 시작했다.

평화교육의 성격과 내용

민정숙 · 정영수(2006)는 평화교육의 특성을 다음과 같이 '다름의 교육', '관용의 교육', '비판적 사고의 교육', '사회적 정서 능력의 교육' 네 가지로 정리하였다. 구체적인 내용은 다음과 같다.[2]

다름(difference)을 가르치는 교육

다름, 차이는 바로 갈등의 근원이므로 다름을 받아들이는 것은 갈등 해결의 시작이다. 다르다는 이유로 배제하거나 자신의 방식에 따를 것을 강요하기보다는 어떻게 다른지 이해하기 위해 노력하고 상대방의 방식을 존중하고, 나의 기준이나 사회의 일반적이고 획일적인 기준으로 평가하기보다는 상대방의 고유성과 독특성을 발견하기 위해 노력하는 마음이 필요하다. 다름에 대하여 잘못 인식하면 편견, 정형적 사고, 차별을 낳기 때문이다.

관용(tolerance)을 배우는 교육

관용은 옳고 그름에 대한 판단을 하지 않는 것이 아니라 비판을

2. 민정숙 · 정영수(2006), 한국사회의 갈등과 평화교육의 방향. 교육의 이론과 실천, 11(1), pp.81-87의 논문을 요약 정리하였다.

하면서도 그 비판의 절대성을 유보하는 것이다. 인간은 겸손하게 자신의 인식적 오류 가능성을 전제할 경우 상대방에게 관용을 베풀 수 있고, 자유로운 논의와 비판을 허용하게 된다. 평화교육은 관용하려는 의지와 능력을 기르는 데에 집중적인 노력을 기울여야 한다. 사회적 갈등의 대부분은 불관용에서 나오기 때문이다.

비판적 사고(critical thinking)를 익히는 교육

평화를 실현하기 위해서는 비평화 상태에 대한 비판적인 인식을 바탕으로 적극적인 평화의 실현을 위해 노력해야한다. 평화교육을 통해 학생들이 자신이 살고 있는 사회와 세계의 문제를 이해하고 인식할 수 있는 '사회문해' 능력을 길러야 한다. 평화교육은 비판적 능력을 배양하여 자신이 속한 사회에서의 문제들을 읽을 수 있게 한다.

사회적 정서 능력(social emotional competence)을 얻는 교육

갈등 해결을 위한 교육에서는 인식적 측면 못지않게 인성, 마음가짐에 대한 교육이 중요하다. 평화교육은 사회적 정서에 대한 교육을 포함해야 한다. 자기 인식, 감정 관리, 자기 동기부여, 공감, 사회적 기술 등이 필요하다.

다름과 관용, 정서 능력은 삶에서 구체적으로 적용되는 특성을 지닌다. 이런 점을 보면 평화교육은 지식 전달 모형이 아닌 구체적인 적용 모형을 제시해야 한다. 다만, 비판적 사고의 교육을 강조하고 있는데, 이는 개인 차원의 실천을 넘어 비평화 내지는 반평화를 지속적으로 만들어내는 구조에 대한 관심을 기울이고 있음을 시사한다.

한편, 김병연(2011, pp. 55-78))은 평화교육의 성격에 대해 다음과 같이 정리하였다. 앞서 제시한 실천성이 강조되고 있으며, 동시에 사회 문명 자체에 대한 근본 질문을 던지고, 변화를 추구하는 변혁적인 성격을 제시하고 있다. 평화교육은 개별 학문으로 접근하기보다는 다양한 학문의 결합과 통섭을 통해 그 효과가 극대화된다.

- **다양성** : 평화에 관련된 문제들은 시간과 지역, 역사적 상황에 따라 다르기 때문에 평화교육의 실천은 그 사회의 구체적 맥락과 더불어 다양하게 적용됨.
- **보편성** : 평화교육 프로그램들은 모두 세계를 좀 더 낫게, 좀 더 인간적인 장소로 만들 수 있는 변화를 이루어내고자 함.
- **실천성** : 평화로운 삶을 몸으로 실천하는 것을 최종 목표로 함.
- **변혁성** : 현대 사회의 문명 자체에 대한 질문을 던지게 함. 물질중심주의, 개인주의, 소비주의, 환경 파괴에 관한 문제를 어떻게 바꿀 것인가를 고민하게 함.
- **간학문성** : 인문학과 사회과학, 자연과학이 모두 협조하여 학문의 경계를 극복하고 학문의 지혜를 총동원해야 함.

- **정치교육** : 정치란 사회 내의 자원의 배분에 관한 것임. 권력의 사용과 남용에 대해서, 특정 정책 결정이 자신이나 공동체에 미칠 영향을 분석하게 함.
- **가치교육** : 평화교육으로 행해지는 실천은 특정한 가치를 지향하게 됨. 특정 실천에는 변화를 의도하게 되고, 그 변화는 보다 나은 상태를 의미함.

평화교육의 내용

독일 바덴뷔르템베르크의 김나지움에서는 종교교육, 독일어, 심리학 수업에서 평화교육을 실시하고 있다. 5학년에서 13학년까지 단계별 학습 지도가 이루어지고 있다. 5학년에서는 자기 자신과 다른 사람을 인지하고 수용하는 것을, 7학년에서는 세계의 평화와 정의에 대해, 10학년에서는 타 종교와 다른 세계관을 인정하고, 이를 존중하는 것을 배운다. 8학년에서는 "이슬람의 세계", 10학년에서는 "독일에서의 유대인", "배타주의에 대항하는 기독교인", 10학년의 필수 주제로 "평화와 종교: 세계에서의 삶과 나눔", "아우슈비츠 이후: 유대인과 기독교인"을 학습한다. 11학년에서는 "다문화 속의 삶과 국가 정체성"이 선택 주제로 다루어진다. 그 외에도 독일에서 살고 있는 외국인 문제, 다문화 간의 충돌, 폭력, 갈등 극복과 평화 수호를 위한 과제, 유럽의 통일, 세계에 대한 책임감 등이 수업 내용으로 포함된다. 9-10학년에는 평화를 주제로 한 문학 작품에 많은 시간을 할애한다. 상급 학년의 심리학 수업에서는 '선입견, 집단적인 공격성'에 대한 내용이 중점적으로 다루어지면서 외국인이나 타지에서 온 이방인들과의 교류, 타종교에 대한 이해, 장애인들과의 교제를 장려한다(정명순, 2006, pp. 283-284).

갈퉁(Galtung)은 평화교육 활성화 단계를 5가지 유형으로 나누어 설명했다. 분석(Analysis), 일반적 목표 설정(Goal Formulation), 비판(Analysis), 제안-구성(Proposal-making), 행동(Action)으로 제시했다.

김남철(2005)은 갈퉁의 모형에 바탕을 두고 평화교육의 개념과 내용을 다음과 같이 제시한 바 있다.

- **분석으로서의 평화교육**
  반평화를 만드는 구조를 먼저 볼 수 있어야 함. 정치·경제적 수준(예: 민족분단, 군부독재, 식민지 유산 등), 사회·문화적 수준(예: 종속적 사대문화, 반공이데올로기, 군사문화, 연고주의, 빈부격차 등), 대안심리적 수준(예: 동원적 애국심, 배타적 민족주의, 흑백사고, 인권유린, 폭력의 일상화 등)
- **일반적 목표 수준으로서의 평화교육**
  한반도의 전쟁 가능성을 낮추고, 평화나 인권, 환경 등 인간지수를 향상시켜야 함. 국제기구가 제시하는 보편적 기준에 한국적 특수성을 적용한 비판적 평화교육이 되어야 함.

- 비판으로서의 평화교육

  마음의 평화, 좋은 품성을 가르치자는 도덕교육의 범주에서 벗어나 사회의 폭력화된 구조를 비판적으로 인식하고 이를 평화적으로 해결할 능력을 신장시켜야 함

- 제안으로서의 평화교육

  평화교육은 삶의 전 과정을 통해 사회적 조건을 정의롭게 만듦과 동시에 비폭력적 평화를 조성할 수 있는 능력을 계속적으로 갖추게 만들어야 함.

- 실천행동으로서의 평화교육

  평화교육은 심성교육만을 의미하지 않음. 비판적 사고와 사회적 약자에 대한 배려와 상호 인권을 존중할 수 있는 태도를 기르며, 궁극적으로 비폭력적 평화운동을 확산하는 데 참여시키는 목적을 가지고 있음.

강순원(2003)은 평화교육을 지식과 기술, 태도로 범주하여 다음과 같은 내용을 포함해야 한다고 주장했다.

지식의 영역	기술의 영역	자세 · 가치 · 태도의 영역
식민주의/제국주의 분단/통일, 전쟁/군축 핵, 환경, 갈등, 계급 인종, 인권, 정의, 민주주의 성, 관용	협동/놀이/노작 대화, 토론, 비판적 사고 창의적 활동, 중재 타협, 명상	자기존중, 타인존중 상호이해, 양보 자율, 비폭력, 공동체의식 생태학적 의식 미래에 대한 전망 진리에 대한 헌신 상생

김병연(2011, p. 65)은 평화교육의 교수 학습 내용에 대한 견해를 다음과 같이 정리하였다.

힉스	해리스	고병헌	박보영
갈등문제, 평화문제 전쟁문제, 핵문제 정의문제, 권력문제 성문제, 인종문제 생태학적 문제 미래에 관한 문제	평화개념, 공포 안보, 전쟁이해 문화간이해 미래지향성 과정으로서 평화 사회정의와 평화 생명존중 비폭력적 갈등관리	분단, 군사문화 경제적 세계화 생태계 파괴와 환경 오염, 차별문제 가족과 전통의 해체 과소비 문화 정보화 부작용 교육파행과 공교육 실종, 인권문제	평화, 통일, 인권 환경, 지구화

김병연(2011)은 평화교육의 교수학습 내용을 다음과 같이 제시했다.

주제	세부내용
평화개념에 관한 교육	- 개인간, 집단간 폭력의 발생원인 - 타인과 타집단간에 대한 선입견과 편견: 적대자상 - 소극적 평화와 적극적 평화의 개념
전쟁문제에 관한 교육	- 전쟁의 실상과 전쟁을 바라보는 관점에 대한 성찰 - 전쟁준비로서 무기경쟁과 우리들의 삶과의 관계 - 군사문화의 현실과 그것이 삶의 평화에 미치는 영향
핵문제에 관한 교육	- 핵전쟁의 위험성에 대한 이해: 일본 피폭의 실상 - 핵무기와 원자력 에너지에 대한 반성적 성찰 - 핵무기 경쟁이 사람들의 삶에 미치는 영향
통일교육	- 기본지식: 분단의 배경과 과정, 통일의 장애물 - 분단이 야기한 비평화적 현상: 개인적·국가적 차원 - 일상에서 평화를 만들어가는 능력

인권교육	- 인권에 관한 기본 지식: 책임과 의무, 역사, 조약 등 - 사회와 학교의 인권 현실에 대한 비판 - 인권 상황 개선을 위한 노력에 참여와 실천
갈등교육	- 갈등에 대한 이해: 유형, 성격, 긍정과 부정 등 - 갈등의 평화적 해결의 중요성 - 사례별 갈등 해결 방법에 대한 체험
다문화교육	- 집단간의 협력 또는 경쟁이 삶에 미치는 영향 - 다른 문화에 대한 편견과 왜곡에 대한 성찰 - 다문화 사회의 현실: 억눌린 자의 삶과 구조적 원인 - 다문화 사회의 사회정의 실현을 위한 필요조건
세계화와 개발 교육	- 세계화의 긍정적인 면과 부정적인 면에 대한 이해 - 선진국과 후진국의 빈부 차이의 구조적 원인 분석 - 세계 시민의 자질: 의식과 안목의 세계화
환경교육	- 지구적 환경위기의 현실 구조적 원인에 대한 성찰 - 인간의 삶의 방식이 초래한 환경 문제에 대한 비판 - 다양한 차원의 개선 방법에 대한 탐구와 실천

김정안 등(2013, pp. 254-295)는 주제통합수업을 통해 평화교육이 어떻게 교실에서 구현될 수 있는가를 잘 보여주고 있다. 휘봉고등학교에서는 '평화로운 학교 만들기' 교과 융합 프로젝트 교육과정을 다음과 같이 운영했다.

유형	구분	주제 관련 수업 내용 및 방법
교과	사회 (1차시)	- 인권 및 사회정의와 관련된 쟁점들과 그 쟁점이 평화게 기여하는지 아니면 평화를 깨뜨리는지에 대한 문제의식에서 사람들의 정서적 평화가능성을 토론하고, 현대인들의 일상에서의 폭력적인 모습에 대해 성찰함.
	한국사 (2차시)	- 여러 부족으로 나뉘어져 있던 연맹 왕국 단계에서 중앙 집권적 통치 체제를 갖춘 고대국가로 넘어가는 과정을 살펴보면서 자기가 고대 국가의 건설자라면 어떤 나라를 만들고 싶은지를 모둠별로 토의하여 발표함.
	특수교육: 국어 (2차시)	- 평화를 주제로 떠오르는 다양한 생각을 생각 그물로 표현함. - 평화를 주제로 한 짧은 글을 읽고 내용을 이해함.
	생활과 철학 (2차시)	- 일본 후쿠시마 원전사고(2011.3.12)를 소재로 핵발전소의 지속 가능성을 탐색하고 쟁점에 대해 토론함. - 현대 과학 기술 문명에 대해 성찰함.
창체 및 행사	주제탐구 (4차시)	- 작은 학급별로 평화로운 학교 만들기를 위한 세가지 프로젝트 실시(1. 친구에게 평화와 사랑의 말 전하기, 2. 평화로운 학급을 위한 협동화 그리기, 3. 평화고운 학교 만들기 캠페인 활동).
	진로 (1차시)	- 내 마음의 서랍장을 정리하고 마음의 평화를 찾자(내가 원하는 것과 현재 가지고 있는 것을 구분해보고, '나'라는 존재의 서랍장을 정리함으로써 나를 정확히 이해함). - 내가 원하는 것을 얻기 위해선 지금 무엇을 해야하는지 생각함.

휘봉고 사례는 일회성 행사의 성격을 지니기보다는 교과 교육 과정을 통해 구현된 평화교육의 모습을 잘 보여주고 있다. 평화로운 학교를 만들기 위해 '평화와 사랑의 말 서로 나누기 활동', '학급별 협동화 제작 프로젝트', '평화로운 학급 만들기 캠페인' 등의 활동을 전개하였는데, 이는 실천 지향적인 평화교육의 모습을 보여준다. 뿐만 아니라 설문조사, 토론회 등을 통해 교사, 학생, 학부모의 3주체 자율 협약을 공포하였다. 이는 개인과 교실의 평

화를 넘어 학교의 평화를 지향하고 있는 모습을 시사한다.

시사점

평화교육은 한국 사회가 안고 있는 여러 문제를 해결하는 데 유용한 교육 내용과 방법이다. 그러나 평화교육의 개념과 내용은 상당히 광범위하여 오히려 평화교육의 정체성 정립이 어렵다. 기존의 일반사회, 역사, 윤리 등에서도 평화교육의 요소가 어느 정도 포함되어 있으나 부분적이고 파편적으로 들어가 있다. 또한, 지식을 전달하는 경향이 기존 교과 수업에 많이 있다 보니 애초부터 평화교육에서 세운 목표 달성이 쉽지 않다.

그러나 평화교육은 일차적으로 관련 교과목에서 관심을 기울여야 한다. 평화교육의 철학과 의의에 대해서 최소한 사회과와 윤리과 교사들은 충분히 숙지할 필요가 있다. 추후 관련 교과 연수에서 평화교육을 충분히 담을 필요가 있다. 기존 교과 내용을 평화교육의 관점에서 재해석해서 실천할 수 있는 교사들을 일차적으로 많이 양산해야 한다. 그러나 평화교육은 특정 교과만의 몫으로 국한되지 않는다. 평화교육의 간학문적 특성을 고려한다면, 인간과 인간 사이의 평화는 행복한 삶을 구성하는 데 매우 중요한 요소이다. 보편적인 학문적 성격을 지니고 있다는 점에서 모든 교사들이 관심을 기울여야 한다. 최근 문제가 되고 있는 학교 폭력 등 문제도 따지고 보면 평화교육의 가치와 철학이 학생들에게 충분히 내면화되지 못하면서 나타난 현상이다. 학교 폭력 예방도 일상의 평화를 만들어내는 평화교육의 관점에서 구성해야 한다.

이렇게 보면 평화교육은 학생 인권 보장과 맞물려 있다. 또한, 평화교육에서 추구하는 실천적 성격은 참된 배움의 모습으로 볼 수 있다. 그런 맥락에서 평화교육을 기존의 인권 정책, 학교 폭력 예방 정책, 창의지성 교육과 유기적으로 연결시키려는 노력이 필요하다.

평화교육은 사회 문제를 의미 있게 해석할 수 있는 안목을 필요로 하기 때문에 지식 성격을 가지고 있지만, 문제를 해결하기 위해 노력하기 때문에 실천 지향적인 성격을 지닌다. 따라서 평화교육은 구체적인 문제 해결 교육이나 프로젝트 형태의 수업으로 진행해야 한다. 또한 교과와 창의재량활동에서 다양한 교육적 실천이 이루어져야 한다.

이를 위해서는 평화교육의 개념과 필요성, 의미와 방향에 대한 교사들의 공감대를 충분히 형성해야 한다. 문제는 학교가 평화로움을 경험할 수 있는 문화 공간으로 특화되어 있지 못하다는 점이다. 겉으로 보기에는 평화로울지 몰라도 내부의 소통 과정이 약할 때 그것은 '가장된 평화'에 머무를 가능성이 있다. 단위학교 내에 존재하는 불만과 비판, 불안 요소 등에 대해서는 함께 논의하고 토론하는 문화가 반드시 필요하다. 그러나 개별화·고립화된 학교문화는 이러한 논의와 토론 문화가 자리잡는데 어려움을 만들어낸다. 평화는 개인과 개인, 개인과 집단, 개인과 학교, 학교와 사회라는 틀에서 다양하게 실천할 요소를 많이 지닌다. 그러나 학교의 구조가 평화롭지 않다면 평화교육의 효과는 상당히 반감될 수 밖에 없다. 이런 맥락에서 학교 민주주의라든지 참여와 소통의 학교장 리더십은 평화교육의 실질화를 위해 대단히 중요한 조건이라고 볼 수 있다.

한편, 최근 일부 지역교육청이 군부대와 협약을 맺고 연계 활동을 하면서 이를 평화교육과 연결시키기도 한다. 한국사회의 특수성을 고려할 때 안보 교육의 필요성을 부인하기 어렵지만 그것을 평화교육과 같은 개념으로 보기는 어렵다.

기존 반공·안보 교육은 상대방에 대한 증오감을 불러일으킬 가능성을 배제하기 어렵다. 이런 점에서 안보 교육이 한국의 특성을 고려한 평화교육의 일부 요소가 있음을 감안한다고 해도 평화교육의 근본 취지와는 충돌되는 측면이 있다. 이런 맥락에서 군부대 자원을 교육에 활용할 때는 평화교육으로 개념화하기보다는 교육 기부 내지는 안보 교육의 관점에서 활용하는 것이 바람직해 보인다. 그렇지 않으면 평화교육의 개념 혼동이 발생할 수 있다.

평화교육은 지나치게 포괄적인 특성을 지니고 있다. 평화교육이라는 가방 안에 너무 많은 것이 들어가 있다보니 구체적인 맥을 잡는데 어려운 상황이다. 결국 가치 판단 내지는 정책적 판단을 통해 평화교육 중 어떤 요소를 강조하고, 어떤 요소를 기존의 교과 영역과 결합시키고, 어떤 요소를 배제할 것인가를 정리해야 한다. 1차적으로는 기존의 민주 시민 교육, 통일 교육, 다문화 교육 등의 요소를 평화교육의 철학과 관점에 입각해서 재구조화하려는 노력이 해당 교과 교사들에게 필요하고, 2차적으로 평화교육에 관한 실천 프로젝트가 단위학교에서 다양하게 이루어져야 한다. 이를 위해서는 평화교육 교육과정에 대한 정리와 합의가 시급하다.

다문화 교육 정책,
이것이 필요하다

우리나라 다문화가정 학생들의 현 주소

다문화가정 학생에 대한 정의가 정부 부처마다 다르다. 국제결혼가정과 외국인가정 외에도 새터민을 다문화가정에 넣는 경우도 있다. 경기도교육청에서 실시하고 있는 다문화 관련 직무연수 자료[1]에는 새터민을 다문화가정의 대상으로 포함하고 있다. 이는 학계나 기관에서 다문화에 대한 용어나 정의가 명확하게 이뤄지지 않고 있음을 보여준다. 이 자료에서는 새터민은 제외하고 설명하고자 한다.

교육부는 2012년 46,954명의 다문화가정 학생이 재학중이라고 밝혔다. 여기서 다문화가정 학생이란 국제결혼가정 자녀(국내 출

---

1. 경기도교육청 다문화 직무연수 6기, p.146.

생 자녀, 중도 입국 자녀)와 외국인가정 자녀를 의미한다.[2] 이는 다문화가정 학생 현황을 처음 조사한 2006년 9,389명보다 5배 늘어난 수치다. 조사 대상에서 제외된 외국인학교 등을 감안할 경우, 다문화가정 학생 5만 명 시대가 도래하였다. 교육부는 2014년도에 다문화가정 학생 수가 전체 학생 수 대비 1%를 넘을 것으로 공식 보도자료에 언급했다.

〈표 1〉 연도별 다문화가정 초·중·고 학생 수

연 도	2006	2007	2008	2009	2010	2011	2012
학생수(명)	9,389	14,654	20,180	26,015	31,788	38,678	46,954

출처: 한국교육개발원 2012

유형별로 보면, 국제결혼가정 자녀가 94.4%(국내 출생 자녀 40,040명, 중도 입국 자녀 4,288명), 외국인가정 자녀 5.6%(2,626명)이다. 중도 입국 자녀의 경우 전년(2,540명)보다 68.9%가 증가한 것으로 나타나 이들의 교육지원을 위해 대안학교, 예비학교 설치·운영을 대폭 확대하고 있다. 다문화 가정 학생 수를 시·도별로 살펴보면 경기(10,413명, 22.2%), 서울(7,485명, 15.9%), 전남(3,737명, 8.0%) 순으로 많았고, 수도권(서울, 경기, 인천)이 전체의 43.4%를 차지한다. 부모 국적별로 보면, 중국(중국계 7,709명+한국계 8,173명, 33.8%), 일본(12,933명, 27.5%), 필리핀

2. 교육부 보도자료 (2012.9.17)

(7,553명, 16.1%), 베트남(3,408명, 7.3%) 순으로 많게 나타났다.[3]

다문화가정 학생의 취학률 통계를 보면, 공교육 이탈 상황이 심각하다. 다문화가정 학생의 취학률은 2009년 55.4%, 2010년 63.7%, 2011년 61.1%였다. 2012년도 취학률은 66.8%로, 3명 중 1명은 학교에 다니지 않는다. 이는 우리나라 전체 취학률(99.6%)의 3분의 2에 불과한 수준이다. 또한 초등학교 취학률은 78.2%, 중학교 취학률은 56.3%인데 비해 고등학교의 취학률은 35.3%로 현저히 떨어져서 상급학교로 갈수록 취학률이 낮아진다. 2012년도 시도별 취학률은 경기 55.7%, 인천 57.4%, 대전 57.8%, 대구 61.4%, 서울 62.6%로 조사되었다.[4] 한편 다문화가정 자녀 중 중도에 학교를 포기한 학생은 평균 43.8%인데, 초·중·고교별로는 초등학생 35.9%, 중학생 50.7%, 고등학생 68.6%가 학교에 등록하지 않았다.[5]

다문화가정 학생은 일반 청소년에 비해서 친구 문제로 인한 고민이 많고, 고민이 있을 때 친구를 대화 상대로 하는 비율이 낮았다. 또한 다문화가정 학생들 중 상당수가 친구들로부터 차별과 폭력에 시달리고 있다. 이들중 13.8%는 다문화가정 학생이라는 이유만으로 사회적 차별을 당한 경험이 있는 것으로 조사되었다. 차별 가해자로는 친구가 36.5%였고, 선생님도 9.5%나 되었다. 다문화가정 학생에게 있어서 학업 중단의 가장 큰 이유는 친구와의

3. 교육부 보도자료 (2012.9.17)

4. 국회 여성가족위 소속 민주통합당 인재근 의원 (2012.10.25)

5. 다문화가정 교육정책 개선방안(경기도의회 예산정책담당관실, 2012.8)

관계로, 이로 인한 학업 중단이 23.8%나 되었다.

이들의 절반(49.6%)은 차별을 당했을 때 '그냥 참는다'라고 응답해 차별에 소극적으로 대처하고 있다. 학교 폭력 피해율은 전체 학생 비율 8.5%보다 높은 8.7%로 나타났고, 외국에서 성장하다 뒤늦게 한국에 입국한 학생의 학교 폭력 피해율은 10.4%로 더 높다. 연령이 낮을수록 피해율도 높아져 특히 초등학생(만9~11세)의 경우 10명 중 1명꼴인 10.5%가 학교폭력 피해를 경험했다.[6] 이는 다문화가정 학생들이 학교에 적응하지 못하고 있으며, 학교가 차별이나 학교 폭력에 적절하게 대응하지 못하고 있음을 보여준다.

다문화가정 학생이 늘어나면서 이들에 대한 학교 폭력도 증가했다. 다문화가정 학생들은 이국적인 외모와 서툰 한국어 때문에 친구들에게서 집단 따돌림이나 구타를 당하는 경우가 많다. 한국에서 태어나고 자란 다문화가정 학생보다 '중도 입국' 학생들이 더 많은 폭력을 당한다.[7]

---

6. 여성가족부 보도자료 (2013.2.26)

7. 조선일보 2012.5.8일자 기사 참조

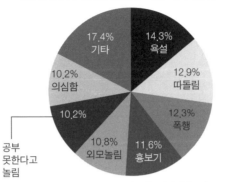

다문화가정 자녀들이 당하는 학교 폭력 (단위 : %)

17.4%
기타

14.3%
욕설

12.9%
따돌림

10.2%
의심함

10.2%

공부
못한다고
놀림

10.8%
외모놀림

11.6%
흉보기

12.3%
폭행

자료: 한국청소년정책연구원(2011)

경기도의회 예산정책담당관실이 다문화가정 학부모와 학생 등을 상대로 한 심층 인터뷰에서 이들은 생활고 외에도 개인적 특성에 따른 교육 지원 부족과 교육정책에 대한 정보 제공 부족을 학교에 다니지 않는 이유로 꼽았다. 실제로 학부모들은 한국이 능력 부족으로 학교 통신문을 제대로 이해하지 못한다. 자녀들은 과제물 제출에 어려움을 겪고 일부는 수업 진도를 못 따라가거나 심지어 학교에서 동료 학생들로부터 놀림을 당한다.[8]

우리나라 다문화 교육 정책

한국의 다문화 교육 정책은 중앙정부 차원에서 추진된다. 그러

---

8. 한겨레신문 2012.8.15일자 기사 참고

나 이를 총괄하는 컨트롤 타워가 없기 때문에 여러 부처에서 제
각기 비슷한 정책을 펼치고 있다. 때문에 한국어 교육과 한국 사
회·문화에 대한 이해 교육 등을 여러 부처가 중복해서 시행하고
있다.

〈표 2〉 부처별 다문화 관련 정책 분야, 정책 대상과 사업 중점

부처	정책분야	주요정책대상	다문화사업의 초점
교육과학 기술부	제도권 교육 인적자원개발	이주민가정의 2세대와 그 부모, 교사, 일반학생	교과학습 부진 지원(KSL포함) 학습능력 행상을 위한 환경 조성 교사 연수 및 일반학생의 다문화 교육
문화체육 관광부	문화의식 전반 문화와 예술	이주민, 이주민가정 및 자녀, 일반국민	다문화에 대한 인식 제고 이주민 언어·문화적 적응 문화적 다양성의 이해
법무부	출입국관리 국적 및 이민	입국 외국인 전체	법질서 수호를 통한 국가 인정 이주민의 사회통합
보건복지 가족부	가족 복지 사회 복지	이주민가정 및 자녀	결혼이주여성의 사회 적응 다문화가족의 복지 증진
여성부	성평등 여성인권	결혼이주여성	이주여성의 인권 증진 이주여성의 사회문화적 적응

자료: 홍기원(2008.7.10). 이주민대상 문화 사업의 현황 및 개선방안. 김미나 재구성

한국의 다문화 관련 정책들은 문화적 단일성을 중시한다는 점
에서, 차별적 포섭·배제 모형과 동화 모형에 해당된다.[9]

다문화에 대한 관심이 많아지자 정부 부처와 지자체의 다문화
관련 교육예산 규모가 갈수록 커지고 있다. 2013년도 정부예산안
에 따르면 다문화가족에 대한 지원예산은 953억원으로 2012년도

---

9. 다문화 교육정책의 추진 체계 및 정책 기제 연구(다문화사회연구 제2권 2009, 김미나)

871억 원보다 9.4%가 늘어났다. 국비 지원을 통해 전국 지자체에서 다문화가족을 지원하는 다문화가족지원센터도 2013년에는 200개에서 205개로 늘어났다. 또한 12세 미만 다문화가족 자녀의 정상적인 언어 발달을 지원하는 언어발달지도사를 200명에서 300명으로 늘리고 이중언어 강사도 106명에서 158명으로 확충할 계획이다. 한국어 교원 양성 지원 예산은 올해 14억 원에서 23억 원으로 늘리기로 하였다. 대학생들이 다문화가족 자녀의 적응을 돕는 '대학생 멘토링' 인원은 올해 4,500명에서 6,800명으로 늘렸다. 또한 다문화가족 지원 예산과는 별도로 홍보와 네트워크 형성 등을 통해 다문화가족에 대한 인식을 개선하는 사업에 4억 원이 늘어난 45억 원을 책정하였다. 다문화가족과 학생들이 늘어남에 따라 이들에 대한 지원을 지속적으로 해나가고 있으며 결혼이민자와 그 학생을 위한 맞춤 교육에 초점을 맞추고 있다.[10]

시·도교육청도 각기 다른 다문화 교육 정책을 펼치고 있다. 다문화가정 학생 수가 가장 많은 경기도교육청의 다문화 관련 정책은 다음 표와 같다. 경기도교육청은 다른 시도와 달리 연구학교가 아닌 특별학급의 형태로 담당자에게 연구점수를 준다.[11]

10. 기획재정부(2012.9.25)
11. 경기도교육청 2013 다문화 기본계획(2013.2)

영역	사업명	2012년도 주요 내용	2013년도 주요 내용	비고
다문화 친화적 교육체제 구축	경기도 다문화 교육 센터운영	- 2개 기관 운영 (경기대, 신흥대) - 200,000,000원	- 2개대학 운영 (신흥대, 1기관 공모) - 200,000,000원	
	다문화 교육 진흥위원회	- 15인이내 교육감 자문기관 - 1회 운영 - 1,880,000원	- 15인이내 교육감 자문기관 - 2회, 2,000,000원	
	다문화 교육 직무연수	- 학교혁신과 지원 200,000천원, 교육부 특교 110,000,000원 - 관리자 및 교사 4,453명 집합연수 770명 원격연수(티쳐빌, 한국교원연수원, 유니텔) 3,683명	- 집합연수 600명 - 120,000,000원	
	다문화 교육 컨설팅운영	- 비예산 운영 - 1회	- 사업지원교 컨설팅 및 워크숍 운영 - 2회, 13,800,000원	예산확보
	이중언어 교수요원 활용협의회	- 이중언어강사 직무연수 및 협의회 운영 지원 - 4,000,000원	- 다문화 교육 컨설팅 예산에 포함	폐지
다문화 가정 학생 맞춤 교육 지원	다문화 특별학급 운영지원	- 13학급 확대 설치 - 170,000천원 - 신설 15,000,000원, 기존 10,000,000원 지원	- 13학급 운영 - 65,000천원 - 급당 5,000,000원 감액 지원	
	다문화 거점학교 운영지원	- 34교 확대 운영 - 750,000천원 - 특교지원 500,000,000원 - 교당 20,000,000원~ 50,000,000원 차등 지원	- 25교 설치 - 500,000천원 - 교당 20,000,000원 감액 지원	
	이중언어강사 지원	- 99교 103명 지원 - 인건비 및 2기 퇴직금 지원 - 1465,600,000원	- 148명(4기 40명 포함) - 시간강사(1,2기) 195일, 3,4기 전일제 - 인건비 및 3기 퇴직금 지원 - 1,913,380,000원	
	이중언어교재 개발	- 열두마당 한국문화이야기 5종 - 다문화 특별학급 교육과정 편성 운영 길라잡이 1종 - 한국어교육 1종 - 교사용 메뉴얼 3종 - 70,000,000원	- 기존 자료 활용	폐지
	다문화학력심의위원회운영		- 다문화학력심의 지원 - 10회, 5,500,000원	신설

영역	사업명	2012년도 주요 내용	2013년도 주요 내용	비고
다문화 어울림 교육 지원	다문화학생 동아리지원		- 선후배와 함께하는 학생 동아리 - 공모, 100팀, 2,000,000원 지원 - 200,000,000원	신설
	오색다문화 공동체학교 운영	- 지역교육지원청 내시사업 - 현장의견 반영 - 102교, 308,000,000원		폐지
	다문화평화 교육프로그램 운영	- 편견없는 학교생활 적응지원 - 237교, 100,000,000원 - 3기관(경기대, 신흥대, 한국다문화 평화교육원) 지원	- 계속 운영 - 학부모교육 추가 - 200교이내, 100,000,000원	
	글로벌리더십 캠프	- 글로벌 리더 양성 - 김포시청소년수련원 - 초.중 160명, 48,000,000원	- 현장의견 수렴 - 다문화거점학교 사업과 연계 추진	폐지

출처: 경기도교육청 다문화 교육 기본계획(2013)

〈표 4〉 2008년 전국 시도교육청의 대상별 다문화 교육 사업 현황

프로그램 유형	서울	부산	인천	대전	대구	광주	울산	경기	강원	충북	충남	경북	경남	전북	전남	제주
다문화 이해 교육	○	○	○				○	○	○		○	○				
다문화 학생 대상 교육	○	○	○	○	○		○	○	○	○	○	○	○	○	○	○
캠프, 체험	○	○	○				○	○				○	○		○	○
행사	○	○	○				○	○								
교재및프로그램 개발	○	○	○	○	○		○	○		○	○	○	○			○
이중언어 교수요원 양성	○															
교사 연수	○	○	○	○			○	○		○	○					○
연구학교 운영	○	○	○	○			○	○			○	○		○		
학부모 지원	○		○					○			○	○		○		
경제적 지원	○									○	○			○		○
기관 운영, 지원			○					○								
기타		○					○	○	○					○		○

출처: 16개 시도 다문화가정 학생 교육지원 실적보고서(교육부, 2008)

혁신교육 미래를 말하다

지역별 프로그램은 〈표4〉와 같다. 2013년 현재 서울과 경기는 이중언어 교수요원을 양성하고 있다. 교육부를 비롯한 각 시·도 교육청에서 가장 중점적으로 진행되고 있는 다문화 관련 사업은 연구학교 운영과 다문화 학생 대상 교육이다.

학교 현장에서 본 다문화 교육의 문제점

사업성 중심의 예산 문제

학교는 다문화 교육을 위해 지자체, 교육부, 교육청, 기타 부처에서 예산을 받는다. 어디에서 예산을 받건 비용에 상관없이 그 해에 모두 써야 한다. 소액으로 사용하게 되면 일처리 해야 할 것들이 많기에 한 번에 최대한 많은 금액을 써야 편하다. 학교 현장에서 흔히 보는 다문화 관련 교육활동은 주로 행사, 현장학습, 공연 보기, 도서 구입이다. 학교 측에서도 이런 행사를 하면 외부에 홍보가 되고 학교 이름 알리기에 좋다. 결국 학교 현장에 투자하는 예산의 대부분이 다문화가정 학생 개개인의 발전에 쓰이지 않고 소모적인 일회성 행사에 소진된다.

국제결혼가정 자녀라는 이유만으로 다문화 교육 대상에 포함시키는 경우도 많다. 교육청과 교육부에서 예산을 받기 위해 또는 받은 예산을 쓰기 위해서 이들을 포함시킬 수밖에 없다. 일부 학교에서는 부모가 외국인이라는 이유로 다문화 교육 정책에 포함시켜 인원수를 부풀려 예산을 타낸다.

경기도의 A초등학교에서는 한국에서 태어났고 운동도 잘하고 공부는 최상위권이며 또래 학생들에게 인기도 많은 등 여느 한국 학생과 다를 바 없이 잘 생활하고 있는 한 남학생을 백인(Caucasian) 아버지를 두었다는 이유로 다문화 학급에 편성했다.

연구학교 만능주의

현재까지 연구학교 프로그램을 살펴보면 공통적으로 국어수업, 학습능력 향상반 운영, 다문화 체험 활동들로 이루어져 있고 목표와 관련된 특색 있는 부분이 거의 없다. 이는 대부분의 연구학교가 이전에 비슷한 주제로 연구학교를 실시했던 학교들의 사례를 거의 그대로 차용했기 때문이다.[12] 연구학교 운영 결과에는 언제나 성공적인 사례만 나오기 때문에 데이터 조작이 의심되는 사례가 상당수 있다.

연구학교에서는 기존의 교육과정을 다문화가정 학생에 맞게 변형하여 수업을 하기도 한다. 억지로 끼워 맞추다 보니 전체적인 교육과정의 흐름에 맞지 않는 부분도 많다. 〈표 5〉는 모 연구학교에서 초등학교 3학년 교육과정을 분석하고 다문화 교육 관련 부분을 추출한 내용이다.

---

12. 초등학교 다문화 교육의 현실(이기규, 2011)

<표 5> 초등3학년 다문화 관련 교육과정(연구학교)

교과	단원	학습내용	영역
국어	〈듣기 말하기〉 4. 차근차근 하나씩	•하나의 낱말을 여러 가지 뜻으로 사용하여 말하기 -동음이의어와 다의어가 들어있는 언어자료	다양한 문화
	〈쓰기〉 3. 함께 사는 세상	•주위사람에게 감사하는 마음 전하는 글쓰기 -알맞은 낱말을 사용하여 감사의 글쓰기	올바른 정체성
	〈읽기〉 6. 서로의 생각을 나누어요	•글쓴이의 생각과 의견이 분명이 드러나는 독서 감상문을 읽고 의견과 까닭 구별하기 -세계 여러 나라에 관련된 글을 읽어보고 여러 의견 비교하기	화해와 협력
도덕	3. 함께 어울려 살아요	•주변의 다양한 이웃과 친구들에 대해 알아보고 이해하는 마음 기르기 - 세계의 인사, - 난 한국 사람이야	다양한 문화
	4. 생명을 존중해요	•생명을 존중하고 소중히 하기 위해서는 어떻게 해야 하는지 바르게 판단하기 - 나를 도와주세요 역할극하기 - 생명 사랑 놀이 하기	평등한 인권
사회	1. 고장생활 중심지	•우리고장과 이웃고장과의 생산물 교환 및 문화적 교류 관계 알아보기	화해와 협력
	2.이동과 의사소통	•미래의 이동수단과 의사소통 모습 상상하여 표현하기	다양한 문화
	3.다양한 삶의 모습	•세계 여러 나라의 명절과 축제 -일본, 태국, 인도네시아. 중국, 필리핀 등의 여러 나라의 명절과 축제 알아보기	다양한 문화
과학	4. 날씨와 우리생활	•날씨의 정보를 알아보기 -일본, 필리핀, 러시아, 중국, 미국의 날씨 알아보기	다양한 문화
	4. 날씨와 우리생활	•날씨가 우리생활에 미치는 영향 알아보기 -세계 여러 나라의 날씨와 생활 비교하여 알아보기	다양한 문화
체육	2. 표현활동-표현의 즐거움을 느끼며	•친구와 함께 그림자놀이 하기 - 주제를 정해 표현작품 만들고 발표하기	다양한 문화
미술	11. 영상표현	•나는야 꼬마사진사 -주변의 사물과 친구 사진을 다양한 방법으로 찍어보기	다양한 문화

출처: 초등학교 다문화 교육의 현실(이기규, 2011)

표를 보면 기존 교육과정에서 다문화로 부르기에는 민망한 부분까지 다문화 관련 내용으로 포장되고 있다. 이는 연구학교가 새로운 고민보다는 기존의 교육과정에서 최소한의 변화로 성과를 내기에 집중하고 있기 때문이다.[13]

교원의 인식부족으로 인한 차별의 폐해

연구학교에서 사용한 학생 기초이해 자료에서 직업, 생활수준, 거주하는 집의 형태, 학년별 누가 행동 기록, 비만도와 병력사항, 교우관계, 외모와 혼혈에 대한 시각, 엄마와의 관계, 어머니 나라에 대한 시각 등을 자세히 기록하게 한다. 이처럼 연구학교 운영을 위한 기초자료 수집을 위해 많은 개인 정보를 무리하게 요구하고 있으며 차별적인 용어도 있다.[14] 이렇듯 다문화가정 학생이 있는 학교에서 인권침해의 요소가 상당부분 지적되고 있다.

인권침해 요소는 여러 곳에서 발견할 수 있다. 2012년에는 인권단체에서 경기도 다문화 특별학급을 폐지하라는 민원을 제기한 사례가 있다. 운영상 일부 다문화 가정 학생들의 인권을 침해한 사실이 상당 부분 있던 것으로 확인되었고 내용은 다음과 같다.

첫째, 다문화 특별학급 설치 기준인원인 12명을 채우기 위해 한국에서 태어났고 한국어와 수학 점수가 90점이 넘는 학생들을 강

---

13. 초등학교 다문화 교육의 현실(이기규, 2011)
14. 초등학교 다문화 교육의 현실(이기규, 2011)

제로 포함했다.

둘째, 부모의 동의를 받아야 하는데 부모에게 제대로 설명하지 않고 학교가 사인을 강요하였다. 12명이 충족되지 않으면 1,500만 원 예산을 받을 수 없기 때문이었다. 부모는 학교 요구에 따르지 않으면 학교에서 자녀가 불이익을 당할까봐 동의를 했다고 한다.

셋째, 다문화가정 학생들을 분리하여 교육하다 보니 다문화가정 특별학급은 학생들로부터 '특수반'이라는 놀림을 받았다. 여기에는 부모가 외국인이었으나 외모가 한국인과 같아 전혀 다문화 학생으로 알려지지 않은 학생들도 포함되었다.

넷째, 다문화 가정 특별학급을 인근 주민들에게 홍보하기 위해서 설명회를 실시하고 일반 학생들이 다문화 교육을 받고 그린 그림을 벽에 걸어 홍보하였는데, '까만 아이, 하얀 아이 모두 똑같아요.', '냄새 나도 싫지 않아요.'와 같은 문구를 담은 그림을 전시해 놓았고, 인권단체에서는 이런 부분에 경악을 금치 못했다고 하면서 다문화 특별학급 폐지를 요구했다.

이렇듯 다문화가정 학생 중에 특별학급으로 인해 도움을 받기보다 오히려 낙인이 찍혀 상처받는 경우가 있다. 하지만 학교나 교육청에서는 전혀 잘못한 것이 없고, 다문화가정 학생을 위한 많은 예산을 지원해 주고 있는데 민원 자체를 이해할 수 없다는 반응을 보였다.

한국어를 못하기 때문에 받는 고통

다문화 가정 학생들은 한국에서 태어난 학생과 중도 입국자로 구분된다. 한국에서 태어난 학생 중 형편이 여유로운 학생을 제외하고 한국어가 서툰 어머니를 둔 학생들의 한국어 교육은 대개 제대로 이루어지지 않고 있다. 언어에는 결정적인 시기가 있는데 이 시기 동안 한국어 교육이 제대로 이뤄지지 않으면, 발음, 문장 구사력, 표현력 등에 문제가 생기게 되고 이로 인해 초등학교 입학 후 놀림감이 된다. 하지만 영·미권 부모를 두고 있는 학생은 한국어를 못하더라도, 외모로 인해 우상이 되기도 한다.

중도 입국자의 자녀들은 더욱 심각한 상황에 처한다. 부모가 한국어를 못하는 경우에는 한국어 교육을 학교에 의존할 수밖에 없는데 학교에서는 한국어를 지도할 여력이 없다. 다문화가정 학생들이 이해할 수 없는 한국어로 이루어지는 수업에 참여하지 못하는 경우가 많다. 학년이 올라갈수록 이런 날들이 점점 많아지고 결국 학생들은 학교에 가는 것을 무의미하게 느낀다. 이는 공교육을 이탈하는 원인 중 하나이며 학업 중단이 고학년으로 갈수록 심화되는 주된 요인이다.

가정과 연계 교육의 어려움

다문화가정 학부모 개개인의 처지와 능력에 맞는 다양한 교육이 필요하다. 연구 결과 학부모들의 학교교육에 대한 적응도는 거주 지역, 어머니의 출신국이나 한국 내 거주 기간, 어머니의 최종 학력에 따라 차이가 있다. 즉, 우리와 같은 문화권인 중국, 일본 출신과 문화권이 다른 필리핀, 베트남 출신 어머니 간에 차이가 나타난다. 조선족이 많이 포함된 중국 출신의 어머니와 비교적 거주 기간이 긴 일본 출신 어머니, 그리고 영어를 잘하는 필리핀 출신 어머니, 거주 기간이 짧은 베트남 출신 어머니들은 모두 적응 모습이 다르다. 따라서 학교에서 학부모 교육 지원을 할 때, 학부모의 배경 특성을 고려해야 한다.[15] 연구 결과 이러한 논의가 많이 이루어지고 있는데, 현실적으로는 학교에 무관심할 수밖에 없는 학부모들이 많다. 특히, 이주노동자들은 시간적인 여유가 없기 때문에, 부모교육을 받을 시간이 따로 없다. 이러한 경우 가정과의 연계가 되지 않아 교육 효과 측면에서 한계가 있다.

바람직한 다문화 교육 정책을 위하여

다문화가정의 학생 중 한국에서 태어나 완벽하게 적응한 학생이라면 다문화교육 대상으로 삼아서는 안 된다. 이러한 원칙은 학교 현장에서 더욱 철저히 지켜져야 한다.

다문화 교육을 연구학교를 통해 활성화하기보다는 전문 인력을 통해 언어나 생활 전반의 적응력을 향상시켜야 한다.

다문화가정 학생의 부모교육은 무척 중요하지만 현실적으로

---

15. 다문화가정 학생을 위한 한국어교육 지원 방안(한국교육과정평가원, 김성열, 2009.11)

쉽지 않다. 원칙적으로 부모교육을 하는 방향으로 하되, 이주노동자 부모 등 여건상 협조가 쉽지 않은 대상에 대해서는 별도의 대안을 마련하여야 한다.

또한 우리나라 다문화 교육 정책은 다문화가정 학생과 학부모를 대상으로 하는 교육이 대부분인데 일반 학부모에게 다문화가정 이해교육을 하는 것이 선행되어야 한다. 이를 위해 학부모를 위한 교육 프로그램과 지침서가 필요하다.

이중언어의 사용은 다문화가정 학생들에게 자신의 정체성을 알려주고 자신감을 심어준다는 강점이 있어 현재 이중언어 교육을 활성화시키려는 움직임이 있다. 서울시교육청은 94개 학교에 110명의 이중언어 강사를 배치해 한국어가 미숙한 학생들의 학교생활 적응을 지원하고 있다. 경기도교육청도 〈경기도교육청 다문화 교육 진흥 조례〉를 제정하고 이중언어 강사를 2010년 35명에서 올해는 148명으로 늘렸다. 또한 다문화 교육센터를 현재 두 곳 운영하고 있으며, 올 3월부터 다문화 교육 전담 부서로 북부청사 민주시민교육과에 다문화 교육팀을 신설하였다. 현재 이중언어 강사는 소수에 불과해 대다수 다문화가정 학생들은 도움을 받지 못하고 있다. 단위학교에 내려주는 사업성 예산을 줄이고, 이중언어 강사 확대에 필요한 예산 규모를 늘려서 다문화가정 학생이 다니는 학교와 연계해 더 많은 다문화가정 학생들을 지원해 줄 필요가 있다.

현재 다문화 교육은 모든 것을 일선 교사들이 직접 채우고 있다. 하지만 교사들 역시 아무런 준비가 되어 있지 않은 상태이다. 때문에 다문화 관련 제반 사항을 학교 현장에서 지속적으로 관리할 수 있는 다문화 교육 전담 교사가 필요하다.[16] 이를 위해 다양한 특성을 지닌 다문화가정 학생의 학교 적응 및 프로그램 운영 등 특화된 업무를 수행할 수 있는 전담 교사를 양성하는 것도 국가적 차원에서 검토해야 한다.

경기도교육청에서는 외국어 대학교 재학 학생을 활용한 다문화가정 학생 멘토링 교육을 생각해 볼 수 있다. 용인에 소재한 한국외국어대학교 국제캠퍼스에는 외국어를 전공한 1만 2,000여 명의 학부생이 외국어를 공부하고 있다. 휴학생까지 포함하면 1만 6,000여 명으로 이들 중에는 베트남어, 중앙아시아 언어, 말레이시아어 등을 구사할 수 있는 학부생들이 포함되어 있다. 다문화가정 학생 또는 어머니와 의사소통이 수월한 이들 대학생들을 활용한 멘토링 교육의 효과성을 검토해 볼 필요가 있다.

많은 학교에서 교육과정 안에 다문화 교육을 몇 시간 끼워 넣는 식으로 다문화 교육을 계획하는데 그조차 제대로 이루어지지 않고 있다. 현실성 있는 다문화 교육 내용을 교육과정 안에 녹여내야 하는데 이는 교육과정의 틀을 바꾸어야 하는 것이므로 소수의 교사가 할 것이 아니라 국가적인 차원에서 다루어 보아야 한다. 앞으로의 추세라면 2014년에는 100명 중 1명이 다문화가정 학생일 것이다. 다문화 시대에서 살아가게 될 학생들에게 다문화

---

16. 다문화가정 자녀교육지원 방안 탐색(한국교육개발원, 2008)

적 감수성과 역량을 키워주기 위해서는 교육과정이나 교과서 구성에 세심한 배려가 필요하다. 다문화가정 학생의 인권을 침해하지 않도록, 또한 '다문화'라는 용어를 사용하지 않고도 그것이 자연스럽게 느껴지게 될 정도로 내용과 용어 하나하나까지 신경 써야 한다. 지금처럼 몇 개의 지도안, 몇 번의 수업만을 가지고서는 교육적 효과가 크지 않다.

현직 교사의 인식 개선을 위한 교육도 중요하다. 현재 통합학급 담임들은 60시간 사이버 교육을 받고 있지만, 그조차 대부분 내용을 보지 않고 클릭하여 넘긴 후 형식적으로 이수하는 일이 많다. 이러한 부작용을 막기 위해서는 비용이 들더라도 모든 교사들을 대상으로 한 다문화 연수를 실시해야 한다. 다문화 교육에 대해서 직접 체험하고 보고 들을 수 있는, 최소한 200시간 이상의 의무 연수가 구성되어야 하고, 관리자의 연수에도 다문화 관련 내용을 일정 시간 이상 포함해야 한다. 마찬가지로 교사 양성 과정인 교육대·사범대의 실습에서도 다문화가정 학생이 있는 학교에서의 실습을 의무화 할 필요가 있다. 일반 학부모의 인식을 바꾸기 위한 설명회와 강의도 주기적으로 실시하여야 한다. 다문화 연구시범학교가 필요한 것이 아니라 대한민국의 모든 학교의 구성원을 대상으로 다문화 이해 교육이 이루어져야 한다.

다문화가정 자녀 및 이주 부모를 위한 체계적인 언어교육 정책이 필요하다. 사회 통합을 이루고 다문화가정 자녀들의 교육 격차를 예방하기 위해 우선적으로 요구되는 것은 한국어 교육이다.[17] 한국어를 완벽하게 구사하는 다문화가정 학생은 외모만으로 인해서 따돌림을 당하는 경우가 적다.

한국어 교육은 국내 거주 기간을 고려해서 단계적으로 이루어져야 한다. 초등학교 저학년부터 학교에 재학한 학생들은 비교적 언어 적응력이 뛰어나서 친구가 많은 편이다. 저학년 때부터 친구가 생기면 상호작용에 의해서 한국어 실력이 더욱 늘어난다. 초등학교 저학년부터 한국에서 교육받지 않은 학생들은 다문화 특별학급에 무조건 편성하는 것이 아니라 한국어 배움반에서 집중적으로 한국어를 가르쳐야 한다. 학교에 한국어를 못하는 다문화가정 학생이 단 한 명이라도 있다면, 그 학생을 위해 한국어 교육을 준비해야 한다. 또한 한국어 교육을 위해 교과시간에 일반학생들과 분리하여 수업을 하기보다는 정규 교과 이외의 시간을 할애하여 집중적인 방법으로 가르쳐야 한다. 이는 일부분이 아니라 모든 학교에 동시에 실시해야 한다.

한국어 교육은 의사소통 능력 향상을 목적으로 하되, 생활 언어 능력을 우선 기르는 데 초점을 맞추어야 한다. 그 이후 학습 상황에 적응할 수 있는 교과 학습 언어 능력 향상도 중요시해야 한다. 다양한 형태의 한국어 교육 접근 방식의 도입이 필요한데, 우선 다문화가정 학생을 위하여 한국어 교육이 필요한지에 대해 확인하고 한국어 능력에 대한 진단 평가 체제를 구축해야 한다. 여기에는 한국어 능력, 한국 문화 이해 능력, 학습 및 인지 능력의 평

---

17. 다문화가정 자녀교육지원 방안 탐색(한국교육개발원 2008)

가 등이 포함되어야 한다. 이는 중앙정부가 표준화된 평가도구를 개발하여 학교에서 측정하도록 하여야 한다.[18] 한국어 능력이 적정 단계에 이르면 수료평가를 실시하여서 최종 이수한 학생에게는 다문화가정 학생이라는 꼬리표를 떼야 한다.

중·고등학교 동아리활동과 1대 1 결연 제도 등도 활성화 되어야 한다. 현재 진행되고 있는 대학생 멘토링 제도도 좋지만 그 수도 적고 대학생의 질과 운영상의 문제가 있을 수 있다. 멘토링 제도 참가 이전에 철저한 사전 교육이 필요하고, 앞서 언급한 외국어대학 재학 학생의 활용이나 교육학을 전공한 교·사대생의 활용을 고려해 볼만하다. 멘토링 제도에 참가하는 교·사대생들에게는 임용 가산점을 일정 부분 주는 것도 고려해볼 수 있다.

정부는 '결혼 이민자 가족 사회 통합 지원 대책'의 일환으로 전국 각 지역에 다문화가족 지원 센터를 설치하였는데, 이는 결혼 이민자 가족 사회 통합 지원 서비스 전달 체계 구축망으로 2012년 전국에 200여 개가 설치되었다.[19] 이 센터는 한국어 교육반 운영, 가족 교육과 상담에 체계적, 안정적 지원을 하고 있다. 학교교육의 올바른 모델을 이런 다문화가족 지원 센터에서 찾아야 한다.

관련 정보 공유를 활성화하여 정보체계를 구축할 필요가 있다. 다문화가정 학생을 지도하는 이들은 다문화 관련 교육 자료 부족 및 교사 간, 지역 간 상호 정보 공유 부재로 심적·물적 어려움을

18. 다문화 가정 학생을 위한 한국어교육 지원 방안(2009.11, 한국교육과정평가원, 김성열)
19. 한국 사회의 이주 외국인 형황 및 개선 방안(2010 Seoul Pax Forum 김효선, 이미숙, 조현주)

겪고 있으며 지역과 학교의 협조가 용이하도록 정보 공유 사이트 개설 등의 대책이 필요하다.[20]

〈표 6〉 다문화가족 지원 센터 주요 사업

		세부 사업 내용
필수 사업	한국어 교육	- 초급반/중급반/고급반/교재 운영반 등
	한국 문화 이해 교육	- 예절 교육, 명절 교육 - 역사 문화 탐방 교육 등

	가족 교육	- 배우자/시부모/결혼 이민자/자녀/통합 가족 대상/
		  가족 교육 프로그램 운영
		- 다문화 이해, 가족 문제 해결,
		  가족 관계 강화 프로그램 등

	가족 상담	- 면접 상담, 전화 상담, 가정 방문 상담, 통역 상담 - 쉼터 운영
	자조 집단	- 결혼 이민자 자녀 지원 프로그램 - 멘토링 프로그램 및 심리 정서 치료 사업
특화 사업	정서 지원	- 결혼 이민자 자녀 지원 프로그램 - 멘토링 프로그램 및 심리 정서 치료 사업
	다문화 인식 개선	- 다문화 캠페인, 다문화 축제, 다문화 교육 등
	전문 인력 양성	- 자원봉사자 교육, 산모 도우미 교육
	결혼 이민자 역량 강화	- 다문화 강사 및 원어민 강사 양성 교육 - 직업 교육
	기타	- 지역 협의체 구성 - 홍보 및 네트워크 사업
	결혼 이민자 가족 방문 교육 사업	- 찾아가는 한국어 교육 서비스 - 찾아가는 아동 양육 지원 서비스

출처: 한국 사회의 이주 외국인 형황 및 개선 방안(2010 Seoul Pax Forum 김효선, 이미숙, 조현주)

---

20. 다문화 가정 학생을 위한 한국어교육 지원 방안(2009.11, 한국교육과정평가원, 김성열)

바람직한
스마트교육의 길

스마트교육의 개념

최근들어 스마트교육에 대한 논의가 활발하게 이루어지고 있다. ICT 교육, 이러닝, 유러닝 등 개념이 계속 확장되다가 지금은 스마트교육이 대세로 굳어지고 있다. 여기에 박근혜 대통령은 '교과서 완결 학습 체제'를 공약으로 제시한 바 있다. e-교과서만을 가지고 자신이 필요한 공부를 하게 하겠다는 의도로 해석된다. 사교육을 줄이기 위한 대안으로서 '교과서 완결 학습 체제'가 논의되고 있다. 스마트교육은 이명박 정부에서 시작되었지만 박근혜 정부 역시 그 흐름을 이어받아서 더욱 확대 발전할 것으로 예상된다.

그렇다면 스마트교육의 개념은 무엇인가? 교육부의 정의가 현재 많이 통용된다.

스마트(SMART)는 "자기주도적(Self-directed) 학습방법, 흥미로운(Motivated) 학습방법, 내 수준과 적성에 맞는(Adaptive) 학습방법, 풍부한 자료(Resource enriched)를 가진 학습방법, 정보통신기술을 활용하는(Technology embedded) 학습 방법의 합성어"라고 교육부는 정의 내리고 있다(교육부, 2011). 스마트교육이란 21세기 지식기반사회에서 요구되는 새로운 교육방법, 교육과정, 평가, 교사 등 교육체제 전반의 변화를 이끌기 위한 지능형 맞춤-교수 학습 지원체제로서, 최상의 통신 환경을 기반으로 인간을 중심으로 한 쇼셜러닝(Social learning)과 맞춤형(Adaptive learning)을 접목한 학습형태라고 정의된다(전략위·교육부, 2011)

이러한 정의를 놓고 보면 스마트폰과 아이패드, 무선 인터넷망 확장 등 물리적·기술적인 미디어 소통 환경의 변화에 발맞추어 우리의 교육 내용과 방법을 바꾸려는 총체적인 시도를 스마트교육으로 볼 수 있다.

스마트교육의 내용

교육부는 1990년대의 ICT 활용교육, 2003년 이후 이러닝, 2005년 이후 유러닝의 시대가 왔다고 판단하고, 2010년 이후 스마트러닝이 나타나고 있다고 분석했다.

교육부는 스마트교육을 미래 교육의 모습으로 바라보았다. 미래 교육은 전통적인 교실 수업을 넘어 시간, 공간, 학습자료, 학습 방법의 확장을 의미한다. 그림을 보면 전통적인 학교 체제를 3R 중심교육, 서책형 교과서, 물리적 공간, 특정 시간, 강의식 수업으로 규정하고, 이를 벗어날 수 있는 대안으로 스마트교육을 상정한 것이다.

김두연(2011)은 시간의 확대는 학교라는 전통적인 수업시간의 확대를 벗어나 원하는 시간에 언제나 학습할 수 있는 교육을 의미하며, 공간의 확대는 학교 이외의 공간에서도 교수학습 활동이 일어난다는 의미로 해석했다. 교육 자료는 서책형 교과서에서 디지털 교과서로, 강의식 수업은 협력학습과 체험학습으로 전환된다. 기존의 교육 체제가 3R(읽기, 쓰기, 셈하기)을 목표로 했다면 스마트교육은 21세기 학습자 역량으로서 자기주도적 학습능력(비판적 사고, 문제 해결), 미래 학습 기반 능력(창의적, 혁신적 사고), 협업과 상호작용 능력(의사소통 능력, 팀워크, 리더십)을 기르는 것을 목표로 한다(김두연, 2011). 스마트교육 추진 전략을 교육부는 다음과 같이 제시한 바 있다(김두연, 2011).

교육부의 스마트교육 추진 전략

과제	구체적인 내용
디지털 교과서 개발 및 적용	- 풍부한 학습자료(e-교과서, 참고서 및 문제집, 학습사진, 멀티미디어 자료, 보충심화 학습자료) - 학습진단 및 처방 기능 - 정치/경제/사회/문화기관 DB 연계
온라인 수업 활성화와 온라인 평가 체제 구축	- 온라인 수업을 수업 시수로 인정 - 천재지변 및 질병 등으로 인한 학업중단학생 온라인 수업 우선 적용 - 고등학교 희소 선택교과 영역, 중학교 집중이수제 대상 학생들에게 확대 적용 - 주5일제 수업 시수 보완책 - 현행 지필 선다형 전통 평가방식을 스마트 기술 활용 컴퓨터 기반 평가로 전환 - 국가수준의 학업성취도 평가에 컴퓨터 기반 평가 도입
교육 콘텐츠 공공목적 이용환경 조성 및 역기능 해소를 위한 정보통신윤리교육강화	- 각종 유해 및 불건전 정보에 무방비로 노출되거나 인터넷 중독 등 역기능 예방
교원의 스마트교육 실천 역량 강화	- 교원의 스마트 역량강화를 위해 연수 교육과정 개발 - 매년 전체 교원의 25% 수준에서 스마트교육 연수 실시 - 교원을 위한 교육용 스마트 기기 단계적 보급
클라우드[1] 교육 서비스 기반 조성	- 2015년까지 학교 내 무선 인터넷 환경 구축 - 교단선진화 기기와 교과교실, 멀티미디어실 등 정보 자원에서도 활용 가능한 클라우드 서비스 구축
추진 체제 정비	- 정부, 산학연, 민간전문가로 구성된 스마트교육 자문위원회 구성 및 운용 - 세종특별자치시 소속 학교를 스마트교육 추진 전략 시범학교로 육성

---

1. 클라우드는 특정 데이터 센터에 교육 정보를 집적해 놓으면 사용자들이 스마트폰, 일반PC, 태블릿 PC 등을 통해 정보에 집적할 수 있는 시스템을 의미함.

교육 효과성

스마트교육의 효과 여부는 논쟁을 일으키고 있다. 스마트교육의 효과는 기존의 ICT 교육이라든지 이러닝, 유러닝 교육을 둘러싼 논쟁과 그 결이 다르지 않다.

손병길(2007)은 디지털 교과서가 학습자의 인터넷 중독을 심화시킬 수 있고, 교실 현장에서 교사의 역할을 축소시키며, 교사와 학생 간 상호작용을 저해할 수 있다고 주장했다. 윤석희(2007)는 건강이나 신체에 문제를 가져올 수 있고, 수업에 대한 집중력 저하나 대인 간 상호작용의 감소 등을 디지털 교과서의 문제점이나 한계로 지적했다.

쥬커(Zucker, 2009)는 외국의 연구물을 검토하면서 디지털 교과서가 학생들의 내용 이해력에 도움을 주지만, 적절치 않은 도구의 제공은 오히려 내용 이해를 방해할 수 있다고 보았다.

따이(Tai, 2008)의 연구에서는 대만초등학교 학생들이 디지털 교과서를 사용하면서 학습자가 자기 스스로 학습과정을 통제하느냐 혹은 교사가 통제하느냐에 따라 학업성취도가 달라지는가를 살폈는데, 교사가 디지털 교과서를 통제한 집단이 영어 학업성취도가 높게 나타났다. 이 연구 결과는 디지털 교과서 사용 등은 그 자체가 효과성을 보증하는 것이 아니라 효과를 높이기 위한 세밀한 전략이 필요함을 시사한다.

임정훈(2010)은 디지털 교과서의 효과성을 탐색한 개별 연구학교를 보면 서책형 교과서 활용 수업에 비해 학업성취나 학습 태도 면에서 유의미한 차이를 보이지 않았다고 밝히고 있다. 디지털 교과서처럼 대부분의 정보를 전자화된, 시각화된 형태로 할 때 심층적 정보처리보다는 표층적 정보처리를 유도함으로써 심화된 학습이 일어나지 않을 수 있다는 것이다. 임정훈은 디지털 교과서의 활용 자체가 학습 효과 향상에 도움이 된다기보다는 어떻게 활용하느냐가 더 중요하다고 주장한다. 즉, 교수 매체 자체가 학습 효과를 주는 것이 아니라 교수 매체 활용이나 교수 내용이 더욱 중요하다고 보았다.

한편, 그 효과성을 입증한 연구도 있다. 최선영·서정희(2009)는 디지털 교과서를 활용한 과학수업과 서책형 교과서를 가지고 활용한 과학수업을 비교 실험하였는데 디지털 교과서 활용 집단이 비교 집단에 비해 과학적 문제 해결력이 향상된 것으로 나타났다. 그러나 이 연구에서는 상, 중 수준의 학생보다 하 수준의 학생들에게 학습 효과가 더 많이 나타났다.

이러한 연구 결과는 스마트교육의 효과가 제한적으로 나타나고 있으며, 스마트 기기 자체가 학습 효과를 높이기보다는 적용 방법과 적용 대상이 더욱 중요함을 시사하고 있다.

이 부분에서 가장 크게 나타난 쟁점은 스마트교육의 효과를 인정한다고 해도 예산 투자 대비 효과를 살펴볼 때 스마트교육의 효용성은 생각처럼 크지 않다는 데 있다. 교육의 본질이 학생과 교사, 학생과 학생 간 상호작용을 통해 이루어진다는 점을 감안할 때, '스마트교육이 정말 우리 교육에 반드시 필요한 본질적 요소인가?' 하는 근본적인 질문을 던지는 이들이 많아지고 있다.

스마트교육의 기대점

첫째, 학습 패러다임의 전환이다.

지식과 정보가 폭발적으로 증가하고 있는 상황에서 더 이상 주입 교육은 안 된다는 인식이 확산되고 있다. 결국 학생들은 스스로 문제를 발견하고, 이를 찾기 위한 탐구 과정을 스스로 경험해야 한다. 스마트교육은 교사 위주의 수업에서 학생 중심의 학습으로 전환하는 데 유용한 수단을 제공하고 있다. 우선 학생들은 스마트교육을 통해 다양한 정보와 지식에 쉽게 접근할 수 있다. 이러한 과정은 자기주도적인 학습 양상의 강조로 이어진다.

기존의 학습이 문자 중심이었다면 스마트교육은 이미지와 영상 등을 결합한 오감 학습을 가능케한다. 이러한 방식은 학생들의 학습 흥미를 높일 수 있을 뿐만 아니라 이해도를 높이는데 유용하다. 단순히 지적 능력을 계발하는 데 스마트교육이 사용되기보다는 학생들의 감성을 자극하는 데 도움을 줄 수 있다.

스마트교육은 개인의 학습에 머무르기보다는 학생들의 협력과 협동을 강조한다. 최근 들어 공동체를 통한 문제 해결력을 강조하고 있는 흐름이다. 상당수의 학생들이 직장 생활을 하게 될 텐

데, 그들은 혼자서 일하기보다는 동료들과 함께 학습할 수밖에 없다. 이런 점에서 스마트교육은 팀프로젝트를 적용하는데 유용하다. 문제를 제기하고 자료를 탐색ㆍ분석ㆍ정리ㆍ발표ㆍ공유하는 과정은 혼자서 감당하기 어렵다. 학생과 학생 사이의 상호 협력을 통해 배움에 이르는 과정에 스마트교육은 유용하다. 소통 기반 교육의 가능성을 보여주고 있다. 구글 문서 도구를 보면 특정 사이트에 텍스트를 올리고, 동시에 접속하여 내용을 수정할 수 있는 시스템이 구축되어 있다.

이는 개인 차원의 학습을 넘어 학생 간 협업 기능이 강화될 수 있음을 시사한다. 학생들은 학습 자료를 공동으로 만들거나 프로젝트 학습을 진행하고 자료를 공유ㆍ확산ㆍ변용함으로써 지식의 소비자에서 생산자로 자신의 위치를 바꿀 수 있다.

둘째, 청소년 특성에 맞는 수업 진행이 가능하다.

우리나라 학생들의 PISA 2009 디지털 매체 읽기 검사(DRA)는 전체 참여국 19개국 중 1위로 나타났다. 뉴미디어를 활용하여 정보를 찾고 문제를 해결하는 능력이 세계적인 수준임을 보여준다.

어른들은 스마트폰이나 스마트 기기를 만질 때 상당히 조심스럽게 접근하는 경향이 있다. 또한 사용하는 기능도 제한되어 있다. 반면에 아동이나 청소년들은 기기에 대한 적응이 대단히 빠르다.

아동이나 청소년들은 온라인 커뮤니티를 빠르게 형성하고, 그

커뮤니티에서 다양한 소통의 과정을 경험하면서 성장했다. 놀이와 학습, 관계 맺음 등의 과정을 온라인에서 경험한다. 이러한 양상은 기존의 어른들과는 다른 사고 방식과 문화적 양식을 가지고 있을 가능성이 있음을 시사한다.

기존의 어른들은 독서를 통해 학습을 하는 경향이 있었다. 서론과 본론, 결론으로 이어지는 선형적인 학습을 한다. 반면, 아동과 청소년들은 모르는 개념에 대해서 미디어를 통해 그 즉시 찾아보고, 새로운 개념에 대해서 계속 파고들어가는 이른바 하이퍼링크 방식의 학습을 진행한다. 이처럼 자신이 주로 접하는 미디어의 특성이 곧 자신의 사고 체계의 성향을 규정지을 가능성도 있고 학습 방식의 변화를 만들어낼 수도 있다.

스마트교육은 전통적인 학습 체계를 벗어나서 학생들 스스로 개념에 대한 끊임없는 탐구를 가능케 한다. 스마트교육은 이처럼 청소년과 아동의 사고 체계에 맞는 교수법의 변화를 촉진시킬 가능성이 있다.

셋째, 교육과정에 관한 교사 권한을 향상시킨다.

스마트교육은 교사들로 하여금 국가 수준의 교육과정에 종속되지 않고 스스로 재구성할 수 있게 만든다. 우선 교사들은 편리하게 컨텐츠를 제작·공유·소비할 수 있다. 학생과 교사들은 스마트교육 관련 플랫폼을 통해 협업과 집단 지성이 작동하는 교육 콘텐츠를 만들거나 접할 수 있게 된다. 이미 많은 교사들은 교사들의 온라인 커뮤니티에 자료를 축적하고, 이를 수업 중에 적절히 활용하는 경향이 있다. 스마트교육은 교사들이 수업 자료를 모으고 이를 공유하면서 재구성하게 만든다. 이러한 과정은 교과서의 절대적 가치를 약화시킬 수 있다.

교과서가 기존 수업의 중요한 재료였지만 스마트교육 체계하에서는 좋은 재료의 일부에 불과하게 된다. 이러한 방식은 교사들로 하여금 국정과 검정 교과서 체계를 뛰어넘게 만들고, 추후 교과서 자유발행제로 나아갈 수 있는 토대를 마련하게 된다. 교육과정을 교사가 스스로 구현하고, 이를 적용하게 된다면 교권 회복이 이루어질 수 있고, 부수적으로 사교육의 영향력을 최소화할 수 있게 된다. 사교육은 표준화된 교육과정과 학습 체계에서 번성하게 된다. 반면에, 이러한 표준화된 틀이 약화될 때 사교육은 대응을 하기가 어려워진다.

넷째, 양질 교육의 확산과 공유를 가능케 한다.

기존에 아무리 좋은 교육과 컨텐츠가 있다고 해도 특정 공간을 넘기 어려웠다. 그러나 스마트교육은 물리적 공간의 제약을 이미 무너뜨렸다. 예컨대, 테드(Ted)와 같은 교육 컨텐츠를 무료로, 누구나 언제나 볼 수 있는 시대가 이미 열렸다. 시대의 지성인들의 문제의식과 지식과 정보를 누구나 쉽게 접할 수 있다. 심지어는 언어의 장벽도 아무 문제가 되지 않는 상황이 만들어졌다.

일부 기업들이 굴지의 사설 교육기관과 연계하여 컨텐츠를 제공하는 흐름도 나타나고 있고, 미국의 MIT 대학도 강의를 온라인으로 무료로 공개하고 있다. 공교육도 이러한 흐름에 적극 대응할 필요가 있다.

그 첫걸음은 '공유'가 될 수밖에 없다. 공유와 개방, 협력과 참여의 원리가 작동될 때 공교육은 힘을 얻게 된다. 스마트교육이 만약 다양한 학습 컨텐츠를 집대성하고 이를 마음껏 활용할 수 있는 시스템으로 진행된다면 그만큼 개별 교사와 단위학교의 교육이 강화되는 효과가 있다.

이런 점에서 개별 교사의 유능한 교육 실천을 넘어 동료 교사들이 함께 자신의 실천을 공유하고 이를 누군가가 재구성하여 뛰어넘는 방식이 만들어진다면 공교육의 위상은 한층 강화될 수 있다.

스마트교육에 대한 비판점

첫째, '고비용 저효율 구조'이다.

앞서 언급했듯이 스마트교육이 가장 많이 비판받고 있는 지점은 고비용 저효율 구조라는 점이다. 스마트교육이 제대로 진행되려면 무선 인터넷 교체, 디지털 교과서 전환, 클라우드 서비스 체제 구축, 교원 연수, 태블릿 PC 등 스마트 기기 보급에 천문학적인 비용이 들어가게 된다.

물론, 교육부는 스마트교육을 학습 시간, 학습 공간, 학습 자료, 학습 방법의 확장으로 바라보고, 전통 교육에서 미래 교육으로 전환하는 핵심 도구로 바라본다. 이러한 문제 인식은 타당하고, 많은 이들의 공감을 얻고 있다.

문제는 이러한 교육목표 전환이 과연 스마트교육을 통해서만 이루어질 수 있는가이다. 기존의 온라인 교육에서도 충분히 가능한 방안을 스마트교육이라고 명명하여 막대한 사업 예산을 쏟아야 할 이유가 있는가에 대해서 비판하는 시각이 존재한다.

스마트교육의 효과에 대한 논란은 지속되고 있다. 예산 대비 그 효과가 낮다는 것이다. 스마트교육 연구시범학교 보고서를 보면 학업성취도가 약간 올라가는 것으로 나타나고 있다. 하지만 여기에는 상당한 예산이 투입되었음을 기억해야 한다. 협동학습이라든지 학습보조교사 투입, 독서교육 등도 학생들의 학업성취도를 높이는데 유용한 방식으로 평가받고 있다. 하지만 스마트교육에 비해 많은 예산이 투입되지는 않는다.

교육은 기본적으로 관계의 문제이지 테크닉의 문제는 아니다. 교사와 학생, 학생과 학생의 관계 회복에 근거한 상호작용이 없는 상태에서는 아무리 좋은 기기가 도입된다고 해도 학습 효과는 높지 않을 것이다. 이런 점에서 스마트교육이 과연 우리 교육의 문제점과 모순을 해결하는 핵심 도구인가에 대해서는 의혹을 던지는 이들이 많다.

둘째, 교육의 시장화를 촉진시킨다.

스마트교육에 가장 관심을 보이고 있는 이들은 누구일까? 기업들이다. 주지하다시피, 삼성, SK, 웅진, 두산 등 국내 기업은 물론 마이크로소프트사와 애플 등이 스마트교육에 이미 뛰어들었다.

기업들이 스마트교육에 관심을 보이는 이유는 무엇일까? 스마트교육 관련 하드웨어와 소프트웨어 시장의 확장을 기대했기 때문이다. 바꾸어 말해, 기업의 새로운 성장 동력이 될 것이고, 여기에서 많은 수익을 기대하기 때문이다.

스마트교육이 본격화되면 중앙정부는 물론이고 지방정부, 지자체, 단위학교에서는 관련 예산을 편성하여 집행할 수밖에 없다. 그 혜택은 당연히 기업들이 가져가게 될 것이다.

이런 상황에 대해 적지 않은 이들은 교육이 기업의 시장 논리에 잠식되는 것은 아닌가를 우려한다.

셋째, 기기 보급 사업으로 전락하는 것은 아닌가?

스마트교육이 제대로 이루어지려면 스마트폰이나 태블릿 PC 등이 교사나 학생에게 보급되어야 한다. 교사나 학생에게 이 기기를 보급하려면 막대한 국가 예산이 필요하다. 이 부분에 대한 정책 관계자의 판단은 현재 이루어지지 않은 상태이다. 결국, 단위학교에서 필요한 만큼 구매하거나 학생이나 학부모의 몫으로 남겨질 가능성이 높다.

현실적으로 모든 학생들에게 스마트 기기를 보급하는 방식으

- 마이크로소프트는 교육과학기술부와 함께 "선생님과 함께하는 스마트교육콘서트"를 서울, 광주, 춘천, 목포, 고양, 대구에서 진행할 예정임
- 마이크로소프트는 대구교육청과 스마트 교육과 관련한 MOU를 체결함. 이 MOU의 이름은 '교육기부 상호 협력 MOU'임
- 세계 네트워크 시장의 2/3을 점유하고 있다고 알려진 글로벌 기업 시스코는 지난 3월 16일 교육과학기술부와 스마트 교육과 관련한 교육기부 MOU를 체결
- 지난 3월 16일 열린 교육기부 컨퍼런스박람회에서 시스코 시스템즈의 부대표 마이클 스티븐스 부사장은 기조연설을 통해 한국의 교육과학기술부 고위 관료들이 스마트교육에 대한 깊은 관심을 갖고 있는 것에 감사를 표함
- 지난 3월 16일 열린 교육기부 컨퍼런스박람회에서 수학 사교육업체 MPDA 원상호 대표가 시스코 다음에 발제를 맡았음. MPDA는 서울에 8개 직영점, 지방에 약 600개의 가맹점을 보유한 온라인 수학교육 업체임. MPDA는 수학교육 콘텐츠를 저개발 국가에 보급하고 있음. 지난해 매출 80억 원을 올린 MPDA의 올해 매출 목표는 140억 원으로 순증액 모두를 해외에서 벌어들일 계획임
- 세종시에 개교한 스마트 스쿨은 언론의 주목을 받았음. 자유선진당은 행복청에 세종시의 모든 학교를 스마트 스쿨로 만들어달라고 주문함
- 스마트 러닝과 기업의 주가는 밀접한 관련을 맺고 있음

〈자료출처: 좋은교사운동 스마트교육 어디로 가야하나 정책토론회 자료집(2012년 4월 16일, p4)〉

로 사업이 추진되지는 않을 것으로 보인다. 다만 단위학교 차원
에서는 최소한의 기기와 시스템을 구축해야 한다. 무선 망을 설
치하고 각종 스마트 기기를 보급하고, 자료를 집대성한 클라우드
서비스를 받아야 한다. 관련 비용을 누군가가 지불해야 한다.

국가 차원의 결단을 통해 모든 학생들에게 스마트 기기를 보급
했다고 가정할 때 스마트교육이 기기를 팔기 위한 사업으로 전락
했다는 강력한 비판이 제기될 것이다. 이런 점에서 스마트교육의
본질과 내용, 컨텐츠, 노하우에 대한 축적이 없는 상태에서 자칫
기업들에게 스마트교육 기반 구축을 명분으로 이들의 이익을 보
장해주는 방식으로 사업이 진행되는 것은 아닌가에 대한 의혹도
제기되고 있다.

넷째, 유해 정보 노출 및 스마트폰 중독 등 역기능은 없는가?

스마트 기기를 학생들이 모두 가졌다고 가정할 때 혹은 인터넷
에 많이 노출되었을 때 학생들이 과연 순수하게 교육 정보만 접촉
할까? 역으로 유해 정보 접촉 가능성이 높아지지 않을까?

지금도 저소득층의 정보 격차를 해결하기 위해 지자체나 교육
청 차원에서 학생들에게 컴퓨터를 제공하고 인터넷 서비스를 받
게 한다. 그러나 부모의 관심이 없이 방치된 학생들의 경우 게임
중독에 빠져들거나 유해 정보에 접촉함으로써 또 다른 부작용을
만들어내기도 한다.

스마트폰이 확산이 되면서 스마트폰 중독이 사회적인 문제로

제기되고 있다. 스마트폰이나 태블릿 PC는 상시적인 인터넷 접속을 가능케 한다. 특히, 인터넷은 중독 요소가 강하다. 온라인 게임이나 채팅 등은 중독 요소를 많이 갖는다. 내성[2]과 금단[3]현상, 일상생활 피해 등 여러 가지 문제가 나타날 가능성이 높다.

최근 인터넷에서 많이 사용되고 있는 '팝콘 브레인'이라는 용어가 있다. 팝콘처럼 튀어 오르는 것에는 쉽게 반응하지만 느린 현실에 대해서는 무감각해진다는 것이다. 이처럼 스마트 기기가 아동과 청소년의 뇌 구조를 바꿀 수 있다는 우려가 커지고 있다.

스마트교육에 관한 입장

스마트교육을 어떻게 받아들이는가는 크게 비판론과 수용론으로 나누어진다.

비판론
비판론은 비용에 비해 그 효과가 크지 않고, 기업들을 위한 사업에 불과하기 때문에 부분·자율 실행이면 충분하다고 판단한다.

무엇보다 스마트교육을 통한 학습 효과가 입증되지 않았으며,

---

2. 기기를 사용하는 시간이 점점 늘어남을 뜻한다.
3. 기기를 사용하지 않았을 때 찾아오는 신체적, 정신적 징후를 의미한다.

오히려 인간 상호작용, 심층적인 학습, 학습 내면화 등에 방해를 줄 수 있기 때문에 전면적 확산은 곤란하다는 입장이다.

특히, 미디어를 스스로 통제할 수 없는 어린 학생들이 스마트 기기를 접했을 때 수많은 부작용이 양산될 수 있다고 본다. 아이들을 보면 스마트 기기에 몰입할 때 옆의 사람과 소통하기보다 사이버 상의 사람들과 소통하려는 경향이 있다. 이러한 면에서 전통적으로 중시했던 관계성을 스마트교육이 훼손할 가능성이 있다고 본다. 무엇보다 스마트교육은 학생들의 자기 주도 학습능력을 강조하면서 지식의 생산까지 강조하고 있는데, 실제 학생들의 하습 과정을 보면 누군가가 만들어 놓은 지식을 단순히 습득하는 과정에 그치는 경우가 많다는 것이다. 학생들도 지식의 상당 부분을 네이버 지식인에 의존하는 현상도 이러한 우려를 뒷받침한다. 학생들이 습득한 지식에 대한 내면화 및 성찰 과정을 거쳐 창의적 단계로 나아가야 하는데, 학생들은 남들이 만들어온 지식을 복사하여 사용할 가능성이 있다는 것이다. 이 과정에서 지식의 숙고 및 통찰의 과정이 생략되면서 참된 학습과 창의성을 오히려 저해할 수 있다는 비판이 제기된다.

수용론

적극 활용론은 스마트교육에 대한 우려점이 있지만 잘만 활용하면 교사의 교육과정 재구성 권한을 충분히 높일 수 있다고 판단한다. 미디어를 자유자재로 활용하는 교사 마니아 그룹들 중에는

스마트교육에 호의적인 그룹들이 있다,

교사연구모임 가운데 창의지성과 협업, 교육과정 재구성 등의 관점을 가지고 스마트교육을 긍정적으로 평가하는 그룹들이 다수 존재한다. 그 외 교육 자료 업데이트라든지 학생의 참여를 강조하는 수업을 고민하는 교사들이 스마트교육의 장점에 주목하고 있다. 이들은 스마트교육의 장점을 인정하지만 단점도 인식하기 때문에 전면 시행보다는 자율 시행을 지지한다.

이들은 교사들이 스스로 교과서를 만들고, 학생들과 함께 자료를 축적할 수 있다는 점에서 스마트교육에 대한 기대감을 가지고 있다.

스마트교육의 난점

저작권 문제

교육부는 오픈마켓을 통한 교육 주체들의 협업과 집단 지성, 공유를 강화한 디지털 교과서를 모색하고 있으나 저작권 문제에 부딪힐 가능성이 높다. 특히, 문화관광부는 저작권 보호 관점을 강하게 갖고 있다. FTA 이후 온라인 저작권을 보호하려는 움직임을 더욱 강화할 것이다.

디지털 교과서를 교사 개인 차원에서 구성할 때 사진과 동영상, 기존 저서와 온라인 신문 자료 등이 포함될 가능성이 있다. 하지만 현실에서는 교사들이 관련 자료를 만들어 공유하는 순간 저작권을 침해하게 될 가능성이 높다. 교육부는 교육기부 형식으로 이 부분을 풀어가려고 하겠지만 이해관계 앞에서 기업이나 언론 등이 이 부분에 관한 권리를 쉽게 포기할 가능성은 낮아 보인다.

교육 정보를 특정 서버에 쌓아놓고 다양한 기기로 공유하는 클라우드 서비스의 경우, 개인 정보 유출이라든지 저작권 등의 문제가 발생할 가능성이 높다.

교사들의 거부감

교육부는 ICT, 이러닝, 유러닝, 스마트교육 등을 구분하여 새로운 교육 패러다임이 만들어지는 것처럼 홍보를 하고 있으나 현장 교사들은 각 사업이 이름만 달라졌을 뿐 기술적인 차이 외에 본질적으로 큰 차이를 느끼지 못한다. 또 하나의 사업으로 인식하면서 스마트교육에 대한 거부감이 커지고 있다.

교육부는 스마트교육 활용 정도를 교원 평가나 학교 평가, 시도 교육청 평가와 연계할 가능성이 높다. 이 과정에서 형식적인 적용이 이루어지고, 교사들의 거부감은 더욱 커질 것으로 예상된다.

시사점

스마트교육 자체가 학생들의 학업성취도와 학업흥미도를 높인다고 보기는 어렵다. 디지털 교과서가 학생들의 학업성취도를 높인다는 실증적인 증거는 생각보다 많지 않다. 물론, 디지털 교과서는 하위권 학생들에게 흥미를 유발하는데 도움이 되는 것으로 보인다. 그러나 선행연구는 단기간에 이루어진 경우가 많아서 장기적인 실험이 이루어진다면 그 효과도 제한적일 것으로 보인다.

스마트 기기를 활용한 수업이 이루어질 때 여전히 중요한 부분은 미디어 도구라기보다는 교사가 수업을 바라보는 관점, 학생과 교사 간 관계 맺는 방식, 교과 내용의 재구성 전략이다. 스마트교육에 대해 과도한 환상을 갖기보다는 그 특성을 잘 이해하고, 그 특성에 맞추어 평소 구현하지 못했던 수업, 과제, 평가 방식을 의미 있게 적용할 수 있는 유용한 도구라는 관점을 가질 필요가 있다.

스마트교육의 효과가 없는 것은 아니지만 전반적으로 비용 대비 효율성은 떨어지는 것으로 보인다. 스마트교육이 제대로 실현되려면 많은 비용이 들어가야 한다. 스마트교육이 추구하는 여러가지 목표가 스마트교육이 아닌 방식으로도 이루어질 수 있다. 다만, 소셜네트워크서비스(sns)는 집단 지성과 협업, 상호작용을 중시한다는 점에서 배움 중심 수업과 지향점이 유사한 측면이 있다. 학생과 학생의 상호작용이 클라우드라는 매개체를 통해 집단

지성의 과정으로 나아갈 수 있는 가능성은 존재한다. 그러나 스마트 러닝이 학생들의 고급 사고력을 자극시킬 것인가에 대해서는 우려의 시각이 있다. 차분히 책상에 앉아서 독서를 하는 방식과 하이퍼링크 방식으로 필요한 지식을 그때그때 찾아서 보는 방식은 교육의 질적 차이를 가져올 가능성이 있다. 기존의 전통 방식의 교육은 무가치하고 스마트교육이 가치 있다는 접근은 오히려 위험할 수 있다.

교육과정과 교과서 재구성에 대한 관점을 교사들이 갖지 않는다면 제3자 내지는 기업들이 만들어낸 자료를 교사가 그대로 갖다 쓰거나 완성된 남의 자료를 클릭만 하는 '클릭맨'으로 전락할 가능성이 있다. 이런 점에서 스마트교육은 가능성과 우려점을 동시에 가지고 있다. 결국, 스마트교육을 통해 수업을 의미 있게 만들어 가려는 교사의 철학과 가치가 매우 중요하다.

일반적으로 자기 주도 학습은 성인들에게 강조되는 경향이 있다. 최근 학생들에게도 자기 주도 학습을 강조하는 경향이 있으나 상당한 학습 의지가 전제되지 않는 한 쉽지 않은 경향이 있다. 실제 EBS 등에서 사이버 학습 컨텐츠를 학생들이 스스로 찾아서 접속하는 비율은 그리 높지 않다. 누군가가 사이버 학습이 필요하다는 동기부여를 해주거나 지속적인 관리를 해줄 필요가 있다. 무엇보다 온라인 게임이라든지 재미있는 어플, 채팅 등의 유혹 요인을 학생 스스로 이기고 학습 컨텐츠에 접촉할 확률은 낮다. 이런 점에서 학생들의 성장 단계를 고려하여 스마트교육을 접목해야 한다. 즉, 유아 내지는 초등학생들에게 스마트교육을 적용하기보다는 학습의 필요성과 미디어 통제 가능성을 어느 정도 높인 연령대에서 부분적으로 시행되어야 하고 교사나 학부모의 개입이 결합된 상태에서 진행할 필요가 있다.

스마트교육에 대해 대기업들은 많은 관심을 보이고 있으나 기기 보급 등을 통한 이익 추구에 관심이 있는 편이다. 이에 스마트교육을 기업 이윤 창출 사업으로 바라보는 시각이 상당수 존재한다. 정부는 교육 기부로 이 부분을 풀어가고자 하나 한계가 있을 것으로 평가된다. 그런 점에서 기업에 대한 의존성을 줄이고, 교사들이 자신들의 컨텐츠를 마음껏 계발·공유할 수 있는 풍토와 그것을 가능케 하는 플랫폼 구성에 1차적인 관심을 기울여야 한다. 다만, 플랫폼들을 표준화시켜 각 기기 간 호환성을 높여야 한다.

정부는 스마트교육의 하드웨어 구축에 초점을 맞추기보다는 저작권 문제를 1차적으로 해결해야 하고, 2차적으로 각 지식과 정보를 집적할 수 있는 클라우드를 잘 만들어야 한다. 교사들이 쉽게 자료를 생성하고 공유할 수 있는 플랫폼을 구축해야 한다.

스마트교육은 교사들이 교육과정과 교과서를 재구성할 수 있는 일종의 도구로 본다면 저항감이나 거부감을 완화할 수 있을 것으로 보인다. 물론 스마트교육이 되어야만 교육과정과 교과서 재구성이 가능해진다는 것은 논리적으로 맞지 않다. 이런 맥락에서 스마트교육의 전면화와 상관없이 교사들이 교육과정과 교과서를 재구성할 수 있는 권한이 충분히 부여되어야 한다. 교육과정과 교과서를 재구성하는 교사들이라면 자연스럽게 스마트교육을 활용할 가능성이 높아진다.

스마트교육은 학생과 교사의 협업 기능을 강화할 수 있고 학습 내용과 정보, 지식이 아카이브 형태로 집적된다면 학생들의 학습에 도움을 줄 수 있다. 즉, 개인의 컴퓨터에 있던 여러 가지 정보를 학습 공동체 구성원들이 함께 공유할 때 학습 시너지 효과는 더욱 커질 가능성이 높다. 정보를 공유하고 지식을 생성할 수 있는 표준화된 플랫폼을 누가 어떤 철학으로 주도할 것인가가 향후 스마트교육의 성패를 결정지을 것이다. 이런 맥락에서 기업 주도의 스마트교육보다는 교사 학습 공동체 주도의 스마트교육이 바람직하다.

스마트교육은 전면 시행보다는 자율 시행이 바람직하다. 무엇보다 스마트교육이 자칫 스마트 기기를 팔기 위한 사업으로 전락해서는 안 된다. 그 효과성을 충분히 검증해야 한다. 어떤 방식의 접근이 학습 효과를 높이고 교육의 질을 바꾸었는가를 살펴야 한다. 스마트교육에 관심을 기울이는 주체들의 다양한 실험을 충분히 지원하고 그 성과를 살피는 과정이 교육부나 교육청 차원에서 요구된다.

참고문헌

Barrie, S.C.(2004). A research-based approach to generic graduate attributes policy. *Higher Education Research and Development*, 23(3), 261-275.

Bolton,T., & Hyland,T.(2003).Implementing key skills in further education: Perceptions and issues. *Journal of Further and Higher Education*, 27, 15-26.

Davis, B., & Sumara, D. *Complexity and Education: Inquiries into Learning, Teaching, and Research.*, 현인철 · 서용선 역(2011). 『혁신교육, 철학을 만나다: 복잡성 이론과 교육실천의 뿌리를 찾아서』, 살림터.

DeSeCo(2005). *The Definition and selection of key competencies: Executive summary.* Retrieved October 25, 2008, from http://www.oecd.org

Dewey,J., 이홍우 역(1987), 『민주주의와 교육』, 교육과학사.

_____., 엄태동 역(2001), 『경험과 교육』, 원미사.

_____., 엄태동 역(2001), 『아동과 교육과정』, 원미사.

Doll, W. *A Post-modern Perspective on Curriculum.*, 김복영 역(1997). 『교육과정과 포스트모더니즘의 시각』, 교육과학사.

Hicks. D(1988). *Education for Peace.* London. Routledge

McClelland, D.C.(1973). Testing for competence rather than for "intelligence". *American Psychologist*, 28(1), 1-14.

Peter, B.G., & Pierre, J.(2005). *Govering Complex Societies: New Government Society Interactions.* New York: Palgrave Macmillan.

Sergiovanni,Thomas J.(2004). *Educational Governance and Administration.* Eaglewood Cliffs. NJ: Prentice-Hall. Inc

Sullivan, J.(2010). *Emergent Learning : Three Learning Communities*

as Complex Adaptive Systems., 현인철 · 서용선 · 유선옥 역(2013) 『혁
신교육을 위한 창조적 집단지성 학습』, 씨아이알.

Tai, Y., Huang, Y., Timg, R.,(2008). The effects of electronic books
on EFL learners in vocabulary Learning. IN g. Richards (ed.),
Proceedings of World conference on E-Learning in Corporate,
Government, Healthcare, and Higher Education 2008(2008-2011).
Chesapeake, VA: AACE.

Trilling, B. & Fadel, C., 한국교육개발원 역(2012), 『21세기 핵심역량』,
학지사

Wiggins, G., & McTighe, J. 강현석 외 역(2008), 『거꾸로 생각하는 교
육과정 개발: 교과에 대한 진정한 이해를 목적으로』, 학지사.

Zucker, T.A., Moody, A.K., & McKenna, M.C.,(2009). The effects
of electronic books in pre-kindergarten-to-grade 5 students'
literacy and language outcome: A research synthesis. *Journal of*
Educational computing Research. 40(1), 47-87.

강순원(2000), 「평화인권교육」, 한울.

강순원(2007), 『또래중재』. 커뮤니티.

강순원(2008), 『세계화시대의 국제이해교육』, 한울아카데미.

경기도교육청(2012), 다문화 직무연수 자료집.

경기도교육청(2012), 다문화교육 담당교사 직무연수 자료집.

경기도교육청(2013), 다문화 기본계획.

경기도교육청 · 경기도교육연구원(2012). 창의지성교육 교육과정 운영
방안.

경기도다문화교육센터(2009). 학교 다문화교육의 정책방향과 실천사례.

경기도의회 예산정책담당관실(2012). 다문화가정 교육정책 개선방안.

교육과학기술부(2008). 16개 시 · 도 다문화가정 학생 교육지원 실적보
고서.

교육과학기술부(2008). 다문화교육정책 국제 비교연구.

교육과학기술부(2011). 『초·중등학교 교육과정 총론』, 교육과학기술부 고시 제2011-361호 [별책 1].

교육과학기술부(2011). 스마트교육 추진 전략 실행계획안.

국가정보화전략위원회·교육과학기술부(2011). 스마트교육 추진 전략. 교과부

권일한(2011), 『책벌레 선생님의 행복한 책 이야기』, 우리교육.

김남철(2005), 역사교육에서의 평화교육의 모색. 역사교육연구 2호.

김동창(2007), 도덕과 통일교육에서의 평화교육적 접근에 관한 연구. 한국교원대학교 대학원 석사학위논문.

김두연(2011), "인재대국을 향한 교실혁명, 스마트교육 추진 전략." 교육개발 2011 가을. 한국교육개발원

김미나(2009), "다문화교육정책의 추진 체계 및 정책 기제 연구", 다문화사회연구 제2권.

김병연(2011), 평화교육 교수학습체계에 관한 연구. 윤리철학교육 15집. pp.55-78.

김은하(2009), 『영국의 독서 교육』, 대교출판.

김영애(2011), 우리의 교실혁명 스마트교육의 현황과 발전 방향. 교육정책네트워크 이슈페이퍼.

김정안 외(2013), 『주제 통합 수업』, 맘에드림.

김효선·이미숙·조현주(2010), 한국사회의 이주 외국인 현황 및 개선방안(Seoul Pax Forum).

김희경(2011), 한국과 일본의 다문화교육 정책 연구.

남창렬(2011), 교육과정 재구성의 이해, 창의적 교과 교육과정 재구성: 살아있는 좋은 수업 만들기. 경기도교육연구원.

노명완 외(2011), 『독서교육의 이해 : 독서의 개념·지도·평가』, 한우리.

라미경(2009, "거버넌스 연구의 현재적 쟁점." 한국거버넌스회보 제 16

권 제 3호.

명지원(2007), "평화교육으로서의 홀리스틱 교육." 종교교육학연구 25권.

민정숙 · 정영수(2006), "한국사회의 갈등과 평화교육의 방향." 교육의 이론과 실천, 11(1).

박민정(2008), "대학교육의 기능과 역할 변화에 따른 대안적 교육과정 담론: 역량기반 교육과정의 교육적 함의." 교육과정연구 26(4).

박민정(2009), "역량기반 교육과정의 특징과 비판적 쟁점 분석: 내재된 가능성과 딜레마를 중심으로." 교육과정연구 27(4).

박휴용(2012), "다문화교육의 형평성과 수월성에 대한 비판적 고찰."

백화현(2010), 『책으로 크는 아이들』, 우리교육.

서덕희(2010), "한국 다문화 연구의 특징과 한계."

서용선(2012), 『혁신교육, 존 듀이에게 묻다: 듀이 실험학교와 우리 혁신학교의 이론적 연결 뿌리』, 살림터.

서우철(2011), "역량기반교육과정 실현을 위한 초등학교 재구조화 전략." 강원도미래학교모형에관한전문가토론회 자료집. 강원도교육청.

서울대 교육학과 BK 21 역량기반 교육혁신연구사업단(2010), 『역량기반교육』. 교육과학사.

서창록 · 임성학 · 전재성(2006), "한반도 평화, 번영의 거버넌스 구축을 위한 이론적 틀." 통일연구원.

서현진(2008), "교육정책의 굿 거버넌스 모색." 의정연구 제16권 제1호, pp.70-99.

설규주(2009), "학교급에 따른 학교 평화교육 실태의 차이와 의미연구." 통일과 평화 2호.

소경희(2009), "역량기반 교육의 교육과정사적 기반 및 자유교육적 성격 탐색." 『역량기반교육』, 교육과학사.

소경희(2009), "역량기반 교육의 교육과정사적 기반 및 자유교육적 성격 탐색." 교육과정연구.

소경희 · 이상은 · 박정열(2007), "캐나다 퀘백주 교육과정 개혁 사례 고찰-역량 기반 교육과정의 가능성과 한계", 비교교육연구, 17(4).

손민호(2006), "실천적 지식의 일상적 속성에 비추어 본 역량(comoetence)의 의미: 지식기반사회? 사회기반지식!." 교육과정연구.

손민호(2011), "역량중심교육과정의 가능성과 한계: 역량 개념을 중심으로." 한국교육논단 10(1).

손병길(2007), "디지털교과서 개발현황 및 전망." 초등교육, 32호 봄호.

송승훈(2010), 『송승훈 선생의 꿈꾸는 국어 수업』, 양철북.

송해덕 · 박주호(2009), "교수 가이던스 관점에서 디지털교과서 활용유형이 수학과 학습효과에 미치는 영향." 교육정보미디어연구.

송호현(2012), "2012년 경기도 교육과정." 경기도교육청.

신준섭 외(2012), "경기도 평화교육 교육과정 개발 연구." 경기도교육연구원.

신현석(2010), "교육 자율화 정책 거버넌스의 분석 및 혁신방안." 한국정책학회보, 제 19권 1호.

안기성(1997), "교육에서의 거버넌스의 문제와 그의 장래." 교육정치학연구, 4(1).

오현석(2007), "역량중심 인적자원 개발의 비판과 쟁점 분석." 경영교육논총 47권.

윤정일 외(2007, "인간 능력으로서의 역량에 대한 고찰: 역량의 특성과 차원." 45(3).

이광우 외(2008), "미래 한국인의 핵심 역량 증진을 위한 초 · 중등학교 교육과정 비전 연구(II)." 연구보고 RRC 2008-7-1. 한국교육과정평가원.

이기규(2011), "초등학교 다문화교육의 현실." 인권교육을 위한 교사모임.

이동성 · 김지인 · 이다해(2010), "우리나라 다문화교육 현장작업에서 경검하는 방법론적 딜레마와 이슈들."

이종각(2008), "교육거버넌스의 창출: 국가교육관리구조를 어떻게 가져가야 하나?"

이종재 · 송경오(2007), "핵심역량 개발과 마음의 계발: 중요의 관점", 『역량기반교육』, 교육과학사.

이지훈(2010), 『혼창통』, 쌤앤파커스.

임정훈(2010), "초등학교에서의 디지털 교과서 활용 수업: 쟁점과 과제." 한국교육논단.

전국학교도서관담당교사 서울모임(2012), 『북미 학교도서관을 가다』, 우리교육.

정명순(2006), "독일 청소년 문화 - 청소년 문제와 평화교육." 독일언어문학 33집.

정영수(1995), 『인간교육의 탐구』, 동문사.

좋은교사운동(2012), "스마트 교육 어디로 가야하나." 스마트교육 정책 토론회자료집2.

좋은교사운동(2012), "스마트 교육 추진 전략 토론회."

주삼환(2007), "교육거버넌스: 중앙정부의 권한과 역할." 제143차 학술대회 자료집, 한국교육행정학회.

책으로 따뜻한 세상 만드는 교사들(2001), 『독서교육 길라잡이』, 푸른숲.

최미리(2010), "대학의 역량 강화 교육과정 사례 연구." 학습자중심교과교육연구.

최선영 · 서정희(2009), "초등과학 디지털 교과서 활용이 학생들의 과학적 문제 해결력에 미치는 영향." 초등과학교육.

최재천(2011), 『통섭의 식탁』, 명진출판.

한국교육개발원(2008), "다문화가정 자녀 교육실태 연구."

한국교육개발원(2009), "학교에서 다문화가족 교육지원 실태 및 요구조사."

한국교육과정평가원(2009), "다문화가정 학생을 위한 한국어교육 지원 방안."

한철우(2011), 『거시적 독서 지도』, 역락.

허숙 외(2010), "북유럽 교육선진국의 학교교육과정 편성 및 운영실태 조사연구." 연구보고 RRC 2010-22. 한국교육과정평가원.

홍원표·이근호(2011), "역량기반 교육과정의 현장 적용 방안 연구: 캐나다 퀘벡의 사례를 중심으로."

⊙ 저자별 집필 목록

서용선 seoos@goe.go.kr
- 복잡성 철학으로 교육을 새로 보다
- 존 듀이가 말하는 혁신교육
- 교육과정 재구성으로 학교를 바꾸다

김성천 skc22@goe.go.kr
- 역량 중심 교육으로 펼치다
- 고교 평준화 2.0을 준비해야 한다
- 평화교육의 깃발을 올려라
- 바람직한 스마트교육의 길

김혁동 yeakdong@hanmail.net
- 교직 전문성과 교직 몰입
- 꼭 필요한 변혁적 리더십

송승훈 wintertree@goe.go.kr
- 이것이 진정한 독서교육이다

오재길 ojg2430@goe.go.kr
- 다른 나라의 핵심 역량 교육과정과 성공의 길
- 학교는 거버넌스로 지속된다

홍섭근 knonoa@goe.go.kr
- 다문화교육 정책, 이것이 필요하다

혁신교육 미래를 말하다

삶과 교육을 바꾸는
맘에드림 출판사 교육 도서

나는 혁신학교에 간다

경태영 지음 / 값 14,000원

공교육을 바꾸겠다는 거대한 희망을 품고 시작된 '혁신학교'. 이 책은 일곱 개 혁신학교의 이야기를 담고 있다. 지금 우리 교육이 변화하는 생생한 현장의 모습과 아이들이 꿈을 키우고 행복하게 공부하는 희망의 터로 새롭게 자리매김하는 학교들을 이 책에서 만날 수 있다.

혁신학교란 무엇인가

김성천 지음 / 값 15,000원

교육 공동체가 만들어내는 우리 시대 혁신학교 들여다보기. 혁신학교 전반에 관한 이야기를 다루고 있는 책으로, 공교육 안에서 혁신학교가 생기게 된 역사에서부터 혁신학교의 핵심 가치, 이론적 토대, 원리와 원칙, 성공적인 혁신학교의 모습을 보이고 있는 단위 학교의 모습까지 담아냈다.

학부모가 알아야 할 혁신학교의 모든 것

김성천, 오재길 지음 / 값 15,000원

학부모들을 위한 혁신학교 지침서!
'혁신학교에서는 무엇을, 어떻게 가르치고 있는지, 교사 · 학생 · 학부모는 어떻게 만나서 대화하고 관계를 맺어가는지, 어떤 교육목표를 지향하고 있는지 등 이 책은 대한민국 학부모들의 궁금증에 친절하게 답을 한다.

덕양중학교 혁신학교 도전기

김삼진 외 지음 / 값 14,500원

이 책의 1부는 지난 4년 동안 덕양중학교가 시도한 혁신과 도전, 성장을 사실과 경험에 기반한 스토리텔링 방식의 성장기로 전개하고 있다. 그리고 2부는 지역사회와 협력하여 펼치고 있는 교육 프로그램, 배움의 공동체 수업 등을 현장 사례 중심의 교육적 에세이 형태로 담고 있다.

학교 바꾸기 그 후 12년

권새봄 외 지음 / 값 14,500원

MBC PD 수첩에 방영되어 화제가 되었던 남한산초등학교. 아이들이 모두 행복하고, 얼굴 표정이 밝은 아이들. 학교 가는 것을 무엇보다 좋아하고, 방학을 싫어하는 아이들. 수업과 발표를 즐겼던 이 학교를 졸업한 아이들이 그 후 12년의 삶을 세상에 이야기한다.

교사는 수업으로 성장한다

박현숙 지음 / 값 12,000원

그동안 교사는 수업에서 아이들을 만나지 못해왔다. 관계와 만남이 없는 성장의 결손을 낳았다. 그리하여 우리 아이들과 교사들은 모두 참 아프고 외로웠다. 이 책에서는 교사, 학생, 학부모, 지역사회가 공동체로서 서로 관계를 맺을 때에만 배움은 즐거운 활동으로서 모두가 성장하는 삶의 일부가 될 수 있음을 보여준다.

교사와 학부모가 함께 읽는 주제 통합 수업

김정안 외 지음 / 값 15,000원

'서울형 혁신학교'로 지정된 7개 혁신학교들이 지난 1~2년 동안 운영한 주제 중심 통합 교육 과정과 수업 사례를 소개한 책이다. 이 학교들의 교육과정은 전국적으로 이루어지는 혁신학교들의 성과를 반영하였고, 자신의 지역사회의 실제 환경과 경험을 살려 실제 수업에 적용한 것이다.

혁신교육 미래를 말한다

서용선 외 지음 / 값 14,000원

혁신교육은 2009년 이후 공교육 되살리기의 새로운 희망이 되어왔다. 이러한 정책을 입안하고 추진하는 데 기여해왔던 6명의 교사 출신 연구자들이 혁신교육 발전에 필요한 정책 과제들을 모아 하나의 책으로 제시한다. 이 책은 교육철학, 교육과정, 교육행정과 학교 운영(거버넌스) 등에서 주요 이슈들을 정리하고 혁신교육의 성과와 과제가 무엇인가를 보여준다.

수업을 살리는 교육과정

서우철 외 지음 / 값 16,500원

최근 교육과정을 재구성하는 논의가 활발한 가운데, 이 책에서는 개별 교과목과 교과서의 형식에 얽매이지 않고 아이들의 발달을 고려하여 주제를 중심으로 교육과정을 재구성하여 통합적으로 운영하는 방법과 구체적인 실천 사례를 설명하고 있다. 이러한 과정은 같은 학년을 맡고 있는 교사들의 토론과 협력을 통해서 이루어진 것임을 이야기한다.

수업 딜레마

이규철 지음 / 값 14,000원

이 책을 관통하는 키워드는 '사람'이다. 저자의 노하우를 전수하는 것이 아니라, 수업 속에서 딜레마에 맞닥뜨려 고통 받고 있는 선생님들의 고민을 담고, 신념을 담고, 그것을 이겨내기 위한 한 분 한 분의 마음을 담고 있다. 이런 고민 속에 이 책을 집어 든 나를 귀하게 여기며 다시 한 번 교사로 잘 살아보고 싶은 도전을 하게 한다.

좋은 엄마가 스마트폰을 이긴다

깨끗한미디어를위한교사운동 지음 / 값 13,500원

스마트폰에 대한 아이들의 집착은 대단하다. 스마트폰은 '재미있고 편리하다.' 그러나 스마트폰 때문에 아이들은 시간을 빼앗기고, 건강이 나빠지고, 대화가 사라지며, 공부와 휴식, 수면마저 방해를 받는다. 이 책은 이러한 사례들을 생생하게 소개하고 부모들에게 아이들의 스마트폰 사용에 어떻게 대응해야 하는지 대안을 제시한다.

엄선생의 학급운영 레시피

엄은남 지음 / 값 14,000원

34년 경력의 현직 교사가 쓴 생동감 넘치는 학급운영 지침서. 초등학교에서 아이들은 문자와 숫자를 익히는 것보다 학교와 교실에서 낯설고 모험적인 사건을 겪으면서 더 많은 것을 배운다. 이 책은 초등학교에서 교과서 지식보다 더 중요한 학교생활과 학급문화를 만드는 담임교사의 역할을 다룬다. 교사와 아이들이 서로 존중하고 신뢰하는 관계를 어떻게 만들어야 하는지 구체적인 경험과 사례로 설명해준다.

진짜 공부

김지수 외 지음 / 값 15,000원

혁신학교가 추구하는 '진짜 공부'와 '진짜 스펙'이 무엇인지 보여주는, 졸업생들의 생동감 넘치는 경험담. 12명의 졸업생들은 학교에서 탐방, 글쓰기, 독서, 발표, 토론, 연구, 동아리, 학생회 활동을 통해 자신들이 생각하지도 못한 진짜 공부를 경험했음을 보여준다. 이 책을 통해 수능이 아니라 정말로 청소년 스스로 하고 싶은 즐기면서 성장하는 것이 우리 사회에 필요한 것임을 새삼 느낄 수 있다.

수업 디자인

남경운, 서동석, 이경은 지음 / 값 15,000원

서울형 혁신학교의 대표적인 수업 혁신을 담은 이야기. 아이들이 서로 협력하면서 배우는 수업을 목표로 삼은 저자들은 범교과 수업모임을 통한 공동 수업설계를 대안으로 제시한다. 아이들은 교사의 설명을 통해 배우는 것이 아니라 서로 '옥신각신'하며 함께 문제에 도전할 때 수업에 몰입하고 배우게 된다. 이 책은 이러한 수업을 위해서 교사들이 교과를 넘어 어떻게 협력하고 수업을 연구해야 하는지 잘 보여준다.

아이들이 가진 생각의 힘

데보라 마이어 지음 / 정훈 옮김 / 값 15,000원

미국 공교육 개혁의 전설적 인물 데보라 마이어가 전하는 교육 개혁에 대한 경이롭고도 신선한 제언. 이 책은 학교 혁신의 생생한 기록을 통해 우리가 학교에서 무엇을 왜 가르치고 배워야 하는지에 대한 근원적인 성찰을 담고 있다. 아이들이 지성적으로 생각하는 마음의 습관을 배우는 것이 얼마나 중요하고 그것을 위해 학교가 무엇을 해야 하는지를 일깨워준다.

어! 교육과정? 아하! 교육과정 재구성!

박현숙 · 이경숙 지음 / 값 16,500원

교육과정 재구성을 고민하는 교사를 위한 현장 지침서. 이 책은 저자들이 학교 현장에서 교육과정 재구성이라는 화두를 고민하고, 실행한 사례들이 담겨져 있다. 책의 내용은 주제 통합 수업, 교과 통합 수업, 범교과 주제 학습, 교과 체험 학습, 프로젝트 수업 등 학교 현장에서 적용해 큰 성과를 본 것들을 세밀하게 소개하면서 교육과정 재구성 작업의 노하우를 펼쳐 보인다.

행복한 나는 혁신학교 학부모입니다

서울형혁신학교학부모네트워크 지음 / 값 16,000원

이 책은 학부모가 자신의 눈높이에서 일러주는 아이들의 혁신학교 적응기일 뿐 아니라, 학부모 역시 학교를 통해 자신의 삶을 고양시켜가는 부모 성장기라는 점에서 대한민국의 모든 학부모에게 건네는 희망 보고서이기도 하다. 혁신학교가 궁금한 학부모들이 이 책을 통해 혁신학교 학부모로서의 체험을 미리 하는 데 부족함이 없을 것이다.

일반고 리모델링 혁신고가 정답이다

김인호, 오안근 지음 / 값 15,000원

교육 환경이 열악한 지역에 있던, 서울의 한 일반계 고등학교가 혁신학교로서 4년간 도전과 변화를 겪으면서 쌓은 진로, 진학의 비결을 우리 사회 모든 학생, 학부모, 교사, 시민 등에게 낱낱이 소개해주는 책. 이 책은 무엇보다 '혁신학교는 대학 입시에 도움이 안 된다.'는 세간의 편견을 말끔히 떨어 없앴다. 이 책에서 저자들은 '결과' 중심 교육과정을 '과정' 중심으로 바꾸고, 교내 대회와 동아리 활동, 봉사 활동을 장려함으로써 대학 진학이란 놀라운 결과가 어떻게 이루어질 수 있었는지 보여주고 있다.

우리가 신뢰하는 학교, 어떻게 만들 것인가?

데보라 마이어 지음 / 서용선 옮김 / 값 15,000원

이 책의 저자인 데보라 마이어는 보수와 진보를 막론하고 미국 공교육 개혁 분야에서 가장 신뢰받는 실천가이자 이론가로 평가받는다. 학교 안에서 '신뢰의 붕괴'를 오늘날 공교육이 직면한 가장 큰 도전으로 인식한다. 이 책의 원제 'In Schools We Trust'에서 나타나듯, 저자는 신뢰할 수 있는 공교육의 조건이 무엇인지 자신의 경험 속에서 제안하고, 탐색하고, 성찰한다.

교사, 어떻게 살아야 하는가

김성천 외 지음 / 값 15,000원

오랫동안 교육 현장에서 교육과 연구를 병행해온 저자 5인이 쓴 '신규 교사를 위한 이 시대의 교사론'. 이 책은 학교 구성원과의 관계 맺기부터 학교 현장에서 맞닥뜨리게 되는 여러 가지 문제들과 극복 방법, 교육 개혁에 어떻게 주체로 설 수 있는지, 어떤 과정을 통해 개인의 성장을 도모해야 하는지 등 신규 교사의 궁금증에 대해 두루 답하고 있다.

리셋, 교육과정 재구성

서울신은초등학교 교육과정 연구회 모임 지음 / 값 16,000원

서울형 혁신학교인 서울신은초등학교 교사들이 1학년부터
6학년까지 모든 학년의 교육과정을 재구성하고 실천한 경험을
모두 담았다. 이 책에 소개된 혁신학교 4년의 경험은 진정한
학습이란 몸과 마음을 통해 경험함으로써, 생각이나 감정을 다른
사람과 주고받음으로써, 과거 경험을 새로운 지식으로 다시
생각함으로써 실현된다는 점을 잘 보여주고 있다.

다섯 빛깔 교육이야기

이상님 지음 / 값 16,000원

충북 혁신학교(행복씨앗학교)인 청주 동화초등학교의 동화 작가
출신 선생님이 아이들과 함께 보낸 한해살이 이야기다. 이오덕
선생의 '아이들의 삶을 가꾸는 교육'을 고민하던 저자가 동화초
아이들을 만나면서 초등학생의 특성에 맞도록 활동 중심의
교육과정을 재구성하는 한편, 표현 위주의 교육을 위한 생활
글쓰기 교육을 실천하면서, 학교 교육을 아이들의 놀이와 생활,
삶과 연결시키고자 노력한 교단 일지를 바탕으로 구성되었다.

만들자, 학교협동조합

박주희 · 주수원 지음 / 값 14,500원

이 책은 학교협동조합이 무엇인지, 어떤 유형의 학교협동조합이
가능한지, 전국적으로 현재 학교협동조합의 추진 상황은 어떠한지
국내외 사례를 통해 소개하고 안내하는 한편, 학교협동조합을
운영하는 원리와 구체적인 교육방법을 상세하게 풀어놓고 있다.
저자들의 실천적 지침들을 따라가다 보면 학교협동조합은 더 이상
상상이 아니라 학교 구성원의 필요와 의지, 실천으로 극복할 수
있는 실현 가능한 미래라는 점을 알게 된다.

땀샘 최진수의 초등 수업 백과

최진수 지음 / 값 21,000원

초등학교에서 20여 년간 아이들을 가르쳐온 저자가 초등학교
수업에 대해서 기록하고 연구하고 실천하며 쌓아온 경험을
바탕으로 초등학생들과 수업을 함께하는 방법을 담고 있다.
아이들의 학습 동기, 아이들이 수업에 참여하는 방법, 칠판과
공책을 사용하는 방법, 모둠 활동, 교과별 수업, 조사와 발표
등 초등학교 교사가 아이들을 가르칠 때 알아야 할 가장
기본적이면서도 가장 중요한 모든 것을 다루고 있다.

혁신 교육 내비게이터 곽노현입니다

곽노현 편저 · 해제 / 값 17,000원

서울시 18대 교육감이자 첫 번째 진보 교육감으로서 혁신 교육을 펼쳤던 곽노현은, 우리 사회 전반을 아우르는 주요 교육 현안들을 이 책에서 포괄적으로 다루고 있다. 2014년 3월부터 1년간 방송된 교육 전문 팟캐스트 '나비 프로젝트' 인터뷰에 출연한 전문가들과 나눈 대화와 그에 대한 성찰적 후기를 담고 있다. 이 책은 그야말로 우리가 '지금 알아야 할 최소한의 교육 이야기'를 포괄하고 있다.

무엇이 학교 혁신을 지속가능하게 하는가

권성호, 김현철, 유병규, 정진헌, 정훈 지음 / 값 14,500원

독일 '괴팅겐 통합학교', 미국 '센트럴파크이스트 중등학교', 한국 혁신학교의 사례들을 통해 성공적인 학교 혁신의 공통점을 찾아내고 그것을 지속가능하도록 만들기 위해서 필요한 것은 무엇인지를 보여준다. 독자들은 이 책에서 괴팅겐 통합학교의 볼프강 교장이 말한 것처럼 '좋은 학교'를 만들기 위한 학교 혁신에 세계적으로 보편적이라고 할 만한 공통점을 찾을 수 있다.

교과를 꽃 피게하는 독서 수업

시흥 혁신교육지구 중등 독서교육 연구회 지음 / 값 16,500원

이 책은 지난 5년 동안 진행된 혁신교육지구 사업의 일환으로 학교에서 고군분투하며 독서교육을 이끌어왔던 독서지도사들이 실천 경험을 엮어낸 것으로 청소년기 학생들에게 장래 진로, 사랑, 우정, 삶의 지혜를 찾는 데 도움을 주는 독서교육을 잘 보여주고 있다. 특히 이 책에 소개된 국어, 수학, 과학, 사회, 도덕, 미술, 역사 등 다양한 교과와 연계한 협력수업은 독서교육의 새로운 전망을 보여주는 결실이다.

혁신학교의 거의 모든 것

김성천, 서용선, 홍섭근 지음 / 값 15,000원

저자들은 이 책에서 혁신학교에 대한 100가지 질문에 답하면서 혁신학교의 역사, 배경, 현황, 평가와 전망을 구체적인 증거를 통해 설명하고 있다. 이 책에 서술된 혁신학교에 관한 100문 100답을 통하여 우리 사회에 필요한 교육은 무엇인지, 교사와 학생들이 더 즐겁게 가르치고 배우면서 성장할 수 있는 교육을 위해 필요한 것이 무엇인지, 그것을 위해서 우리 사회 시민 각자가 자신의 위치에서 무엇을 하면 좋은가를 더 깊이 생각해볼 기회를 얻을 것이다.

교실 속 비주얼씽킹

김해동 / 값 14,500원

이 책은 비주얼씽킹 기본기부터 시작하여 교과별 수업, 생활교육, 학급운영 등에 비주얼씽킹을 응용하는 방법을 설명하고 있다. 특히 교사들이 초등학교 1학년부터 고등학교 3학년까지 국어, 수학, 영어, 과학, 사회 등 모든 교과 수업에 비주얼씽킹을 활용할 수 있도록 수업 지도안을 상세하면서도 간결하게 제시하고 있다. 또한 독자들이 책 내용에 대해 더욱 풍부한 이미지와 자료를 접할 수 있도록 저자의 블로그로 연결되는 QR코드를 담고 있다.

교육과정-수업-평가 어떻게 혁신할 것인가

이형빈 지음 / 값 15,500원

이 책은 교육과정 사회학자 번스타인(Basil Bernstein)이 제시한 '재맥락화(recontextualized)'의 관점에 따라 저자가 장기간에 걸쳐 일반 학교 한 곳과 혁신학교 두 곳의 수업을 현장에서 면밀하게 관찰하고 심층 인터뷰와 설문조사를 통한 연구를 바탕으로 무기력과 불평등을 재생산하는 교실을 민주적이고 평등한 구조로 바꾸기 위해 교육과정-수업-평가를 어떻게 혁신해야 하는지 제안하는 내용을 담고 있다.

혁신학교 효과

한희정 지음 / 값 15,000원

이 책에서 저자는 혁신학교 효과를 살펴보기 위해 혁신학교가 OECD DeSeCo 프로젝트에 제시된 '핵심 역량'을 가르치고 있는지, 학생·학부모·교사가 서로 배우는 교육공동체를 이루고 있는지, 학생의 발달을 위한 다양한 교육과정을 운영하고 있는지, 교사의 자율성과 전문성을 강화하고 있는지, 자치적이고 민주적인 학교문화를 가지고 있는지, 지역사회와 협력하고 있는지를 다른 일반 학교와 비교하여 설명한다.

교실 속 생태 환경 이야기

김광철 지음 / 값 15,000원

아이들이 자연과 친해지고 즐길 수 있도록 교육하는 것은 쉬운 일이 아니다. 특히 도시에서는 더욱 어렵다. 그래서 이 책은 도시 지역 학교에서도 쉽게 실천에 옮길 수 있는 다양한 생태·환경교육을 폭넓게 다루고 있다. 이 책에서 저자는 계절에 따라 할 수 있는 20가지 환경교육 프로그램을 제시하고, 방법과 순서, 재료 등을 상세히 설명해준다

이제는 깊이 읽기

양효준 지음 / 값 15,000원

교과서에는 수많은 예화와 발췌문이 들어가 있다. 이런 자료들은 교육부가 교육과정에서 요구하는 기준에 맞춰 어떤 이야기, 소설, 수필, 논픽션 등에서 일부만 가져온 토막글이다. 아이들은 교과서에 수록된 작품이나 이야기 전체를 읽지 못한 상태에서 단편적인 지문만 읽고 이해를 해야 하기 때문에 책을 읽으면서 생각하고 공감할 수 있는 기회와 흥미를 찾을 수 없게 된다. 이 책은 이러한 문제를 개선하기 위해서 한 권이라도 책 전체를 꾸준히 읽어가는 방법인 '깊이 읽기'를 대안으로 소개하고 있다.

인성의 기초가 되는 초등 인문학 수업

정철희 지음 / 값 15,500원

이 책은 아이들의 올바른 인성 교육을 위한 새로운 방법으로서 인문학 수업을 제시하고 있다. 이 책에서 설명하고 있는 인문학 수업은 교사가 신화, 문학, 영화, 그림, 역사적 인물의 일대기 등에서 이야기를 찾아 아이들에게 제시하고, 아이들이 그 이야기에 나오는 여러 문제와 인물 등에 대해 자신의 감정을 스스로 공책에 기록하고 일상의 경험과 비교하고 토의와 토론을 통해 자신의 생각을 발전시키는 수업이다.

수업, 놀이로 날개를 달다

박현숙, 이응희 지음 / 값 13,500원

이 책은 교육계에서 최근 가장 중요한 과제로 삼고 있는, OECD의 여덟 가지 핵심 역량(DeSeCo)에 따라 여러 놀이들을 분류해서 설명하고 있다. "놀이에 내재된 긴장의 요소는 사람의 심성, 용기, 지구력, 총명함, 공정함 등을 시험하는 수단이 되므로" 그것은 학생들의 역량을 키우는 수단이 된다. 이 책의 저자들은 수업이 놀이를 만났을 때 어떻게 핵심 역량이 강화되는지 이야기하고 있다.

더불어 읽기

한현미 지음 / 값 13,500원

이 책은 교사들이 학습공동체를 통해 교직의 전문성과 자율성을 새롭게 발견하며 성장하는 이야기를 다룬다. 우리 사회의 기존 교육 제도는 효율성이라는 명분으로 아이들에게 경쟁을 강요하면서 교사들 역시 서로 경쟁하도록 만드는 시스템으로 이루어져 있다. 이 책에서 저자는 이러한 비인격적인 제도와 환경 아래서 교사들이 행복을 되찾기 위해서는 서로 협력하며 같이 배우면서 아이들과 함께 성장할 수 있어야 한다고 말한다.

땀샘 최진수의 초등 글쓰기
최진수 지음 / 값 17,000원

글쓰기가 아이들에게 필요한 중요한 것이 되려면 먼저 솔직하게
써야 한다. 모르는 것은 '모른다', 잘못은 '잘못이다', 싫은 것은
'싫다', 좋은 것은 '좋다'고 솔직하게 드러낼 때 글쓰기는 아이가
성장하는 디딤돌이 될 수 있다. 그리고 이것은 가르치는 교사에게도
적용된다. 지도하는 사람과 지도받는 사람이 따로 있는 것이 아니라
함께 쓰고 함께 나누면서 서로 성장을 돕는 것이다.

성장과 발달을 돕는 초등 평가 혁신
김해경, 손유미, 신은희, 오정희,
이선애, 최혜영, 한희정, 홍순희 지음 / 값 15,500원

이 책은 교육적 대안을 마련하기 위해 혁신학교에서 지난 5~6년
동안 초등학생의 성장과 발달을 돕는 평가를 실천해온, 현장 교사
8명이 자신들의 지혜와 경험을 모아놓은 최초의 결실을 담고
있다. 독자들은 이 책을 통해 평가는 시험이 아니며 교육과정과
수업의 연장으로서 아이들의 잠재력을 측정하고 적절한 조언을
제공한다는 원래의 목표를 되살리는 첫걸음을 찾을 수 있을 것이다.

수업 친구와 함께하는 수업 나눔 수업 코칭
이규철 지음 / 값 15,500원

가르치는 일을 함으로써 학생들의 배움을 돕는 교사들에게 수업은
시간적으로도 공간적으로도 학교에서 자신이 하는 일의 중심을
이룬다. 그래서 수업에 관한 고민은 교과를 가리지 않고 교사들에게
일반적으로 드러난다. 교사들은 공통의 문제로 씨름하게 된다.
최근에 그 공통의 문제를 교사들이 함께 풀어나가자는 흐름이
곳곳에서 일어나고 있다. 이 책은 그중에서도 '수업 코칭'이라는
하나의 흐름을 다룬다.

교사들이 함께 성장하는 수업
서동석, 남경운, 박미경, 서은지,
이경은, 전경아, 조윤성 지음 / 값 15,000원

이 책은 아이들의 배움에 중점을 둔 수업을 위해 구성한 교사
학습공동체로서, 서로 다른 여러 교과 교사들이 수업을 디자인하고
연구하는 '수업 모임'에 관해 다룬다. 수업 모임 교사들은 공동으로
교과 수업을 디자인하고, 참관하고, 발견한 내용을 공유하고
평가하는 피드백을 통해 수업을 개선해간다. 그리고 이러한 실천이
쌓여가면서 공개수업을 준비하는 방법과 절차는 더욱 명료해지고,
수업설계는 더욱 정교해진다.

땀샘 최진수의 초등 학급 운영

최진수 지음 / 값 19,000원

이 책의 저자는 학급운영의 출발은 아이들을 '가르치는 대상'에서 '존중받는 존재'로 바라보는 것에서 시작해야 한다고 이야기한다. 또한 아이들과 함께하면서 교사는 성장한다. 이러한 성장은 시간이 흐르고 경력이 쌓인다고 이뤄지는 것이 아니라 여러 가지 어려운 문제를 헤쳐나가며 교사 스스로 자신을 되돌아보고 성찰할 때 비로소 아이들과 함께하는 올바른 학급운영이 이루어진다고 말한다.

당신의 교육과정-수업-평가를 응원합니다

천정은 지음 / 값 14,500원

이 책은 빛고을혁신학교인 신가중학교에서 펼쳐진, 학교교육 혁신 과정과 여전히 완성되지 않은 그 결과를 다루고 있다. 드라마 〈대장금〉에 나오는 '신비'의 메모가 보여준 것과 같이 교육 문제를 여전히 아리송한 것처럼 적고 묻고 적기를 반복하며 다가가는 것이다. 저자인 천정은 선생님은 이 책을 통해 자신의 수업이 앞으로도 교육의 본질에 더 가깝게 계속 혁신되기를 바라고 있다.

에코 산책 생태 교육

안만홍 지음 / 값 16,500원

오늘날 인류에게는 에너지와 자원을 대량으로 소비하는 생활양식이 보편화되어 있다. 이러한 생활양식은 자연을 파괴하고 수많은 환경문제를 야기하고 있다. 이러한 상황에서 '풍요로운 감성과 지성'을 지닌 사람을 기르기 위한 교육이 긴급한 과제로 제기되고 있다. 이 책에서는 오감을 통해 생생하게 스스로 자연을 느끼고, 자연의 소중함을 배우는 교육에 대하여 이야기 하고 있다.

I Love 학교협동조합

박선하 등 지음 / 값 13,000원

이 책은 학교에 협동조합을 만드는 일에 적극 참여했던 학생들의 협동조합 활동과 더불어 자신과 친구들이 어떻게, 얼마나 성장했는지를 이야기해 주고 있다. 그들은 책에 담긴 내용을 이야기하는 화자일 뿐만 아니라 스스로 각자 그 이야기의 주인공이기도 하다. 이 책을 통해서 이들이 이야기하는 학교협동조합의 생생한 이야기를 들을 수 있다.